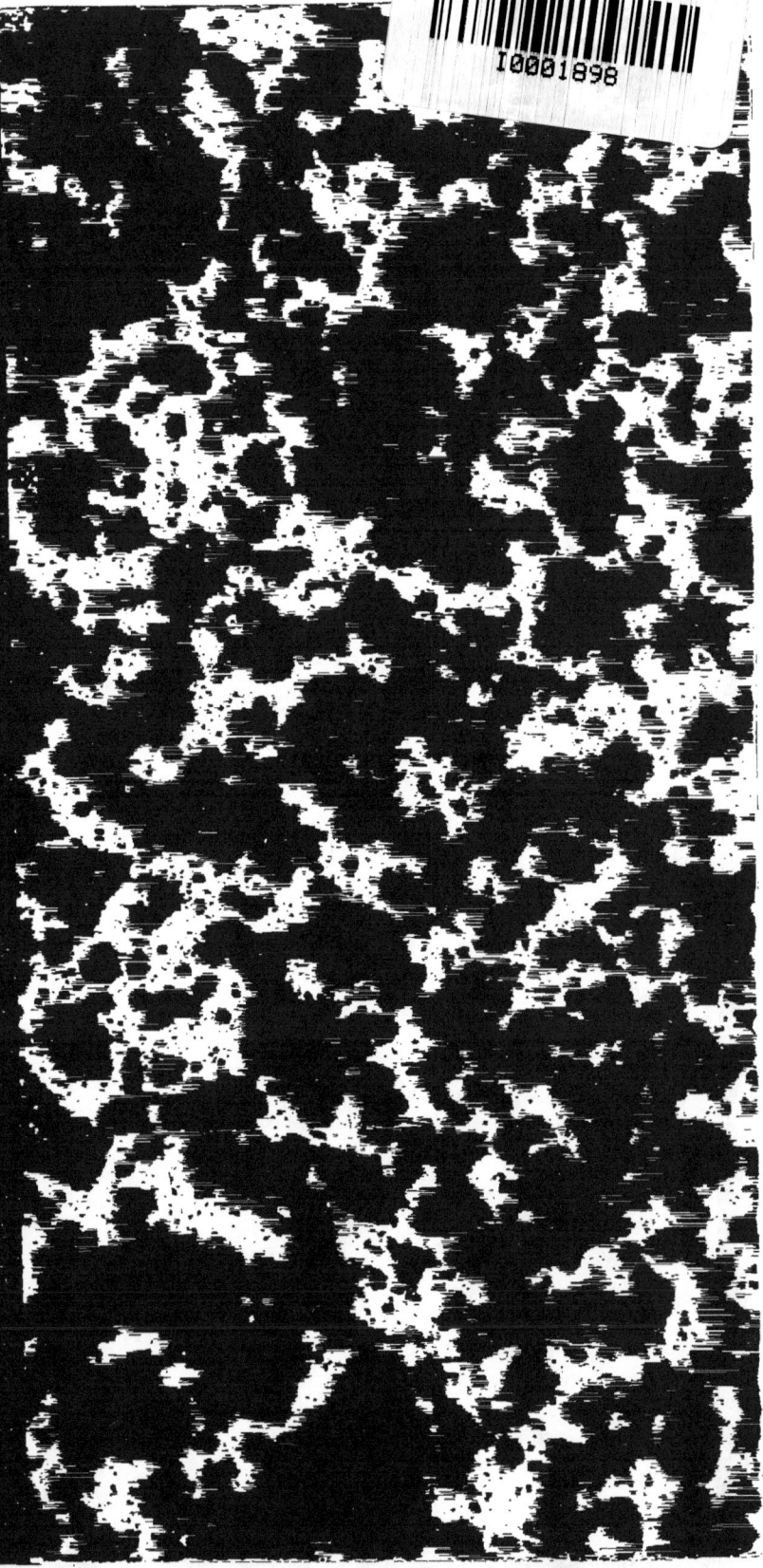

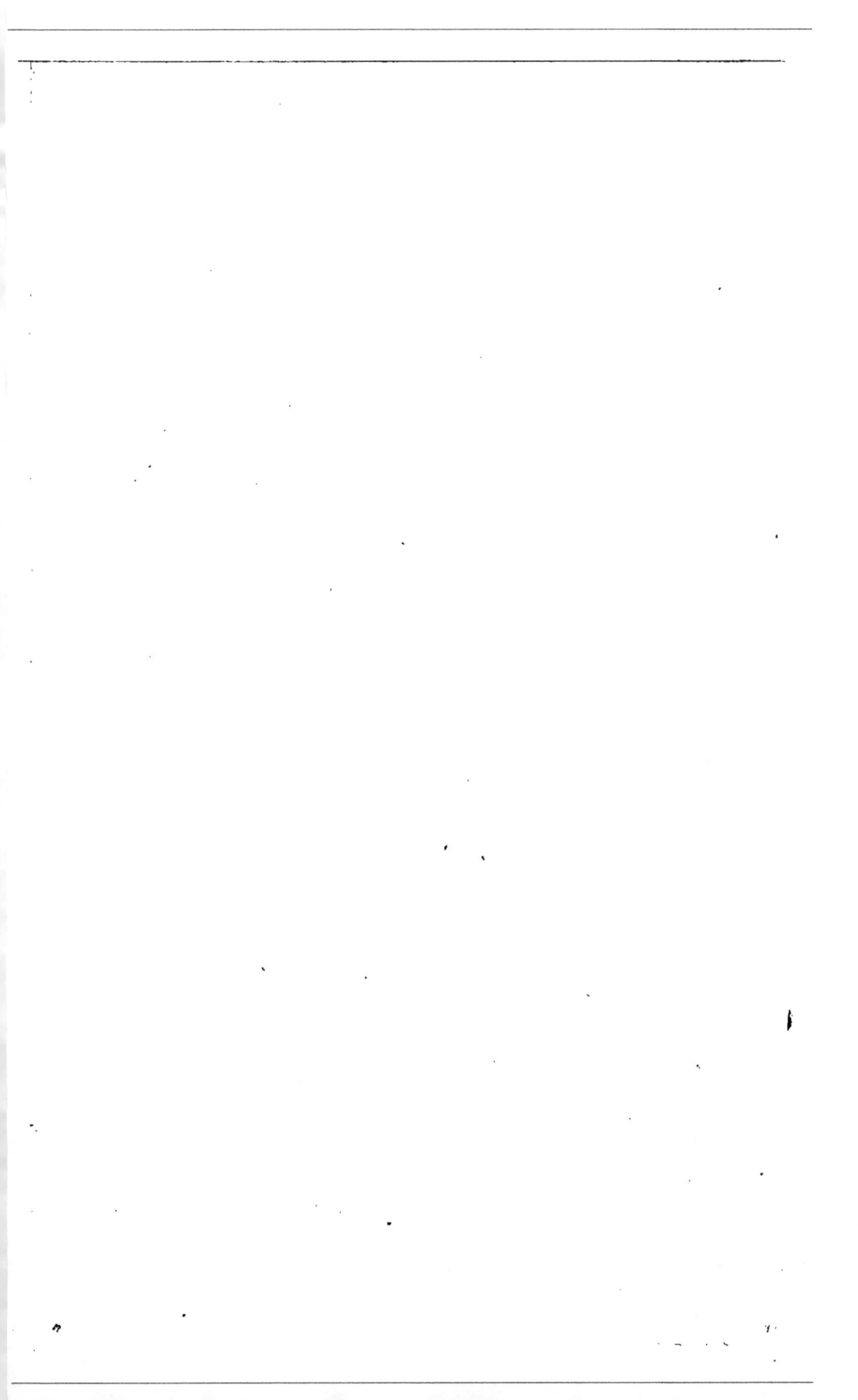

TABLES GÉNÉRALES

DES TITRES DU DROIT.

Toutes les formalités prescrites par la loi, pour assurer à l'Auteur ou à ses ayant droits, la propriété de cet ouvrage, ont été remplies; de manière que cette édition et les suivantes sont placées sous la sauvegarde des lois.

DÉPOT GÉNÉRAL.

A Paris chez Mʳ. MUSSEY le jeune, rue de la Planche, n°. 10.

DÉPOT PARTICULIER.

A
A
A
A

TABLES GÉNÉRALES

ET

ABSOLUMENT NOUVELLES

De tous les titres qui composent le corps du droit romain et français, suivant l'édition de CONTIUS, comparée avec celle de DENYS GODEFROI, et rangée dans un ordre plus méthodique et plus lumineux,

AVEC LA TRADUCTION EN FRANÇAIS

Et la manière usitée de citer les titres par abréviation.

CES TABLES SONT DIVISÉES EN DEUX PARTIES :

La première contenant les inscriptions des titres des Institutes, du Digeste et du Code Justinien, par ordre alphabétique, suivie d'une table générale chronologique ;

La seconde contenant, par ordre de matières, les inscriptions des titres du Code Napoléon, du Code de Procédure Civile, du Code de Commerce et du Code Pénal, conjointement avec les titres du droit romain.

PAR Mr. TRIE, Substitut de Mr. le Procureur Impérial près le tribunal-civil de Marseille, et ancien Gradué.

A MARSEILLE,

De l'Imprimerie de Mme. MINE et Comp., rue Coutellerie.

1811.

AVERTISSEMENT
ET NOTIONS PRÉLIMINAIRES.

On ne peut pas raisonnablement douter que le seul et unique moyen de faire de grands progrès dans l'étude du droit, ne soit la parfaite connaissance des rubriques, qui indiquent le sens et la signification de chacun des titres qui composent le vaste ensemble du *corpus juris.*

Primitivement, le corps du droit civil était composé des Institutes, du Digeste, du Code Justinien et des Novelles ; aujourd'hui on doit y ajouter, le Code Napoléon, le Code de Procédure Civile, le Code de Commerce, le Code d'Instruction Criminelle et le Code des Délits et des Peines, qui sont la quintessence des quatre premières parties du droit.

Ces différens Codes renferment près de quatre-vingts livres et plus de douze cens titres, desquels il importe indispensablement de bien posséder le sens des inscriptions de chacun d'eux.

Le moyen le plus efficace pour se familiariser avec cette grande nomenclature de titres, est sans doute de remonter dans toutes les occasions, à ces sources fécondes, de ne jamais citer une loi ou un fragment d'une loi, avant que de bien en connaître le sens et l'esprit ; mais souvent on était rebuté par la difficulté

des recherches , l'obscurité des abréviations , et surtout par le défaut de précision ou d'exactitude dans les citations.

Le but principal de l'Auteur a donc été de présenter l'ensemble des inscriptions des titres qui composent le *corpus juris*, avec un tel ordre, une telle facilité, que sans peine on puisse trouver, et le titre avec sa vraie signification , et la loi que l'on désire.

A cet effet, la première partie est composée par ordre alphabétique de tous les titres des quatre livres des Institutes , des cinquante livres du Digeste , et des douze livres du Code Justinien ; ensorte que sous la lettre *A* on trouve tous les titres qui commencent par cette même lettre *A* , tant aux Institutes qu'au Digeste et au Code Justinien ; avec la traduction en français.

Chacune des inscriptions des titres est suivie de la manière de les citer par abréviations , et cela , autant afin de pouvoir exprimer littéralement et correctement toutes les abréviations des titres , que pour en faire la recherche dans les tables nouvelles.

Un Auteur cite un texte d'une loi, par exemple : *sicuti lucrum omne ad emptorem hœreditatis respicit , ita damnum quoque debet ad eundem respicere. L.* 2 , §. 9 , *ff. de hœred. vel act. vend.*

Ouvrez la première partie des tables nouvelles. Lettre *h* , qui est la première lettre après la préposition *de* , de la citation indiquée , et vous trouverez que l'abréviation précitée signifie au Digeste, *Digestis* , *de hœreditate vel actione vendita lib.* 18 , *tit.* 4. Voyez page 64. *Digestorum* , n°. 2.

Ayant le livre et le titre , vous désirez voir le texte entier de la loi, ouvrez le Digeste liv. 18 , tit. 4 ;

Vous trouverez exactement la loi 2 , conséquemment le paragraphe 9 précité.

Enfin, si vous désirez recourir aux commentateurs, à la traduction, c'est toujours au liv. 18, tit. 4, du Digeste ; car tous les commentateurs ont suivi exactement l'ordre chronologique des titres.

Ferriere qui sentait parfaitement de quelle importance était la connaissance des rubriques, enseigne au 7e. volume de ses Instituts, page 342, comment il faut s'y prendre pour chercher quelque citation du corps du droit.

Si l'endroit cité, dit-il, est tiré du Digeste ou du Code, ceux qui commencent doivent recourir à la table alphabétique des titres, qui est au commencement du corps du droit : et ensuite, après y avoir trouvé dans quel livre du Digeste ou du Code se trouve le titre indiqué, ils doivent y chercher la loi par le nombre ou par le premier mot.

Si la citation est tirée des Instituts, il faut pareillement avoir recours à la table des titres ; et après avoir trouvé le livre et le titre, il faut ensuite chercher le paragraphe qui est cité.

Comparez actuellement le mode qu'enseigne Ferriere avec la facilité que donne les tables nouvelles sous un format portatif, avec lesquelles on peut sans effort de mémoire, exprimer à l'instant toutes les abréviations, en connaître le sens, et remonter de suite au livre et au titre indiqués.

Ferriere avait connu combien était pénible la méthode qu'il indiquait ; c'est pourquoi il ajoute : « comme ceux » qui sont dans la nécessité d'avoir recours aux tables, » quand il leur faut chercher quelque loi , perdent

B

» beaucoup de tems , on peut se soustraire à cet
» embarras, en se rendant les titres du droit familiers
» et en les apprenant par mémoire. »

L'expérience a amplement prouvé que ce dernier
moyen a eut peut de succès ; que l'embarras est resté
et qu'il a eut les suites les plus facheuses, en ce qu'il
a dégouté un grand nombre de personnes qui auraient
faits de grands progrés dans la science du droit ; heu-
reux encore , si elles n'en n'ont pas conçu une espèce
de mépris ; tandis que le droit romain fut et sera
toujours la raison écrite , la source de tous les prin-
cipes en fait de législation. Napoléon le Grand a telle-
ment reconnu cette vérité, qu'il en a prescrit l'ensei-
gnement dans toutes les écoles et Universités de l'em-
pire , en ce qui n'est pas contraire à son Code immor-
tel , mais il manquait cette facilité, que donne les
nouvelles tables , pour remonter à ces sources fécondes
et inépuisables. Telle est l'avantage précieux que donne
la première partie , terminée par les tables chronologi-
ques.

Si la première partie des tables nouvelles offre
d'aussi grands avantages, la seconde n'en n'offre pas
de moins importans ; composée par ordre de matières en français, avec le texte latin au regard , on
voit d'un seul coup d'œil l'ensemble des titres qui
appartiennent au même sujet que l'on traite , leur
corrélation , et surtout leur affinité avec tous les Codes
de Napoléon le Grand.

Cette seconde partie est très-essentielle pour la
composition, et offre un grand intérêt.

L'ensemble de cet ouvrage est donc absolument
nouveau , il facilite singulièrement l'étude, et quoiqu'il

soit d'une grande utilité pour les Jurisconsultes les plus consommés, il l'est incontestablement bien plus encore, pour les jeunes gens qui se destinent à suivre la carrière du barreau. (*a*)

Nous terminerons cette introduction, par la manière de citer les lois et par une table des abréviations commmunes ; car pour se servir utilement des livres du droit, il faut commencer par connaître les citations que l'on y trouve, et savoir chercher les lois citées dans leurs sources.

Manière de citer les Paragraphes des Institutes.

On cite un paragraphe des institutes, en indiquant le nombre sous lequel il se trouve, et en rapportant le premier mot du paragraphe, ou en ne faisant que l'un ou l'autre; mais le titre doit être toujours énoncé. EXEMPLE : *paragrapho*, ou § *testes* 6, *inst.* ou bien, *ap. Justin. de test. ord.* Voyez les nouvelles tables, lettre *T*, *institutionum* n°. 1, page 180, qui vous indique que c'est le titre aux Institutes, *de testamentis ordinandis*, *lib.* 2, *tit.* 10, dans lequel titre et sous le nombre 6, vous trouverez le § *testes.*

Manière de citer les Lois du Digeste.

On a coutume de citer les lois du Digeste en indiquant le premier mot de la loi. EXEMPLE : *L. si*

(*a*) Les nouvelles tables sont un fragment d'un ouvrage complet sur la science du droit, on peut en juger d'avance par ce fragment. Ce nouvel ouvrage paraîtra bientôt.

quis , 3 *ff. de jure codicill.* Voyez lettre *J. Digestorum* nº. 24, page 76, qui vous indiquent le livre et le titre où se trouve la loi *si quis* 3.

Quelque fois on ne cite que le nombre, ou le premier mot de la loi d'où elle est tirée, mais le titre est toujours cité au moins par abréviation.

Lorsqu'une loi est divisée en plusieurs paragraphes, on met après le nombre de la loi, celui du paragraphe, ou son premier mot.

EXEMPLE : *L.* 32 , § *quid ergo* 11 , *ff. de don. int. vir. et ux.* ou simplement *L.* 32 , § 11 , *ff. de don. int. vir. et ux.* Voyez lettre *D. Digestorum* nº. 14 , page 42 etc.

‒‒‒‒‒

Manière de citer les Lois du Code Justinien.

Les lois du Code sont citées de la même manière que celle du Digeste , c'est-à-dire , par le nombre ou par le premier mot de la loi , ou même par l'un et par l'autre. EXEMPLE : *L. si pater* 5, *Cod. de inoff. test.* Voyez lettre *I. Codicis* page 80, nº. 22, etc.

On ajoute aussi, de même qu'aux lois du Digeste, le nombre des paragraphes.

‒‒‒‒‒

Manière de citer les Novelles et les Authentiques.

On cite les novelles par le nombre du chapitre, et celui du paragraphe. EXEMPLE : *novella Justiniani* 85 , *capite* 2, *paragrapho* 4. Ou bien on cite une novelle par la collation, et par le titre, le chapitre et le paragraphe. EXEMPLE : *in authenticâ, collatione* 1, *titulo* 2 , *cap.* 1.

A l'égard des authentiques , on les cite par les premiers mots de chaque authentique, après quoi on énonce le titre du Code , sous lequel elle est placée. EXEMPLE : *in authenticâ sed cum testator Cod. ad leg.* *Falc.* Voyez lettre *A. Codicis* page 12 , n°. 14.

~~~~~~

Manière de citer les titres des Codes Napoléon.

On cite régulièrement soit le Code Napoléon , soit les Codes de procédure civile , de commerce, d'instruction criminelle , des délits et des peines, par le livre , le titre et l'article.

1er. EXEMPLE : *Code Nap. liv.* 1 , *tit.* 1 *de la jouissance et de la privation des droits civils , art.* 7.

2d. EXEMPLE : *Code de procédure civile , liv.* 1 , *tit. des citations , art.* 1 , *et ainsi des autres Codes.*

TABLE

DES ABRÉVIATIONS.

ABR. par Abréviation.

AP. JUSTIN. *Apud Justinianum* : dans les Institutes de Justinien.

ARG. ou AR. *Argumento* : par un argument tiré de telle loi.

AUTH. *Authentica* : dans l'authentique, c'est-à-dire, dans le sommaire de quelque nouvelle constitution d'Empereur, insérée dans le Code, sous tel titre.

CAP. *capite* ou *capitulo* : dans le chapitre d'une telle novelle.

C. ou COD. *Codice* : au Code de Justinien.

C. THÉOD. *Codice Theodosiano* : au Code de l'Empereur Théodose le jeune.

COL. *columna* : dans la colonne 1 ou 2, d'une page de quelqu'Interprète que l'on cite.

COLL. *collatione* : dans la collation ou conférence, telle ou telle des novelles de Justinien.

C. ou CONT. *contra* : contre ; c'est ordinairement pour marquer un argument contraire à quelque proposition.

D. *dicto* ou *dicta* : c'est-à-dire, au chapitre cité, ou en la loi citée auparavant.

D. *Digestis* : au Digeste.

F. *finali*, *finalis* : dernier ou dernière.

ff. *Pandectis seu Digestis* : dans le Digeste ou dans les Pandectes.

Gl. *glosa* : la glose.

H. *hîc* : ici, dans le même titre, dans la même loi, ou dans le même paragraphe.

H. Tit. *hoc titulo* : dans ce titre.

J. ou **Inf.** *infra* : plus bas.

J. Clo. *juncta glosa* : la glose jointe au texte cité.

In Auth. Coll. 1, *in authentica collatione 1*, dans les novelles de Justinien, section ou partie 1, etc.

In F. *in fine* : à la fin du titre de la loi, ou du paragraphe cité.

In Pr. *in principio* : au commencement et avant le premier paragraphe d'une loi.

In F. Pr. *in fine principii* : sur la fin du commencement d'une loi.

In Sum. *in summa* : dans le sommaire.

L. *lege* : dans la loi telle.

Li. ou **Lib.** : au livre 1, 2, etc.

Nov. *Novella* : dans la novelle 1, 2, etc.

Par. *paragrapho* : au paragraphe, c'est-à-dire, article ou membre d'une loi, ou d'un titre des Instituts.

Pr. ou **Prin.** *principium* : au commencement d'un titre ou d'une loi.

Pandectis : dans les pandectes.

Q. Qu. ou **Quæst.** *quæstione* : dans telle question.

R. ou **Rub.** *rubrica* : dans telle rubrique, on tel titre ; sur quoi il faut remarquer qu'on a donné le nom de rubrique aux titres, à cause que les titres étaient autrefois écrits en lettres rouges.

Sc. ou Scil. *scilicet* : à savoir.

Sol. *solve* ou *solutio* : réponse à l'objection.

Sum. *Summa* : le sommaire d'une loi.

§. *paragrapho* : au paragraphe.

T. ou Tit. *titulus* , *titulo* : titre.

℣. *versiculo* : au verset : c'est une partie d'un paragraphe.

Ult. *ultimo* , *ultima* : dernier titre ou paragraphe , ou
dernière loi.

TABLE GÉNÉRALE

CONTENANT *les Titres des Institutes, du Digeste et du Code Justinien, par ordre alphabétique.*

PREMIÈRE PARTIE.

A

Institutionum.

N°. 1.

(De) Acquisitione per adrogationem. *Inst. lib.* 3, *tit.* 11.
Abr. *inst. de acq. per adrog.*

2.

(De) Actionibus. *Inst. lib.* 4, *tit.* 6.
Abr. *inst. de act.*

3.

(De) Ademptione legatorum et translatione. *Inst. lib.* 2, *tit.* 21.
Abr. *inst. de ademp. leg.*

4.

(De) Adoptionibus. *Inst. lib.* 1, *tit.* 11.
Abr. *Inst. de adop.*

5.

(De) Assignatione libertorum. *Inst. lib.* 3, *tit.* 9.
Abr. *inst. de assig. lib.*

Des Institutes.

N°. 1.

De l'Acquisition qui se fait par le moyen de l'adrogation. *Inst. liv.* 3, *tit.* 11.

2.

Des Actions. *Inst. liv.* 4, *tit.* 6.

3.

De la Révocation et de la Translation des legs. *Inst. liv.* 2, *tit.* 21.

4.

Des Adoptions. *Inst. liv.* 1, *tit.* 11.

5.

De l'Assignation des affranchis. *Inst. liv.* 3, *tit.* 9.

A

6.

(De) Attiliano Tutore, et eo qui ex lege Juliâ et Titiâ dabatur. *Inst. lib.* 1, *tit.* 20.
Abr. *inst. de attil. tut.*

7.

(De) Auctoritate Tutorum. *Inst. lib.* 1, *tit.* 21.
Abr. *inst. de auct tut.*

6.

Du Tuteur donné par le magistrat en vertu de la loi Attilia, et de la loi Julia et Titia. *Inst. liv.* 1, *tit.* 20.

7.

De l'Autorité des Tuteurs. *Inst. liv.* 1, *tit.* 21.

~~~~~~~~~

Digestorum.

Digeste.

N°. 1.

(De) Abigeis. ff. *lib.* 47, *tit.* 14.
Abr. *ff. de abig.*

N°. 1.

De ceux qui emmènent des troupeaux. *Dig. liv.* 47, *tit.* 14.

2.

(De) Abolitionibus criminum et ad S. C. Turpillianum. ff. *lib.* 48, *tit.* 16.
Abr. *ff. de abol. crim.*

2.

Du Sénatus-Consulte Turpillien et de l'Abolition des crimes. *Dig. liv.* 48, *tit.* 16.

3.

(De) Acceptilatione. ff. *lib.* 46, *tit.* 4.
Abr. *ff. de accept.*

3.

De l'Acceptilation. *Dig. liv* 46, *tit.* 4.

4.

(De) Accusationibus et inscriptionibus. ff. *lib.* 48, *tit.* 2.
Abr. *ff. de acc. et inscrip.*

4.

Des Accusations et des Inscriptions. *Dig. liv.* 48, *tit.* 2.

5.

(De) Actionibus empti et venditi. ff. *Lib.* 19, *tit.* 1.
Abr. *ff. de acc. emp. et vend.*

5.

Des Actions que le contrat de vente donne au vendeur et à l'acheteur. *Dig. liv.* 19, *tit.* 1.

A

6.

(De) Actionibus et obligationibus. ff. *lib.* 44, *tit.* 7.
Abr. *ff. de acc. et obl.*

Des Obligations et des Actions.
Dig. liv. 44, *tit.* 7.

7.

(De) Actione rerum amotarum.
ff. *lib.* 25, *tit.* 2.
Abr. *ff. de act. rer. amot.*

De l'Action en répétition des
choses soustraites, cachées ou
recélées. *Dig. liv.* 25, *tit* 2.

8.

(De) Ademptione libertatis. ff.
lib. 40, *tit.* 6.
Abr. *de ademp. lib.*

De la Liberté donnée puis ôtée.
Dig. liv. 40, *tit.* 6.

9.

(Ad) Exhibendum. ff. *lib.* 10,
tit. 4.
Abr. *ff. ad exhib.*

De l'Action a l'effet de faire
représenter une chose. *Dig.*
liv. 10, *tit.* 4.

10.

(De) Adimendis vel transfe-
rendis legatis vel fidei commissis. ff. *lib.* 34, *tit.* 4.
Abr. *ff. adim. leg.*

De la manière d'ôter ou de
transférer les legs, ou les fidéicommis. *Dig. liv.* 34, *tit.* 4.

11.

Ad Legem Aquiliam. ff. *lib.*
9, *tit.* 2.
Abr. *ff. ad leg. aquil.*

De la Loi Aquilia. *Dig. liv.* 9,
tit. 2.

12.

Ad Legem Corneliam de falsis
et de S. Consulto Liboniano.
ff. *lib.* 48, *tit.* 10.
Abr. *ff. ad leg. Corn. de falsis.*

De la Loi Cornelia sur le faux,
et du Sénatus-Consulte Libonien. *Dig. liv.* 48, *tit.* 10.

13.

Ad Legem Corneliam de si-
cariis et veneficiis. ff. *lib.* 48,
tit. 8.
Abr. *ff. ad leg. Cornel. de sic.*

De la Loi Cornelia sur les assassins et les empoisonneurs.
Dig. liv. 48, *tit.* 8.

A

A

22.

Ad Legem Juliam de vi privatâ. ff. *lib.* 48 , *tit.* 7.
Abr. *ff. ad legem Jul. de vi priv.*

De la loi Julia sur la violence
privée. *Dig. liv.* 48, *tit.* 7.

23.

Ad Legem Juliam de vi pu-
blicâ. ff. *lib.* 48 , *tit.* 6.
Abr. *ff. ad leg. Jul. de vi pub.*

De la loi Julia sur la violence
publique. *Dig. liv.* 48 , *tit.* 6.

24.

Ad Legem Pompeiam de pa-
ricidiis. ff. *lib.* 48 , *tit.* 9.
Abr. *ff. ad leg. Pomp. de parr.*

De la loi Pompeïa sur les parricides. *Dig. liv.* 48, *tit.* 9.

25.

Ad Legem Rhodiam de Jactu.
ff. *lib.* 14 , *tit.* 2.
Abr. *ff. ad leg. Rhod. de jact.*

De la loi Rhodienne concer-
cernant les marchandises d'un
vaisseau jetées à la mer. *Dig.
liv.* 14 , *tit.* 2.

26.

(De) Administratione et periculo tutorum et curatorum ,
qui gesserint, vel non : et de
agentibus vel conveniendis
uno vel pluribus. ff. *lib.* 26 ,
tit. 7.
Abr. *ff. de adm. et per. tut. et
cur.*

De l'Administration des tuteurs
ou curateurs , des risques qu'ils
courent , soit qu'ils ayent géré,
soit qu'ils n'ayent pas géré ,
et des actions qui peuvent être
intentées contre tous les tuteurs ou un seul d'entr'eux.
Dig. liv. 26 , *tit.* 7.

27.

(De) Administratione rerum
ad civitates pertinentium. ff.
lib. 50 , *tit.* 8.
Abr. *ff. de adm. rer. ad civ.*

De l'Administration des deniers
et autres choses qui appartiennent aux villes. *Dig. liv.*
50 , *tit.* 8.

28.

Ad Municipalem et de incolis. ff. *lib.* 50 , *tit.* 1.
Abr. *ff. ad munic.*

Des villes Municipales et de
ceux qui les habitent. *Dig.
liv.* 50 , *tit.* 1.

A.

A

36.

Ad Senatus - Consultum Trebellianum. ff. *lib.* 36 , *tit.* 1.
Abr. *ff. ad s. c. Trebell.*

Du Sénatus-Consulte **Trébellien.**
Dig. liv. 36, *tit.* 1.

37.

Ad Senatus - Consultum Turpillianum , et de abolitionibus
criminum. ff. *lib.* 48, *tit.* 16.
Abr. *ff. ad. s. c. Turp.*

Du Senatus-Consulte Turpillien,
et de l'abolition des crimes.
Dig. liv. 48, *tit.* 16.

38.

Ad Senatus – Consultum Vel-
leianum. ff. *liv.* 16, *tit.* 1.
Abr. *ff. ad s. c. Vell.*

Du Sénatus–Consulte Velléién.
Dig. liv. 16, *tit.* 1.

39.

(De) Adsignandis libertis. ff.
lib. 38, *tit.* 4.
Abr. *ff. de adsig. lib.*

De l'assignat que fait un père
de ses affranchis à quelques
uns de ses enfans. *Dig. liv.*
38, *tit.* 4.

40.

(De) Ædilitio edicto , et re-
dhibitione et quanti minoris.
ff. *lib.* 21, *tit.* 1.
Abr. *ff. de ædit. ed.*

De l'édit des Ediles, et des
actions qu'il donne à l'acheteur, soit pour forcer le vendeur à reprendre sa chose,
soit pour lui demander ce
qu'il a exigé et reçu au-dessus
de la valeur de la chose. *Dig.
liv.* 21, *tit.* 1.

41.

(De) Æstimatoriâ actione. ff.
liv. 19, *tit.* 3.
Abr. *ff. de ast. act.*

De l'action estimatoire. *Dig.
liv.* 19, *tit.* 3.

A

42.

(De) Agnoscendis et alendis liberis, vel parentibus, vel patronis vel libertis. ff. *liv.* 25, *tit.* 3.

Abr. *ff. de agnosc. et alend. lib.*

De l'Obligation de reconnaître et nourrir les enfans, ou les parens, ou les patrons, ou les affranchis. *Dig. liv.* 25, *tit.* 3.

43.

(De) Albo scribendo. ff. *lib.* 50, *tit.* 3.

Abr. *ff. de alb. scrib.*

Du rang dans lequel doivent être inscrits et immatriculés les noms des décurions. *Dig. liv.* 50, *tit.* 3.

44.

(De) Aleatoribus et aleæ lusu. ff. *lib.* 11, *tit.* 5.

Abr. *ff. de alcat.*

Des Jeux de hasard. *Dig. liv.* 11, *tit.* 5.

45.

(De) Alienatione, judicii mutandi causâ factâ. ff. *lib.* 4, *tit.* 7.

Abr. *ff. de alien. jud.*

Des Aliénations faites dans l'intention de changer d'état. *Dig. liv.* 4, *tit.* 7.

46.

(De) Alimentis vel cibariis legatis. ff. *lib.* 34, *tit.* 1.

Abr. *ff. de alim. vel cib. leg.*

Du Legs des alimens ou des vivres. *Dig. liv.* 34, *tit.* 1.

47.

(De) Annuis legatis fideicommissis. ff. *lib.* 33, *tit.* 1.

Abr. *ff. de ann. leg. et fid.*

Des Legs et des fidéicommis annuels. *Dig. liv.* 33, *tit.* 1.

48.

An Per alium causæ appellationum reddi possunt. ff. *lib.* 49, *tit.* 9.

Abr. *ff. an p. al. caus. appell.*

Si l'on peut établir par d'autres ses causes et moyens d'appel, *Dig. liv.* 49, *tit.* 9.

A

49.

(De) Appellationibus et relationibus. ff. *lib.* 49, *tit.* 1.
Abr. *ff. de appel. et rel.*

49.

Des appels et des référés. *Dig.*
liv. 49, *tit.* 1.

50.

(De) Appellationibus recipien-
dis vel non. ff. *lib.* 49, *tit.* 5.
Abr. *ff. de appell. recip.*

50.

Des appels qui doivent être ou
n'être pas reçus. *Dig. liv.* 49,
tit. 5.

51.

Si Tutor vel Curator, Magistratus creatus (appellaverit).
ff. *lib.* 49, *tit.* 10.
Abr. *ff. si tut. vel cur.*

51.

Si un Tuteur, un Curateur, un
Magistrat a appelé de sa nomination. *Dig. liv.* 49, *tit.* 10.

52.

Eum qui (appellaverit), in pro-
vincia defendi. ff. *lib.* 49,
tit. 11.
Abr. *ff. eum q. appell.*

52.

Celui qui a appelé doit se défendre au lieu de son domicile. *Dig. liv.* 49, *tit* 11.

53.

Apud eum à quo (appellatur),
aliam causam agere compellendum. ff. *lib.* 49, *tit.* 12.
Abr. *ff. ap. e. à quo appell.*

53.

Que l'on est forcé de plaider
en autre cause devant le juge
dont est appel. *Dig. liv.* 49,
tit. 12.

54.

Si pendente (appellatione) mors
intervenerit. ff. *lib.* 49, *tit* 13.
Abr. *ff. si pend. appell. mors.*

54.

Si l'appel etant pendant, la mort
de l'appelant est survenue.
Dig. liv. 49, *tit.* 13.

55.

(De) Aquâ et aquæ pluviæ
arcendæ. ff. *lib.* 39, *tit.* 3.
Abr. *ff. de aq. et aq. pluv. arc.*

55.

De la servitude de l'eau, et
de l'action qu'on a contre son
voisin, pour l'obliger à dé-
tourner les eaux de la pluye.
Dig. liv. 39, *tit.* 3.

A

56.

(De) Aquâ quotidianâ et æstivâ. ff. *lib.* 43, *tit.* 20.

Abr. *ff. de aq. quot. et œst.*

De l'interdit concernant l'eau dont on fait usage tous les jours, et celles dont on ne fait usage qu'en été. *Dig. liv.* 43, *tit.* 20.

57.

A quibus appellari non licet. ff. *lib.* 49, *tit.* 2.

Abr. *ff. à quib. appell. n. lic.*

De quelles personnes il n'est pas permis d'appeler. *Dig. liv.* 49, *tit.* 2.

58.

Quis à quo appelletur. ff. *lib.* 49, *tit.* 3.

Abr. *ff. quis à quo appell.*

A qui et de qui on appelle. *Dig. liv.* 49, *tit.* 3.

59.

(De) Arboribus cædendis. ff. *lib.* 43, *tit.* 27.

Abr. *ff. de arb. cœd.*

De l'interdit par lequel on est autorisé à couper des arbres nuisibles. *Dig. liv.* 43, *tit.* 27.

60.

Arborum furtim cæsarum. ff. *lib.* 47, *tit.* 7.

Abr. *ff. arb. furt. cœsar.*

Des arbres coupés furtivement. *Dig. liv.* 47, *tit.* 7.

61.

(De) Auro, argento, mundo, ornamentis, unguentis, veste vel vestimentis et statuis legatis. ff. *lib.* 34, *tit.* 2.

Abr. *ff. de aur. arg.... leg.*

Du legs de l'or, de l'argenterie, de l'attirail de la toilette, des bijoux de parure, des pommades, d'un habit, de la garde-robe, des statues. *Dig. liv.* 34, *tit.* 2.

62.

(De) Auctoritate et consensu Tutorum et Curatorum. ff. *lib.* 26, *tit.* 8.

Abr. *ff. de auct. et cons. tut.*

De l'autorité et du consentement des Tuteurs et Curateurs. *Dig. liv.* 26, *tit.* 8.

A

Codicis.

Nº. 1.

(De) Abigeis. *Cod. lib.* 9 , *tit.* 37.

Abr. *cod. de abig.*

2.

(De) Nili aggeribus non rum—
pendis. *Cod. lib.* 9 , *tit.* 38.

Abr. *cod. de nil. agg. n. rump.*

3.

(De) Abolitionibus. *Cod. lib.*
9 , *tit.* 42.

Abr. *cod. de abol.*

4.

(De) generali Abolitione. *Cod.
lib.* 9 , *tit.* 43.

Abr. *cod. de gen. abol.*

5.

(De) Acceptilationibus. *Cod.
lib.* 8 , *tit.* 44.

Abr. *cod. de accept.*

6.

(De) Accusationibus et inscriptionibus. *Cod. lib.* 9 , *tit.* 2.

Abr. *Cod. de accus. et inscrip.*

7.

(De) Actionibus empti et venditi. *Cod. lib.* 4 , *tit.* 49.

Abr. *cod. de act. emp. et vend.*

8.

(De) Actore à Tutore seu
Curatore dando. *Cod. lib.* 5 ,
tit. 61.

Abr. *cod. de act. tut. et cur.*

Code Justinien.

Nº. 1.

Des voleurs d'animaux domes-
tiques. *Cod. liv.* 9 , *tit.* 37.

2.

De la conservation des digues
du Nil. *Cod. liv.* 9 , *tit.* 38.

3.

De l'abolition et de la rémission
de l'accusation. *Cod. liv.* 9 ,
tit. 42.

4.

De la rémission générale de
l'accusation. *Cod. liv.* 9 , *tit.*
43.

5.

Des acceptilations. *Cod. liv.* 8 ,
tit. 44.

6.

Des accusations et des inscriptions. *Cod. liv.* 9 , *tit.* 2.

7.

Des actions de l'achat et vente.
Cod. liv. 4 , *tit.* 49.

8.

Du cas où le Tuteur ou le
Curateur doit se faire nommer un agent, pour administrer les affaires des mineurs.
Cod. liv. 5 , *tit.* 61.

A

9.

Ad exhibendum. *Cod. lib.* 3, *tit.* 42.
Abr. *cod. ad exhib.*

9.

De l'action à l'effet de faire représenter une chose. *Cod. liv.* 3, *tit.* 42.

10.

Ad legem Corneliam de falsis. *Cod. lib.* 9, *tit.* 22.
Abr. *cod. ad leg. de fals.*

10.

De la loi Cornelia concernant le crime de faux. *Cod. liv.* 9, *tit.* 22.

11.

Ad legem Viscelliam. *Cod. lib.* 9, *tit.* 21.
Abr. *cod. ad leg. Viscell.*

11.

De la loi Viscellia. *Cod. liv.* 9, *tit.* 21.

12.

Ad legem Fabiam de plagiariis. *Cod. lib.* 9, *tit.* 20.
Abr. *cod. ad leg. Fab. de plag.*

12.

De la loi Fabia sur les plagiaires. *Cod. liv.* 9, *tit.* 20.

13.

Ad legem Corneliam de sicariis. *Cod. lib.* 9, *tit.* 16.
Abr. *cod. ad leg. Corn. de sic.*

13.

De la loi Cornelia concernant les assassins. *Cod. liv.* 9, *tit.* 16.

14.

Ad legem Falcidiam. *Cod. lib.* 6, *tit.* 50.
Abr. *cod. ad leg. Falcid.*

14.

De la loi Falcidia. *Cod. liv.* 6, *tit.* 50.

15.

Ad legem Juliam de adulteriis et stupro. *Cod. lib.* 9, *tit.* 9.
Abr. *cod. ad leg. de adult. et stup.*

15.

Sur la loi Julia concernant l'adultère et le viol. *Cod. liv.* 9, *tit.* 9.

16.

Ad legem Juliam de ambitu. *Cod. lib.* 9, *tit.* 26.
Abr. *cod. ad leg. Jul. de amb.*

16.

De la loi Julia sur la brigue. *Cod. liv.* 9, *tit.* 26.

A

17.

Ad legem Juliam repetundarum. *Cod. lib.* 9, *tit.* 27. Abr. *cod. ad leg. Jul. repet.*

De la loi Julia concernant les concussions. *Cod. liv.* 9, *tit.* 27.

18.

Ad legem Juliam de vi publicâ et privatâ. *Cod. lib.* 9, *tit.* 12. Abr. *cod. ad leg. Jul. de vi pub.*

De la loi Julia sur la violence publique et privée. *Cod. liv.* 9, *tit.* 12.

19.

Ad legem Juliam majestatis. *Cod. lib.* 9, *tit.* 8. Abr. *cod. ad leg. Jul. maj.*

Sur la loi Julia concernant le crime de lèze-majesté. *Cod. liv.* 9, *tit.* 8.

20.

(De) Administratione rerum publicarum. *Cod. lib.* 11, *tit.* 30. Abr. *cod. de adm. rer. pub.*

De l'administration des deniers publics. *Cod. liv.* 11, *tit.* 30.

21.

(De) Administratione Tutorum vel Curatorum, et pecuniâ pupillari feneranpâ, vel deponendâ. *Cod. lib.* 5, *tit.* 37. Abr. *Cod. de adm. tut. et cur.*

De l'administration des Tuteurs et Curateurs, et de l'argent des pupilles qui a été prêté à intérêt ou déposé. *Cod. liv.* 5, *tit.* 37.

22.

(De) Adoptionibus. *Cod. lib.* 8, *tit.* 48. Abr. *cod. de adop.*

Des adoptions. *Cod. liv.* 8, *tit.* 48.

23.

(De) Adquirendâ et retinendâ possessione. *Cod. lib.* 7, *tit.* 32. Abr. *cod. de adq. et ret. poss.*

De l'acquisition et de la conservation des possessions. *Cod. liv.* 7, *tit.* 32.

A

24.

Ad Senatus-Consultum Mace-
donianum. *Cod.lib.* 4,*tit.* 28.
Abr. *cod. ad s. c. maced.*

25.

Ad Senatus-Consultum Orfitia-
num. *lib.* 6, *tit.* 57.
Abr. *cod. ad s. c. orfit.*

26.

Ad Senatus – Consultum Sylla-
nianum. *Cod. lib.* 6, *tit.* 35.
Abr. *cod. ad s. c. Syllan.*

27.

Ad Senatus–Consultum Tertul-
lianum. *Cod. lib.* 6, *tit.* 56.
Abr. *cod. ad s. c. Tertull.*

28.

Ad Senatus-Consultum Trebellianum. *Cod. lib.* 6, *tit.* 49.
Abr. *cod. ad s. c. Trebell.*

29.

Ad Senatus–Consultum Turpillianum. *Cod. lib.* 9, *tit.* 45.
Abr. *cod. ad s. c. Turpill.*

30.

Ad Senatus-Consultum Velleia-
num. *Cod. lib.* 4, *tit.* 29.
Abr. *cod. ad s. c. Vell.*

31.

Adsertione tollendâ. *Cod. lib.*
7, *tit.* 17.
Ybr. *cod. de adsert. toll.*

24.

Du Sénatus-Consulte Macédo-
nien. *Cod. liv.* 4, *tit.* 28.

25.

Du Sénatus-Consulte Orfitien.
Cod. liv. 6, *tit.* 57.

26.

Du Sénatus-Consulte Syllanien.
Cod. liv. 6, *tit.* 35.

27.

Du Sénatus–Consulte Tertullien. *Cod. liv.* 6, *tit.* 56.

28.

Du Sénatus-Consulte Trebellien.
Cod. liv. 6, *tit.* 49.

29.

Du Sénatus-Consulte Turpillien.
Cod. liv. 9, *tit.* 45.

30.

Du Sénatus-Consulte Velléien.
Cod. liv. 4, *tit.* 29.

31.

Abolition de l'assertion. *Cod.*
liv. 7, *tit.* 17.

A

32.

(De) Adsessoribus et Domes—
ticis, et Cancellariis Judicum.
Cod. lib. 1, *tit.* 51.
Abr. *cod. de adses. et dom.*

32.

Des Assesseurs , des Huissiers
et des Chanceliers des Juges.
Cod. liv. 1 , *tit.* 51.

33.

(De) Advocatis diversorum
Judicum. *Cod. lib.* 2, *tit.* 8.
Abr. *cod. de adv. div. jud.*

33.

Des Avocats des différens Juges.
Cod. liv. 2, *tit.* 8.

34.

(De) Advocatis diversorum
judiciorum. *Cod. lib.* 2, *tit.* 7.
Abr. *cod. de adv. div. judic.*

34.

Des Avocats des diverses ju-
ridictions. *Cod. liv.* 2, *tit.* 7.

35.

(De) Advocatis fisci. *Cod.*
2, *tit.* 9.
Abr. *cod. de adv. fis.*

35.

Des Avocats du fisc. *Cod. liv.*
2, *tit.* 9.

36.

(De) Ædificiis privatis. *Cod.*
lib. 8, *tit.* 10.
Abr. *de œdif. priv.*

36.

Des édifices particuliers. *Cod.*
liv. 8, *tit.* 10.

37.

(De) Ædilitiis actionibus. *Cod.*
lib. 4, *tit.* 58.
Abr. *cod. de œdil. act.*

37.

Des actions Édilitiennes. *Cod.*
liv. 4, *tit.* 58.

38.

(De) Agentibus in rebus. *Cod.*
lib. 12, *tit.* 20.
Abr. *cod. de agent. in reb.*

38.

De ceux qui gèrent les affaires
publiques. *Cod. liv.* 12, *tit.*
20.

39.

(De) Agricolis censitis, et colonis. *Cod. lib.* 11, *tit.* 47.
Abr. *cod. de agr. et cens. et col.*

39.

Des Cultivateurs , de ceux qui
sont tenus de payer des cens
et des Colons. *Cod. liv.* 11,
tit. 47.

A

40.

(De) Agricolis et mancipiis Dominicis, vel fiscalibus rei publicæ vel privatæ. *Cod. lib.* 11, *tit.* 67.

Des Cultivateurs et des Serviteurs attachés au fisc, et au domaine public ou privé du prince. *Cod. liv.* 11, *tit.* 67.

41.

(De) Aleatoribus et alearum lusu. *Cod. lib.* 3, *tit.* 43.
Abr. *cod. de aleat. et al. lusu.*

Des jeux de hazard, et de ceux qui jouent à ces jeux. *Cod. liv.* 3, *tit.* 43.

42.

(De) Alendis liberis ac parentibus. *Cod. lib.* 5, *tit.* 25.
Abr. *cod. de alend. lib.*

Des alimens qui doivent être fournis aux enfans et aux ascendans. *Cod. liv.* 5, *tit.* 25.

43.

(De) Alexandriæ primatibus. *Cod. lib.* 11, *tit.* 28.
Abr. *cod. de Alex. prim.*

Des primats d'Alexandrie. *Cod. liv.* 11, *tit.* 28.

44.

(De) Alienatione judicii mutandi causâ factâ. *Cod. lib.* 2, *tit.* 55.
Abr. *cod. de Alien. jud. mut.*

De l'aliénation faite dans l'intention de changer l'action. *Cod. liv.* 2, *tit.* 55.

45.

(De) Alimentis pupillo præstandis. *Cod. lib.* 5, *tit.* 50.
Abr. *cod. alim. pup.*

Des alimens à fournir aux pupilles. *Cod. liv.* 5, *tit.* 50.

46.

(De) Alluvionibus, et paludibus, et pascuis ad alium flatum translatis. *Cod. lib.* 7, *tit.* 41.
Abr. *Cod. de alluv. et palud.*

De l'alluvion et des marais et pâturages défrichés. *Cod. liv.* 7, *tit.* 41.

A

47.

(De) Annali exceptione Italici contractus tollenda, et de diversis temporibus , et exceptionibus, et præscriptionibus et interruptionibus earum. *Cod. lib.* 7 , *tit.* 40.
Abr. cod. de annali excep. ital.

47.

Des divers délais, exceptions de tems et prescriptions, de leurs interruptions , et abolition de l'exception annale qui naissait des contrats passés en Italie. *Cod. liv.* 7 , *tit.* 40.

48.

(De) Annonis civilibus. *Cod. lib.* 11 , *tit.* 24.
Abr. cod. de ann. civ.

48.

Des pains distribués aux citoyens. *Cod. liv.* 11 , *tit.* 24.

49.

(De) Annonis et capitatione Administrantium et eorum Adsesserum, aliorumve publicas sollicitudines gerentium, vel eorum qui aliquas consecuti sunt dignitates. *Cod. lib.* 1 , *tit.* 52.
Abr. cod. de ann. et cap. adm.

49.

Des annones et capitations des Administrateurs , de leurs Assesseurs et d'autres magistrats. *Cod. liv.* 1 , *tit.* 52.

50.

(De) Annonis et tributis. *Cod. lib.* 10 , *tit.* 16.
Abr. cod. de ann. et trib.

50.

Des tributs consistant en denrée ou argent. *Cod. liv.* 10 , *tit.* 16.

51.

An Servus pro suo facto post manumissionem teneatur. *Cod. lib.* 4 , *tit.* 14.
Abr. *cod. au serv. p. s. fact.*

51.

Si un Esclave est tenu de son fait après son affranchissement. *Cod. liv.* 4 , *tit.* 14.

A

52.

(De) Apochis publicis, et de descriptionibus curialibus, et de distributionibus civilibus. *Cod. lib.* 10 , *tit.* 22.
Abr. *cod. de apoch. pub.*

Des quittances publiques, de l'estimation des biens des curies, et de la répartition des impôts civils. *Cod. liv.* 10, *tit.* 22.

53.

(De) Apostatis. *Cod. lib.* 1 , *tit.* 7.
Abr. *cod. de apost.*

Des apostats. *Cod. liv.* 1 , *tit.* 7.

54.

(De) Apparitoribus Comitis orientis. *Cod. lib.* 12 , *tit.* 57.
Abr. *cod. de appar. com. ori.*

Des Huissiers du Comte de l'orient. *Cod. liv.* 12 , *tit.* 57.

55.

(De) Apparitoribus Magistrorum militum et privilegiis eorum. *Cod. lib.* 12 , *tit.* 55.
Abr. *cod. de appar. mag. mil.*

Des Huissiers des Magistrats militaires et de leurs privilèges. *Cod. liv.* 12 , *tit.* 55.

56.

(De) Apparitoribus Præfecti annonæ. *Cod. lib.* 12 , *tit.* 59.
Abr. *cod. de appar. præf. ann.*

Des Huissiers du Préfet des vivres. *Cod. liv.* 12 , *tit.* 59.

57.

(De) Apparitoribus Præfectorum prætorio, et privilegiis eorum. *Cod. lib.* 12 , *tit.* 53.
Abr. *cod. de appar. præf. præt.*

Des Huissiers des Préfets du prétoire, et de leurs privilèges. *Cod. liv.* 12 , *tit.* 53.

58.

(De) Apparitoribus Præfecti urbis. *Cod. lib.* 12 , *tit.* 54.
Abr. *cod. de appar. præf. urb.*

Des Huissiers du Préfet de la ville. *Cod. liv.* 12 , *tit.* 54.

A

59.

(De) Apparitoribus Proconsulis et Legati. *Cod. lib.* 12, *tit.* 56.
Abr. *cod. de appar. proc. et leg.*

59.

Des Huissiers du Proconsul et de son Lieutenant. *Cod. liv.* 12 , *tit.* 56.

60.

(De) appellationibus et consultationibus. *Cod. lib.* 7 , *tit.* 62.
Abr. *cod. de appell. et consul.*

60.

Des appels et des décisions du Prince. *Cod. liv.* 7 , *tit.* 62.

61.

(De) temporibus et reparationibus (appellationum) seu consultationum. *Cod. lib.* 7 , *tit.* 63.
Abr. *Cod. de temp. et rep. appel.*

61.

Des délais concernant les appels et des réintégrations d'appel. *Cod. liv.* 7 , *tit.* 63.

62.

(De) aquæductu. *Cod. liv.* 11 ; *tit.* 42.
Abr. *Cod. de aquæd.*

62.

Des aqueducs. *Cod. liv.* 11 , *tit.* 42.

63.

(De) receptis (Arbitris). *Cod. lib.* 2 , *tit.* 56.
Abr. *Cod. de recep. arb.*

63.

Des Arbitres. *Cod. liv.* 2 ; *tit.* 56.

64.

Arbitrium tutelæ. *Cod. lib.* 5 , *tit.* 51.
Abr. *cod. arb. tut.*

64.

De l'action arbitraire de la tutelle. *Cod. liv.* 5 , *tit.* 51.

65.

(De) Argenti pretio quod thesauris infertur. *Cod. lib.* 10, *tit.* 76.
Abr. *cod. de arg. pret. q. thes.*

65.

Du prix de l'argent qui est versé dans les trésors publics. *Cod. liv.* 10, *tit.* 76.

A

66.

(De) Athletis. *Cod. lib.* 10, *tit.* 53.

Abr. *cod. de athlet.*

66.

Des Athlètes. *Cod. liv.* 10, *tit.* 53.

67.

(De) Auro coronario. *Cod. lib.* 10, *tit.* 74.

Abr. *cod. de aur. cor.*

67.

De l'or à faire des couronnes offertes aux triomphateurs. *Cod. liv.* 10, *tit.* 74.

68.

(De) Auri publici persecuto-ribus. *Cod. lib.* 10, *tit.* 72.

Abr. *cod. de aur. pub. pers.*

68.

Des Receveurs des deniers pu-blics. *Cod. liv.* 10, *tit.* 72.

69.

(De) Auctoritate præstandâ. *Cod. lib.* 5, *tit.* 59.

Abr. *cod. de auct. præst.*

69.

De l'assistance que le Tuteur ou Curateur doit fournir au pupille ou à l'adulte. *Cod. liv.* 5, *tit.* 59.

Institutionum.

Institutes.

B

N°. 1.

(De) Bonorum possessionibus. *Inst. lib.* 3, *tit.* 10.

Abr. *inst. de bon. poss.*

N°. 1.

Des successions prétoriennes. *Inst. liv.* 3, *tit.* 10.

Digestorum.

Du Digeste.

N°. 1.

(De) Bonis damnatorum. ff. *lib.* 48, *tit.* 20.

Abr. *ff. de bon. damn.*

N°. 1.

Des biens des condamnés. *Dig. liv.* 48, *tit.* 20.

B

2.

(De) Bonis eorum qui ante sententiam vel mortem sibi consciverunt, vel accusatorem corruperunt. ff. *lib.* 48, *tit.* 21.

Abr. *de bonis eor. q. ante sent.*

Des biens de ceux qui, avant leur jugement, ou se sont donnés la mort, ou ont corrompu leur accusateur. *Dig. liv.* 48, *tit.* 21.

3.

(De) Bonis Libertorum. ff. *lib.* 38, *tit.* 2.

Abr. *ff. de bon. lib.*

Des biens des Affranchis. *Dig. liv.* 38. *tit.* 2.

4.

(De) Bonorum collatione. ff. *lib.* 37, *tit.* 6.

Abr. *ff. de bon. coll.*

Du rapport des biens. *Dig. liv.* 37, *tit.* 6.

5.

(De) Bonorum possessionibus. ff. *lib.* 37, *tit.* 1.

Abr. *ff. de bon. poss.*

Des successions prétoriennes, ou des possessions de biens. *Dig. liv.* 37, *tit.* 1.

6.

(De) Bonorum possessione contra tabulas. ff. *lib.* 37, *tit.* 4.

Abr. *ff. de bonor. poss. cont. tab.*

De la succession prétorienne infirmative du testament. *Dig. liv.* 37, *tit.* 4.

7.

(De) Bonorum possessione ex testamento militis. ff. *lib.* 37, *tit.* 13.

Abr. *ff. de bonor. poss. ex test. mil.*

De la succession prétorienne qui a lieu pour les testamens de ceux qui sont à la suite de l'armée. *Dig. liv.* 37, *tit.* 13.

8.

(De) Bonorum possessione furioso, infanti, muto, surdo, cæco competente. ff. *lib.* 37, *tit.* 3.

Abr. *ff. de bonor. poss. furioso.*

De la succession prétorienne qui est accordée au furieux, à l'enfant en bas âge, au muet, au sourd et à l'aveugle. *Dig. liv.* 37, *tit.* 3.

B

9.	9.
(De) Bonorum cessione. ff. lib. 42, tit. 3. Abr. ff. de bonor. cess.	De la cession des biens. *Dig.* *liv.* 42, *tit.* 3.
10.	10.
(De) Bonorum possessione se-cundum tabulas. ff. *lib.* 37, *tit.* 11. Abr. ff. de bon. poss. sec. tab.	De la succession prétorienne confirmative du testament. *Dig. liv.* 37, *tit.* 11.

~~~~

Codicis.	*Code Justinien.*

B

Nº. 1.	Nº. 1.
(De) Bonis auctoritate judicis possidendis seu venundandis, es de separationibus bonorum. *Cod. lib.* 7, *tit.* 72. Abr. cod. de bon. auct. jud. poss.	Des saisies et ventes de biens par autorité de justice, et des séparations de biens. *Cod. liv.* 7, *tit,* 72.
2.	2.
(De) Bonis eorum qui mortem sibi consciverunt. *Cod. lib.* 9, *tit.* 50. Abr. cod. de bon. e. q. mort.	Des biens de ceux qui se sont donnés la mort. *Cod. liv.* 9, *tit.* 50.
3.	3.
(De) Bonis Libertorum, et jure patronatûs. *Cod. lib.* 6, *tit.* 4. Abr. cod. de bon. lib.	Des biens des Affranchis et des droits du patronage. *Cod. liv.* 6, *tit.* 4.
4.	4.
(De) Bonis maternis et materni generis. *Cod. lib.* 6, *tit.* 60. Abr. cod. de bon. mat. et mat. gen.	Des biens de la mère et de ceux de la ligne maternelle. *Cod. liv.* 6, *tit.* 60.

B

5.

(De) Bonis proscriptorum, seu damnatorum. *Cod. lib.* 9, *tit.* 49.

Abr. *cod. de bon. prosc.*

5.

Des biens des proscrits et de ceux qui sont condamnés. *Cod. lib.* 9, *tit.* 49.

6.

(De) Bonis quæ liberis in potestate patris constitutis, ex matrimonio, vel alias adquiruntur, et eorum administratione. *Cod. lib.* 6, *tit.* 61.

Abr. *cod. de bon. q. lib. in potest.*

6.

Des biens qui sont acquis pour cause de mariage ou autrement aux enfans constitués sous la puissance paternelle, et de leur administration. *Cod. liv.* 6, *tit.* 61.

7.

(De) Bonis vacantibus et de incorporatione. *Cod. lib.* 10, *tit.* 10.

Abr. *cod. de bon. vac.*

7.

Des biens vacans et de leur incorporation au fisc. *Cod. liv.* 10, *tit.* 10.

8.

(De) Petitionibus bonorum sublatis. *Cod. lib.* 10, *tit.* 12.

Abr. *cod. de pet. bon. sub.*

8.

De la suppression des demandes des biens incorporés au fisc. *Cod. lib.* 10, *tit.* 12.

9.

(De) Bonorum possessione contra tabulas, quam Prætor liberis pollicetur. *Cod. lib.* 6, *tit.* 12.

Abr. *cod. de bon. poss. cont. lib.*

9.

De la possession des biens contre les tables que le Préteur promet aux enfans. *Cod. lib.* 6, *tit.* 12.

10.

(De) Bonorum possessione contra tabulas Liberti, quæ patronis liberisque eorum datur. *Cod. lib.* 6, *tit.* 13.

Abr. *cod. de bon. poss. cont. tab. lib.*

10.

De la possession des biens contre les tables d'un Affranchi, qui est donnée à ses patrons ou à leurs enfans. *Cod. liv.* 6, *tit.* 13.

B

11.

(De) Bonorum possessione secundum tabulas. *Cod. lib.* 6, *tit.* 11.

Abr. *cod. de bonor. poss. secund. tab.*

11.

De la possession des biens selon les tables. *Cod. liv.* 6, *tit.* 11.

~~~~~

Institutionum.

Institutes.

C

N°. 1.

(De) Capitis deminutione. *Inst. lib.* 1, *tit.* 16.

Abr. *inst. de cap. dem.*

N°. 1.

Du changement d'état. *Inst. liv.* 1, *tit.* 16.

2.

(De) Codicillis. *Inst. lib.* 2, *tit.* 25.

Abr. *inst. de codic.*

2.

Des codicilles. *Inst. liv.* 2, *tit.* 25.

3.

(De) Curatoribus. *Inst. lib.* 1, *tit.* 23.

Abr. *inst. de curat.*

3.

Des Curateurs. *Inst. liv.* 1, *tit.* 23.

~~~~~

Digestorum.

Digeste.

C

N°. 1.

(De) Cadaveribus punitorum. ff. *lib.* 48, *tit.* 24.

Abr. *ff. de cadav. pun.*

N°. 1.

Des cadavres de ceux qui sont punis. *Dig. liv.* 48, *tit.* 24.

2.

(De) Calumniatoribus. ff. *lib.* 3, *tit.* 6.

Abr. *ff. de calumn.*

2.

De ceux qui forment des demandes sans fondement, pour vexer leurs adversaires. *Dig. liv.* 3, *tit.* 6.

C

3.

(De) Capite minutis. ff. *lib.* 4, *tit.* 5. *(a)*.
Abr. *ff. de cap. min.*

3.

Du changement d'état. *Dig. liv.* 4, *tit.* 5.

4.

(De) Captivis et de postliminio, et redemptis ab hostibus. ff. *lib.* 49, *tit.* 15.
Abr. *ff. de cap. et de postl.*

4.

Des prisonniers de guerre et du *postliminium*, et de ceux qui sont rachetés de l'ennemi. *Dig. liv.* 49, *tit.* 15.

5.

(De) Carboniano edicto. ff. *lib.* 37, *tit.* 10.
Abr. *ff. de carb. ed.*

5.

De l'édit Carbonien. *Dig. liv.* 37, *tit.* 10.

6.

(De) Castrensi peculio. ff. *lib.* 49, *tit.* 17.
Abr. *ff. de castr. pec.*

6.

Du pécule castrense. *Dig. liv.* 49, *tit.* 17.

7.

(De) Censibus. ff. *lib.* 50, *tit.* 15.
Abr. *ff. de cens.*

7.

Des dénombremens donnés à l'effet de lever les tributs. *Dig. liv.* 50, *tit.* 15.

8.

(De) Cessione bonorum. ff. *lib.* 42, *tit.* 3.
Abr. *ff. de cess. bonor.*

8.

De la cession des biens. *Dig. liv.* 42, *tit.* 3.

9.

(De) Cloacis. ff. *lib.* 43, *tit.* 23.
Abr. *ff. de cloac.*

9.

De l'interdit concernant les égouts. *Dig. liv.* 43, *tit.* 23.

10.

(De) Collatione bonorum. ff. *lib.* 37, *tit.* 6.
Abr. *ff. de coll. bonor.*

10.

Du rapport des biens. *Dig. liv.* 37, *tit.* 6.

(a) Capitis minutio est status permutatio. *L.* 1. *ff. ibid.*

4

C

C

19.

(De) Conditione causâ datâ causâ non secutâ. ff. *lib.* 12, *tit.* 4.

Abr. *ff. de cond. caus. dat. caus. n. sec.*

De l'action en vertu de laquelle on redemande une chose donnée, pour une cause qui n'a pas eu lieu. *Dig. liv.* 12, *tit.* 4.

20.

(De) Condictione ex lege. ff. *lib.* 13, *tit.* 2.

Abr. *ff. de cond. ex leg.*

Des actions qui descendent de quelque loi particulière. *Dig. liv.* 13, *tit.* 2.

21.

(De) Condictione furtivâ. ff. *lib.* 13, *tit.* 1.

Abr. *ff. de cond. furt.*

De l'action par laquelle on demande la restitution d'une chose volée. *Dig. liv.* 13, *tit.* 1.

22.

(De) Condictione indebiti. ff. *liv.* 12, *tit.* 6.

Abr. *ff. de cond. indeb.*

De l'action en vertu de laquelle on se fait rendre une chose induement payée. *Dig. liv.* 12, *tit.* 6.

23.

(De) Condictione ob turpem, vel injustam causam. ff. *lib.* 12, *tit.* 5.

Abr. *ff. de cond. ob turp. vel inj. caus.*

De l'action qu'on a pour redemander une chose donnée pour une cause déshonnête, ou injuste. *Dig. liv.* 12, *tit.* 5.

24.

(De) Condictione sinè causâ. ff. *lib.* 12, *tit.* 7.

Abr. *ff. de cond. sinè caus.*

De l'action établie en faveur de celui qui a payé ou qui s'est obligé sans cause. *Dig. liv.* 12, *tit.* 7.

25.

(De) Condictione triticariâ. ff. *lib.* 13, *tit.* 3.

Abr. *ff. de cond. trit.*

De l'action qui a lieu quand on demande. *Dig. liv.* 13, *tit.* 3

C

26.

(De) Conditionibus et demons-
trationibus, et causis et modis
eorum qui in testamento scri-
buntur. ff. *lib.* 35, *tit.* 1.
Abr. *ff. de condit. et demonst.*

26.

Des dispositions testamentaires
faites sous certaines conditions, désignations, causes et
modifications. *Dig. liv.* 35,
tit. 1.

27.

(De) Conditionibus institutionum. ff. *lib.* 28, *tit.* 7.
Abr. *ff. de cond. inst.*

27.

Des conditions apposées aux
institutions. *Dig. liv.* 28, *tit.*
7.

28.

(De·) Confessis. ff. *lib.* 42,
tit. 2.
Abr. *ff. de conf.*

28.

De ceux qui avouent en justice.
Dig. liv. 42, *tit.* 2.

29.

(De) Confirmando Tutore vel
Curatore. ff. *lib.* 26, *tit.* 3.
Abr. *ff. de conf. tut.*

29.

De la confirmation des Tuteurs
et des Curateurs. *Dig. liv.* 26,
tit. 3.

30.

(De) Conjungendis cum emancipato liberis ejus. ff. *lib.* 37,
tit. 8.
Abr. *ff. de conjug. c. emanc.*

30.

De la concurrence établie par
le Préteur entre le fils émancipé et ses enfans. *Dig. liv.*
37, *tit.* 8.

31.

(De) Constituta pecunia. ff. *lib.*
13, *tit.* 5.
Abr. *ff. de const. pec.*

31.

De l'action qu'on a contre quelqu'un en vertu d'un constitut,
c'est-à-dire, de la promesse
qu'il a faite de payer une
somme due. *Dig. liv.* 13, *tit.* 5.

32.

(De) Constitutionibus principum. ff. *lib.* 1, *tit.* 4.
Abr. *ff. de const. princ.*

32.

Des constitutions des Princes.
Dig. liv. 1, *tit.* 4.

C

33.

(De) Contrahendâ emptione, et de pactis inter emptorem et venditorem compositis, et quæ res venire non possunt. ff. *lib.* 18 , *tit.* 1.

Abr. *ff. de contrah. emp. et vend.*

33.

Du contrat de vente, des classes dont ce contrat est susceptible , et des choses qui peuvent en être l'objet. *Dig. liv.* 18 , *tit.* 1.

34.

(De) Contrarià tutelæ, et utili actione. ff. *lib.* 27 , *tit.* 4.

Abr. *ff. de cont. tut.*

34.

De l'action contraire de la tutelle , et de l'action utile. *Dig. liv.* 27 , *tit.* 4.

35.

(De) Curatore bonis dando. ff. *lib.* 42 , *tit.* 8.

Abr. *ff. de cur. bon. dand.*

35.

Du Curateur à donner aux biens. *Dig. liv.* 42 , *tit.* 8.

36.

(De) Curatoribus furioso et aliis extrà minores dandis. ff. *lib.* 27 , *tit.* 10.

Abr. *ff. de cur. fur. et al.*

36.

Des Curateurs donnés aux Insensés et à d'autres qu'à des Mineurs. *Dig. liv.* 27 , *tit.* 10.

37.

(De) Custodia et exhibitione reorum ff. *lib.* 48 , *tit.* 3.

Abr. *ff. de cust. reor.*

37.

De la Garde et de la représentation des Accusés. *Dig. liv.* 48 , *tit.* 3.

~~~~~~~~

Codicis.

Code Justinien.

Nᵒ. 1.

(De) Caducis tollendis. *Cod. lib.* 6 , *tit.* 50.

Abr. *cod. de cad. toll.*

Nᵒ. 1.

De l'abolition de la caducité des successions et des legs. *Cod. liv.* 6 , *tit.* 50.

C

2.

(De) Calumniatoribus. *Cod. lib.* 9 , *tit.* 46.
Abr. *cod. de calumn.*

De ceux qui forment des demandes sans fondement pour vexer leurs adversaires. *Cod. liv.* 9 , *tit.* 46.

3.

(De) Canone frumentario urbis Romæ. *Cod. lib.* 11 , *tit.* 22.
Abr. *cod. de can. frum. urb.*

De la règle concernant la fourniture annuelle de blé pour la ville de Rome. *Cod. liv.* 11 , *tit.* 22.

4.

(De) Canone largitionalium titulorum. *Cod. lib.* 10 , *tit.* 23.
Abr. *cod. de can. larg. tit.*

De la règle concernant les tributs appartenant au Prince à titre de largesse. *Cod. liv.* 10 , *tit.* 23.

5.

(De) Capiendis et distrahendis pignoribus, tributorum causâ. *Cod. lib.* 10 , *tit.* 21.
Abr. *cod. de capiend. et distrah.*

De la saisie et de la vente des gages affectés au paiement des tributs. *Cod. liv.* 10 , *tit.* 21.

6.

(De) Capitatione civium eximendâ. *Cod. lib.* 11 , *tit.* 48.
Abr. *cod. de capit. civ. censib.*

De l'exemption de la capitation en faveur des citoyens. *Cod. liv.* 11 , *tit.* 48.

7.

(De) Carboniano edicto. *Cod. lib.* 6 , *tit.* 17.
Abr. *cod. de carb. edic.*

De l'édit Carbonien. *Cod. liv.* 6 , *tit.* 17.

8.

(De) Castrensianis et Ministerianis. *Cod. lib.* 12 , *tit.* 26.
Abr. *cod. de castrens. et minist.*

Des Ministres attachés à la cour du Prince. *Cod. liv.* 12 , *tit.* 26.

C

9.

(De) Castrensi omnium Pala-
tinorum peculio. *Cod. lib.* 12,
tit. 31.

Abr. *cod. de cast. omn. palat.*

9.

Du pécule castreuse de tous les
Palatins. *cod. liv.* 12 , *tit.* 31.

10.

(De) Castrensi peculio Militum et Præfectianorum. *Cod.
lib.* 12 , *tit.* 37,

Abr. *cod. de cast. pec. mil.*

10.

Du pécule castreuse des Soldats
et des Gardes attachés au
Préfet du prétoire. *cod. liv.*
12 , *tit.* 37.

11.

(De) Censibus, et censitoribus,
et peræquatoribus, et Inspectoribus. *Cod. lib.* 11 , *tit.* 57.

Abr. *cod. de cens. et censit.*

11.

Des cens , de ceux qui font le
dénombrement ; des Collecteurs et des Inspecteurs. *Cod.
liv.* 11 , *tit.* 57.

12.

Qui bonis (Cedere), possunt.
Cod. lib. 7 , *tit.* 71.

Abr. *cod. qui bon ced. poss.*

12.

De ceux qui peuvent faire cession de biens. *Cod. liv.* 7 ,
tit. 71.

13.

(De) Classicis. *Cod. lib.* 11 ,
tit. 12.

Abr. *cod. de class.*

13.

Des Soldats de la marine. *Cod.
liv.* 11 , *tit.* 12.

14.

(De) Codicillis. *Cod. lib.* 6 ,
tit. 36.

Abr. *cod. de cod.*

14.

Des codicilles. *Cod. liv.* 6 , *tit.*
36.

15.

(De) Cohortalibus , principibus, corniculariis , ac primi-
pilariis. *Cod. lib.* 12 , *tit.* 58.

Abr. *Cod. de cohort. princ.*

15.

Des Chefs de cohortes , de
ceux appelés *Cornicularii* et
des Capitaines des compagnies,
Cod. liv. 12 , *tit.* 58.

C

16.

(De) Collationibus. *Cod. liv.* 6, *tit.* 20.

Abr. *cod. de collat.*

17.

(De) Collatione æris. *Cod. lib.* 10, *tit.* 29.

Abr. *cod. de coll. œr.*

18.

(De) Collationne donatorum, vel relevatorum, aut translatorum, seu adæratorum. *Cod. lib.* 10, *tit.* 28.

Abr. *cod. de coll. don. rel. rel.*

19.

(De) Collatione fundorum fiscalium vel rei privatæ vel Dominicæ vel civitatis vel templi. *Cod. lib.* 11, *tit.* 73.

Abr. *cod. de coll. fund. fisc.*

20.

(De) Collatione fundorum patrimonialium et emphyteuticariorum. *Cod. lib.* 11, *tit.* 64.

Abr. *cod. de coll. fund. part.*

21.

(De) Collegiatis et chartopratis, et nummulariis. *Cod. lib.* 11, *tit.* 17.

Abr. *cod. de coll. et chart.*

22.

(De) Collusioné detegenda. *Cod. lib.* 7, *tit.* 20.

Abr. *cod. de coll. deteg.*

16.

Des rapports. *Cod. liv.* 6, *tit.* 20.

17.

Du rapport (ou de la comparaison) des métaux et de l'or. *Cod. liv.* 10, *tit.* 29.

18.

Du rapport des choses données, des choses dégrevées, de celles dont le tribut a été transféré ou commué. *Cod. liv.* 10, *tit.* 28.

19.

Des rédevances que doivent payer les fermiers des fonds appartenant au fisc, au domaine privé du Prince, à la ville ou aux temples. *Cod. liv.* 11, *tit.* 73.

20.

Des rédevances ou tributs affectés sur les fonds patrimoniaux ou emphytéotiques. *Cod. liv.* 11, *tit.* 64.

21.

Des Membres des collèges, de ceux qui leur sont subrogés et des Banquiers. *Cod. liv.* 11 *tit.* 17.

22.

De la répression de la collusion. *Cod. liv.* 7, *tit.* 20.

C

23.

(De) Colinis Illyricanis. *Cod. lib.* 11, *tit.* 52.
Abr. *cod. de col. Illyr.*

Des Colons d'Illyrie. *Cod. liv.* 11 , *tit.* 52.

24.

(De) Colonis Palæstinis. *Cod. lib.* 11 , *tit.* 50.
Abr. *cod. de col. palœst.*

Des Colons de la Palestine. *Cod. liv.* 11 , *tit.* 50.

25.

(De) Colonis Thracensibus. *Cod. lib.* 11 , *tit.* 51.
Abr. *cod. de col. Thrac.*

Des Colons de la Thrace. *Cod. liv.* 11 , *tit.* 51.

26.

(De) Comitibus consistorianis. *Cod. lib.* 12, *tit.* 10.
Abr. *cod. de comit. cons.*

Des Comtes du consistoire ; *Cod. liv.* 12 , *tit.* 10.

27.

(De) Comitibus et Archiatris sacri palatii. *Cod. lib.* 12, *tit.* 13.
Abr. *cod. de comit. arch.*

Des Comtes et des premiers Médecins du palais du Prince, *Cod. liv.* 12 , *tit.* 13.

28.

(De) Comitibus et tribunis scholarum. *Cod. lib.* 12, *tit.* 11.
Abr. *cod. de com. et trib. schol.*

Des Comtes et des tribuns des écoles. *Cod. liv.* 12, *tit.* 11.

29.

(De) Comitibus qui provincias regunt *Cod. lib.* 12 , *tit.* 14.
Abr. *cod. de com. q. prov. reg.*

Des Comtes gouverneurs de provinces. *Cod. liv.* 12 , *tit.* 14.

30.

(De) Comitibus rei Militaris. *Cod. liv.* 12 , *tit.* 12.
Abr. *cod. de com. rei mil.*

Des Comtes Militaires envoyés dans les provinces éloignées. *Cod. liv.* 12 , *tit.* 12.

5

C

3r.

(De) Comeatu. *Cod. lib.* 12, *tit.* 43.

Abr. *cod. de com.*

3r.

Des congés. *Cod. lib.* 12, *tit.* 43.

32.

(De) Commerciis et Mercatoribus. *Cod. lib.* 4, *tit.* 63.

Abr. *cod. de comm. et merc.*

32.

Des divers commerce et des Marchands. *Cod. liv.* 4, *tit.* 63.

33.

Comminationes, epistolas programmata, subscriptiones, auctoritatem rei judicatæ non habere. *Cod. lib.* 7, *tit.* 57.

Abr. *cod. comm. epist.*

33.

Les sommations, les lettres, les programmes et les subscriptions n'ont point l'autorité de la chose jugée. *Cod. liv.* 7, *tit.* 57.

34.

(De) Commodato. *Cod. lib.* 4, *tit.* 23.

Abr. *cod. de comm.*

34.

Du commodat. *Cod. liv.* 4, *tit.* 23.

35.

Communia de legatis, et fideicommissis et de in rem missione tollendâ. *Cod. lib.* 6, *tit.* 43.

Abr. *cod. de comm. de leg.*

35.

Dispositions communes aux legs et aux fidéicommis, et abolition de l'envoi en possession de la chose léguée. *Cod. liv.* 6, *tit.* 43.

36.

Communia de Manumissionibus. *Cod. lib.* 7, *tit.* 15.

Abr. *cod. comm. de manu.*

36.

Dispositions générales sur les affranchissemens. *Cod. liv.* 7, *tit.* 15.

37.

Communia de successionibus. *Cod. lib.* 6, *tit.* 59.

Abr. *cod. comm. de succ.*

37.

Dispositions communes aux diverses successions. *Cod. liv.* 6, *tit.* 59.

38.

Communia de usucapionibus. *Cod. lib.* 7, *tit.* 30.

Abr. *cod. comm. de usucap.*

38.

Dispositions générales sur la prescription. *Cod. liv.* 7, *tit.* 30.

C

39.

Communia utriusque judicii tam familiæ erciscundæ quam communi dividundo. *Cod. lib.* 3, *tit.* 38.
Abr. *cod. comm. utr. jud.*

39.

Dispositions communes aux partages de famille et à celui d'une chose commune. *Cod. liv.* 3, *tit.* 38.

40.

Communi dividundo. *Cod. lib.* 3, *tit.* 37.
Abr. *cod. comm. divid.*

40.

De l'action en division d'une chose commune. *Cod. liv.* 3, *tit.* 37.

41.

(De) Communium rerum alienatione. *Cod. lib.* 4, *tit.* 52.
Abr. *cod. de comm. rer. alien.*

41.

De l'aliénation des choses communes. *Cod. liv.* 4, *tit.* 52.

42.

(De) Communi servo manumisso. *Cod. lib.* 7, *tit.* 7.
Abr. *cod. comm. serv. manum.*

42.

De l'affranchissement de l'esclave commun. *Cod. liv.* 7, *tit.* 7.

43.

(De) Compensationibus. *Cod. lib.* 4, *tit.* 31.
Abr. *cod. de compens.*

43.

Des compensations. *Cod. liv.* 4, *tit.* 31.

44.

(De) Concubinis. *Cod. lib.* 5, *tit.* 26.
Abr. *cod. de concub.*

44.

Des concubines. *Cod. liv.* 5, *tit.* 26.

45.

(De) Condictione ex lege, et sinè causâ, vel injustâ causâ. *Cod. lib.* 4, *tit.* 9.
Abr. *cod. de cond. ex leg.*

45.

De la condiction qui naît de la loi, et de ce qui a été donné ou fait sans cause, ou pour une injuste caues. *Cod. liv.* 4, *tit.* 9.

C

46.

(De) Condictione furtivâ. *Cod.*
lib. 4, *tit.* 8.
Abr. *cod. de cond. furt.*

De l'action condictionnelle pour
cause de vol. *Cod. liv.* 4,
tit. 8.

47.

(De) Condictione indebiti.
Cod. lib. 4, *tit.* 5.
Abr. *cod. de condict. ind.*

De la répétition de ce qui a
été payé sans être dû. *Cod.*
liv. 4, *tit.* 5.

48.

(De) Condictione ob causam
datorum. *Cod. lib.* 4, *tit.* 6.
Abr. *cod. de cond. ob. caus. dat.*

De l'action de ce qui a été donné
pour cause. *Cod. liv.* 4, *tit.* 6.

49.

(De) Condictione ob turpem
cuusam. *Cod. lib.* 4, *tit.* 7.
Abr. *cod. de cond. ob turp.*
caus.

De l'action condictionnelle en
répétition de ce qui a été
donné pour une cause hon-
teuse. *Cod. liv.* 4, *tit.* 7.

50.

(De) Conditionibus insertis tam
legatis quàm fideicommissis
et libertatibus. *Cod. lib.* 6,
tit. 46.
Abr. *cod. de cond. ins.*

Des conditions apposées aux legs
aux fideicommis et aux libertés. *Cod. liv.* 6, *tit.* 46.

51.

(De) Conditis in publicis hor-
reis. *Cod. liv.* 10, *tit.* 26.
Abr. *cod. de cond. in pub. horr.*

Du blé reposé dans les greniers
publics. *Cod. liv.* 10, *tit.* 26.

52.

(De) Conductoribus et procuratoribus sivè actoribus prædiorum fiscalium et domus
Augustæ. *Cod. lib.* 11, *tit.* 71.
Abr. *cod. de conduct. et procur.*

De ceux qui prennent à louage
et de ceux qui gèrent les
affaires des domaines du fisc
et de la maison de l'Empereur. *Cod. liv.* 11, *tit.* 71,

C

53.

(De) Confessis. *Cod. lib.* 7, tit. 59.
Abr. *cod. de conf.*

Des aveux. *Cod. liv.* 7, tit. 59.

54.

(De) Confirmando Tutore. *Cod. lib.* 5, tit. 29.
Abr. *cod. de conf. tut.*

De la confirmation du Tuteur. *Cod. liv.* 5, tit. 29.

55.

(De) Consortibus ejusdem litis. *Cod. lib.* 3, tit. 40.
Abr. *cod. de consort. ej. lit.*

Des Intéressés dans le même procès. *Cod. liv.* 3, tit. 40.

56.

(De) Constitutâ pecuniâ. *Cod. lib.* 4, tit. 18.
Abr. *cod. de const. pec.*

De la somme constituée. *Cod. liv.* 4, tit. 18.

57.

(De) legibus et constitutionibus Principum, et edictis. *Cod. lib.* 1, tit. 14.
Abr. *cod. de leg. et const. princ.*

Des lois, des constitutions des Empereurs et des édits. *Cod. liv.* 4, tit. 14.

58.

(De) Consulibus, et non spargendis ab his pecuniis, et de Præfectis et Magistris militum et Patriciis. *Cod. lib.* 12, tit. 3.
Abr. *cod. de cons. et n. sparg.*

Des Consuls et de la défense qui leur est faite de répandre de l'argent ; des Prefets, des Généraux et des Patriciens. *Cod. liv.* 12, tit. 3.

59.

(De) Contractibus Judicæ vel eorum qui sunt circa eos : et inhibendis donationibus in eos faciendis : et ne administrationis tempore proprias ædes

Des contrats des Juges et de leurs subordonnés, de leur incapacité de recevoir des donations, et de construire, pour leur compte, des édifices

C

ædificent, sinè sanctione pragmaticâ. *Cod. lib.* 1, *tit.* 53.
Abr. *cod. de cont. jud. etc.*

pendant le tems de leur administration, s'ils ne sont autorisés par une pragmatique
sanction. *Cod. liv.* 1, *tit.* 53·

60.

(De) Contrahendâ emptione et
venditione. *Cod. lib.* 4, *tit.*
38.
Abr. *cod. de contrah. empt. et*
vend.

60.

De l'achat et de la vente. *Cod.*
liv. 4, *tit.* 38.

61.

(De) Contrahendâ et commit-
tendâ stipulatione. *Cod. lib.*
8, *tit.* 38.
Abr. *cod. de contrah. et comm.*
stip.

61.

De la stipulation. *Cod. liv.* 8,
tit. 38.

62.

(De) Contrario judicio tutelæ.
Cod. lib. 5, *tit.* 58.
Abr. *cod. de cont. jud. tut.*

62.

De l'action contraire de la tutelle. *Cod. liv.* 5, *tit.* 58.

63.

(De) Conveniendis fisci de-
bitoribus. *Cod. lib.* 10, *tit.* 2.
Abr. *cod. de conv. fisc. debit.*

63.

De l'action à intenter contre
les debiteurs du fisc. *Cod.*
liv. 10, *tit.* 2.

64.

Creditorem evictionem pignoris
non debere. *Cod. lib.* 8, *tit.*
46.
Abr. *cod. cred. evict. pign.*

64.

De la non responsabilité du
créancier à l'égard de l'évic-
tion du gage. *Cod. liv.* 8,
tit. 46.

65.

(De) Crimine expilatæ hæreditatis. *Cod. lib.* 9, *tit.* 32.
Abr. *cod. de crim. exp. hæred.*

65.

Du crime de spoliation d'hérédité. *Cod. liv.* 9, *tit.* 32.

C

66.

(De) Crimine peculatûs. *Cod. lib.* 9, *tit.* 28.
Abr. *cod. de crim. pecul.*

66.

Du crime de péculat. *Cod. liv.* 9, *tit.* 28.

67.

(De) Crimine sacrilegii. *Cod. lib.* 9, *tit.* 29.
Abr. *cod. de crim. sacril.*

67.

Du crime de sacrilège. *Cod. liv.* 9, *tit.* 29.

68.

(De) Crimine stellionatûs. *Cod. lib.* 9, *tit.* 34.
Abr. *cod. de crim. stell.*

68.

Du crime de stellionat. *Cod. liv.* 9, *tit.* 34.

69.

(De) Cupressis ex luco Daph-nensi, vel perseis per Ægyp-tum non excidendis, vel ven-dendis. *Cod. lib.* 11, *tit.* 77.
Abr. *cod. de cupr. ex luco. etc.*

69.

De la défense de vendre ou de couper des cyprès du bois de Daphné, ou l'arbre appelé *persea*, qui croît en Égypte. *Cod. liv.* 11. *tit.* 77.

70.

(De) Curatore furiosi, vel pro-digi. *Cod. lib.* 5, *tit.* 70.
Abr. *cod. de cur. fur. vel prod.*

70.

Du Curateur du Furieux ou du Prodigue. *Cod. liv.* 5, *tit.* 70.

71.

(De) Curiosis et stationariis. *Cod. lib.* 12, *tit.* 23.
Abr. *cod. de curios. et stat.*

71.

De ceux qui sont chargés de dénoncer les crimes et de l'expédition des affaires. *Cod. liv.* 12, *tit.* 23.

72.

(De) Cursu publico, angariis, et parangariis. *Cod. lib.* 12, *tit.* 51.
Abr. *cod. de curs. pub. ang.*

72.

De la route publique et du pas-sage par les grandes routes et les chemins de traverse. *Cod. liv.* 12, *tit.* 51.

C

73.

(De) Custodiâ reorum. *Cod.*
lib. 9, *tit.* 4.
Abr. *cod. de cust. reor.*

73.

De la garde des Accusés. *Cod.*
liv. 9, *tit.* 4.

~~~~~

Institutionum.

Des Institutes.

D

N°. 1.

(De) Divisione stipulationum.
Inst. lib. 3, *tit.* 19.
Abr. *inst. de div. stipul.*

N°. 1.

De la division des stipulations.
Inst. liv. 3, *tit.* 19.

2.

(De) Donationibus. *Inst. lib.* 2,
tit. 7.
Abr. *inst. de don.*

2.

Des donations. *Inst. liv.* 2,
tit. 7.

3.

(De) Duobus reis stipulandi,
et promittendi. *Inst. lib.* 3,
tit. 17.
Abr. *inst. de duob. reis stip.*

3.

De plusieurs co-stipulans, et
de plusieurs co-promettans.
Inst. liv. 3, *tit.* 17.

~~~~~

Digestorum.

Du Digeste.

N°. 1.

(De) Damno infecto et de
suggrundis et de protectio-
nibus. ff. *lib.* 39, *tit.* 2.
Abr. *ff. de damn. inf.*

N°. 1.

Du dommage qu'on appréhende
par le défaut d'une maison voi-
sine, de ses saillies et de ce
qui est hors d'œuvre. *Dig.*
liv. 39, *tit.* 2.

D

2.

(De) Decretis ab ordine faciendis. ff. *lib.* 50 , *tit.* 9.
Abr. *ff. de decrt. ab ord. faciend.*

Des décrets qui doivent être rendus par l'ordre des décurions. *Dig. liv.* 50 , *tit.* 9.

3.

(De) Decurionibus et filiis eorum ff. *lib.* 50 , *tit.* 2.
Abr. *ff. de decur. et fil.*

Des décurions et de leurs Enfans. *Dig. liv.* 50 , *tit.* 2.

4.

Depositi vel contra. ff. *lib.* 16 , *tit.* 3.
Abr. ff. *dep.*

Des actions directe et contraire qui naissent du dépôt. *Dig. liv.* 16 , *tit.* 3.

5.

(De) Distractione pignorum et hypothecarum. ff. *lib.* 20 , *tit.* 5.
Abr. ff. *de dist. pign.*

De la vente que fait un créancier des choses qui lui sont engagées ou hypothèquées. *Dig. liv.* 20 , *tit.* 5.

6.

(De) Diversis regulis juris antiqui. ff. *lib.* 50 , *tit.* 17.
Abr. *ff. de reg. juris.*

Explication des règles du droit ancien. *Dig. liv.* 50 , *tit.* 17.

7.

(De) Diversis temporalibus præscriptionibus et de accessionibus possessionum. ff. *lib.* 44 , *tit.* 3.
Abr. *ff. de div. temp. præsc.*

Des diverses exceptions temporelles , et de la jonction de plusieurs possessions. *Dig. liv.* 44. *tit.* 3.

8.

(De) Divisione rerum et qualitate. ff. *lib.* 1 , *tit.* 8.
Abr. *ff. de div. rer.*

De la division et de la qualité des choses. *Dig. liv.* 1 , *tit.* 8.

9.

(De) Divortiis et repudiis. ff. *lib.* 24 , *tit.* 2.
Abr. *ff. de divort. et repub.*

Des divorces et des répudiations. *Dig. liv.* 24 , *tit.* 2.

D

10.

(De) Doli mali et metûs exceptione. ff. *lib.* 44, *tit.* 4.
Abr. *ff. de dol. mal. et met.*

De l'exception de dol et de crainte. *Dig. liv.* 44, *tit.* 4.

11.

(De) Dolo malo. ff. *lib.* 4, *tit.* 3.
Abr. *ff. de dolo malo.*

Du dol ou de la mauvaise foi *Dig. liv.* 4, *tit.* 3.

12.

(De) Donationibus. ff. *lib.* 39, *tit.* 5.
Abr. *ff. de don.*

Des donations. *Dig. liv.* 39, *tit.* 5.

13.

(De) Donationibus mortis causâ et capionibus. ff. *lib.* 39, *tit.* 6.
Abr. *ff. de mort. caus. donation.*

Des donations et autres manières d'acquérir à cause de mort. *Dig. liv.* 39, *tit.* 6.

14.

(De) Donationibus inter Virum et Uxorem. ff. *lib.* 24, *tit.* 1.
Abr. *ff. de donat. int. vir. et ur.*

Des donations entre Mari e Femme. *Dig. liv.* 24, *tit.* 1.

15.

De impensis in res (Dotales) factis ff. *lib.* 25, *tit.* 1.
Abr. *ff. de imp. in res dot.*

Des dépenses faites sur les choses dotales. *Dig. liv.* 25 *tit.* 1.

16.

(De) Dote prælegata ff. *lib.* 33, *tit.* 4.
Abr. *ff. de dote præleg.*

Du legs de la dot. *Dig. liv.* 33, *tit.* 4.

17.

(De) Dotis collatione. ff. *lib.* 37. *tit.* 7.
Abr. *ff. de dot. coll.*

Du rapport de la dot. *Dig. liv.* 37, *tit.* 7.

D

18.	18.
(De) Duobus reis constituendis ff. *lib.* 45, *tit.* 2. Abr. *ff. de duob. reis const.*	De plusieurs stipulans et promettans. *Dig. liv.* 45, *tit.* 2.

~~~~

Codicis.	*Code Justinien.*
N°. 1.	N°. 1.
(De) Debitoribus Civitatum. *Cod. lib.* 11, *tit.* 32. Abr. *cod. de debit. civit.*	Des débiteurs des villes. *Cod. liv.* 11, *tit.* 32.
2.	2.
Debitorem venditionem pignoris impedire non posse. *Cod. lib.* 8, *tit.* 29. Abr. *cod. de debit. vend. pign.*	De l'impuissance du débiteur à empêcher la vente du gage. *Cod. liv.* 8, *tit.* 29.
3.	3.
(De) Decanis. *Cod. lib.* 12, *tit.* 27. Abr. *cod. de decan.*	Des Doyens. *Cod. liv.* 12, *tit.* 27.
4.	4.
(De) Decretis decurionum super immunitate quibusdam concedenda. *Cod. lib.* 10, *tit.* 46. Abr. *cod. de decret. decur.*	Des décrets rendus par les décurions, pour accorder une immunité à quelqu'un. *Cod. liv.* 10, *tit.* 46.
5.	5.
(De) Decurialibus urbis Romæ. *Cod. lib.* 11, *tit.* 13. Abr. *cod. de decur. urb. Rom.*	Des décurions de la ville de Rome. *Cod. liv.* 11, *tit.* 13.

D

6.

(De) Decurionibus et filiis eorum, et qui decuriones habeantur, et quibus modis à fortunâ curiæ liberentur. *Cod. lib.* 10, *tit.* 31.
Abr. *cod. de decur. et filiis eor.*

Des décurions et de leurs enfans, de ceux qui sont réputés décurions et de quelle manière ils sont déchargés de cet office. *Cod. liv.* 10, *tit.* 31.

7.

(De) Dedititiâ libertate tollendâ. *Cod. lib.* 7, *tit.* 5.
Abr. *cod. de deditit. lib. toll.*

Abolition de la liberté déditienne. *Cod. liv.* 7, *tit.* 5.

8.

(De) Defensoribus civitatum. *Cod. lib.* 1, *tit.* 55.
Abr. *cod. de defens. civit.*

Des défenseurs des villes. *Cod. liv.* 1, *tit.* 55.

9.

(De) Delatoribus. *Cod. lib.* 10, *tit.* 11.
Abr. *cod. de delator.*

Des délateurs. *Cod. liv.* 10, *tit.* 11.

10.

Depositi vel contra. *Cod. lib.* 4, *tit.* 34.
Abr. *cod. depos.*

De l'action du dépôt et de celle contraire. *Cod. liv.* 4, *tit.* 34.

11.

(De) Desertoribus et occultatoribus eorum. *Cod. lib.* 12, *tit.* 46.
Abr. *cod. de desert. et occult.*

Des déserteurs et de ceux qui les cachent. *Cod. liv.* 12, *tit.* 46.

12.

(De) Dignitatibus. *Cod. lib.* 12, *tit.* 1.
Abr. *cod. de dign.*

Des dignités. *Cod. liv.* 12, *tit.* 1.

D

13.

(De) Dilationibus. *Cod. lib.* 3, *tit.* 11.
Abr. *cod. de dilator.*

13.

Des délais. *Cod. liv.* 3, *tit.* 11.

14.

(De) Discussoribus. *Cod. lib.* 10, *tit.* 30.
Abr. *cod. de discuss.*

14.

Des examinateurs et inspecteurs. *Cod. liv.* 10, *tit.* 30.

15.

(De) Distractione pignorum. *Cod. lib.* 8, *tit.* 28.
Abr. *cod. de distract. pign.*

15.

De la vente des gages. *Cod. liv.* 8, *tit.* 28.

16.

(De) Diversis officiis et apparitoribus Judicum, et probatoriis eorum. *Cod. lib.* 12, *tit.* 60.
Abr. *cod. de div. off. et app. jud.*

16.

Des divers offices, et des Huissiers des Juges et de ceux qui les approuvent. *Cod. liv.* 12, *tit.* 60.

17.

(De) Diversis prædiis urbanis, et rusticis, templorum, et civitatum, et omni reditu civili. *Cod. lib.* 11, *tit.* 69.
Abr. *cod. de div. præd. urb. et rust.*

17.

Des divers fonds de ville et de la campagne, des temples et des cités, et de tous les frais civils qu'on en perçoit. *Cod. liv.* 11, *tit.* 69.

18.

(De) Diversis rescriptis, et pragmaticis sanctionibus. *Cod. lib.* 1, *tit.* 23.
Abr. *cod. de div. rescript.*

18.

Des divers rescrits et des pragmatiques sanctions. *Cod. liv.* 1, *tit.* 23.

D

19.

(De) Dividendâ tutelâ, et pro quâ parte quisque Tutorum conveniatur. *Cod. lib.* 5, *tit.* 52.
Abr. *cod. divid. tut.*

De la division de la tutelle, et de la partie dont chacun des Tuteurs est tenu de rendre compte. *Cod. liv.* 5, *tit.* 52.

20.

Divortio facto apud quem liberi morari vel educari debeant. *Cod. lib.* 5, *tit.* 24.
Abr. *cod. div. fact. ap. q. lib.*

Dans le cas de divorce, chez qui du Père ou de la Mère les Enfans doivent rester et être élevés. *Cod. liv.* 5, *tit.* 24.

21.

(De) Dolo malo. *Cod. lib.* 2, *tit.* 21.
Abr. *cod. de dol. mal.*

Du dol avec mauvaise foi. *Cod. liv.* 2, *tit.* 21.

22.

(De) Domesticis et Protectoribus. *Cod. lib.* 12, *tit.* 17.
Abr. *cod. de domest. et protect.*

Des Officiers du Prince, et des Gardes du corps. *Cod. liv.* 12, *tit.* 17.

23.

(De) Donationibus. *Cod. lib.* 8, *tit.* 54.
Abr. *cod. de donat.*

Des donations. *Cod. liv.* 8, *tit.* 54.

24.

(De) Donationibus ante nuptias, vel propter nuptias, et sponsalitiis. *Cod. lib.* 5, *tit.* 3.
Abr. *cod. de donat. ante nupt.*

Des donations *ante nuptias* ou *propter nuptias*, et des fiançailles. *Cod. liv.* 5, *tit.* 3.

25.

(De) Donationibus causâ mortis. *Cod. lib.* 8, *tit.* 57.
Abr. *cod. de donat. causâ mort.*

Des donations à cause de mort. *Cod. liv.* 8, *tit.* 57.

26.

(De) Donationibus inter Virum et Uxorem, et à Parentibus in liberos factis, et de ratihabitione. *Cod. lib.* 5, *tit.* 16. Abr. *cod. de donat. int. vir. et ux.*

26.

Des donations entre le Mari et la Femme, et de celles faites par les parens en faveur de leurs enfans, et de la ratification. *Cod. liv.* 5, *tit.* 16.

27.

(De) Donationibus quæ sub modo, vel conditione, vel certo tempore conficiuntur. *Cod. lib.* 8, *tit.* 55. Abr. *cod. de donat. q. sub modo.*

27.

Des donations conditionnelles et temporaires. *Cod. liv.* 8, *tit.* 55.

28.

(De) Dote cautâ non numeratâ. *Cod. lib.* 5, *tit.* 15. Abr. *cod. de dot. caut. n. num.*

28.

De la dot promise et non payée. *Cod. liv.* 5, *tit.* 15.

29.

(De) Dotis promissione, et nudâ pollicitatione. *Cod. lib.* 5, *tit.* 11. Abr. *cod. de dot. promiss.*

29.

De la promesse et de la simple pollicitation de la dot. *Cod. liv.* 5, *tit.* 11.

30.

(De) Duobus reis stipulandi, et promittendi. *Cod. lib.* 8, *tit.* 40. Abr. *cod. de duob. re. stip.*

30.

Du cas où la stipulation est faite en faveur de plusieurs, et de celui où elle oblige deux ou plusieurs personnes. *Cod. liv.* 8, *tit.* 40.

———

Institutionum.

E

Instilutes.

Nº. 1.

(De) Emptione et de venditione. *Inst. lib.* 3, *tit.* 24. Abr. *inst. de empt. et vend.*

Nº. 1.

Du contrat d'achat et de vente. *Inst. liv.* 3, *tit.* 24.

E

2.

(De) Eo cui libertatis causâ bonâ addicuntur. *Inst. lib.* 3. *tit.* 12.

Abr. *inst. de eo cui lib. causâ.*

De celui à qui on adjuge les biens d'un défunt, en faveur de la liberté. *Inst. liv.* 3, *tit.* 12.

3.

(De) Exceptionibus. *Inst. lib.* 4, *tit.* 13.

Abr. *inst. de except.*

Des exceptions. *inst. liv.* 4, *tit.* 13.

4.

(De) Excusationibus Tutorum vel Curatorum. *Inst. lib.* 1, *tit.* 25.

Abr. *inst. de excus. tut.*

Des excuses des Tuteurs et des Curateurs. *Inst. liv.* 1, *tit.* 25.

5.

(De) Exheredatione liberorum. *Inst. lib.* 2, *tit.* 13.

Abr. *inst. de exhered. lib.*

De l'exhérédation des Enfans. *Inst. liv.* 2, *tit.* 13.

〜〜〜〜

Digestorum.

Digeste.

N°. 1.

(De) Edendo. ff. *lib.* 2, *tit.* 13.
Abr. *ff. de edend.*

De la manière d'établir l'action. *Dig. liv.* 2, *tit.* 13.

2.

(De) Effractoribus et expilatoribus. ff. *lib.* 47, *tit.* 18.
Abr. *ff. de effract. et expil.*

De ceux qui font effraction et de ceux qui spolient. *Dig. liv.* 47, *tit.* 18.

3.

(De) Electione vel optione legatâ. ff. *lib.* 33. *tit.* 5.
Abr. *ff. de elect. vel opt. leg.*

Du legs de l'option ou du choix d'une chose entre plusieurs. *Dig. liv.* 33, *tit.* 5.

E

4.

(De) Eo, per quem factum erit, quòminus quis in judicio sistat. ff. *lib.* 2, *tit.* 10.
Abr. *ff. de eo p. quem fact. erit.*

De celui qui aura empêché un autre de paraître en justice. *Dig. liv.* 2, *tit.* 10.

5.

(De) Eo qui pro Tutore provè Curatore negotia gessit. ff. *lib.* 27, *tit.* 5.
Abr. *ff. de eo qui p. tut.*

De celui qui a géré les affaires d'un pupille ou d'un mineur en qualité de Tuteur ou de Curateur. *Dig. liv.* 27, *tit.* 5.

6.

(De) Eo quod certo loco dari oportet. ff. *lib.* 13, *tit.* 4.
Abr. *ff. de eo q. cert. loc.*

Des dettes qui doivent être payées. *Dig. liv.* 13, *tit.* 4.

7.

(De) Eo quod metûs causâ gestum erit. ff. *lib.* 4, *tit.* 2.
Abr. *ff. de eo quod met. caus. gest.*

De la restitution accordée contre ce qui a été fait par crainte. *Dig. liv.* 4, *tit.* 2.

8.

(De) Evictionibus et duplæ stipulatione. ff. *lib.* 21, *tit.* 2.
Abr. *ff. de evict. et dup. stip.*

Des évictions et de la stipulation par laquelle le vendeur s'oblige à rendre à l'acheteur le double du prix, s'il est évincé de la chose. *Dig. liv.* 21, *tit.* 2.

9.

Eum qui appellaverit in provinciâ defendi. ff. *lib.* 49, *tit.* 11.
Abr. *ff. eum q. appell.*

Celui qui a appelé doit se défendre au lieu de son domicile. *Dig. liv.* 49, *tit.* 11.

10.

(De) Exceptione rei judicatæ. ff. *lib.* 44, *tit.* 2.
Abr. *ff. de excpte. rei jud.*

De l'exception fondée sur l'autorité de la chose jugée. *Dig. liv.* 44, *tit.* 2.

E

11.

(De) Exceptione rei venditæ et traditæ. ff. *lib.* 21, *tit.* 3.
Abr. *ff. de excep. rei vend.*

11.

Des cas où l'acheteur peut opposer l'exception fondée sur ce que la chose lui a été vendue et livrée. *Dig. liv.* 21, *tit.* 3.

12.

(De) Exceptionibus prescriptionibus et præjudiciis. ff. *lib.* 44, *tit.* 1.
Abr. *ff. de except. presc. et præd.*

12.

Des exceptions, des prescriptions et des préjugés. *Dig. liv.* 44, *tit.* 1.

13.

(De) Excusationibus Tutorum. ff. *lib.* 27, *tit.* 1.
Abr. *ff. de excus. tut.*

13.

Des excuses des Tuteurs. *Dig. liv.* 27, *tit.* 1.

14.

(De) Exercitoriâ actione. ff. *lib.* 14, *tit.* 1.
Abr. *ff. de exerc. act.*

14.

De l'action qu'on a droit d'intenter contre le Patron d'un navire, en conséquence d'une convention faite avec celui qu'il a préposé. *Dig. liv.* 14, *tit.* 1.

15.

(De) Exhibitione et custodiâ reorum. ff. *lib.* 48, *tit.* 3.
Abr. *ff. de cust. et exhib. reor.*

15.

De la garde et de la représentation des accusés. *Dig. liv.* 48, *tit.* 3.

16.

Expilatæ hæreditatis. ff. *lib.* 47, *tit.* 19.
Abr. *ff. expil. hæred.*

16.

De la spoliation d'hérédité. *Dig. liv.* 47, *tit.* 19.

17.

Ex quibus causis majores (viginti quinque annis) in integrum restituuntur. ff. *lib.* 4, *tit.* 6.
Abr. *ff. ex quib. caus. maj.*

17.

Quelles sont les causes de restitution pour les majeurs de vingt-cinq ans. *Dig. liv.* 4, *tit.* 6.

E

18.

(De) Extraordinariis cognitionibus : et si judex litem suam fecisse dicetur. ff. *lib.* 50, *tit.* 13.
Abr. *ff. de ext. cogn.*

18.

Des matières extraordinaires dont la connaissance appartient aux Présidens des provinces, ainsi que celles des jugemens de ceux qui ont mal jugé. *Dig. liv.* 50, *tit.* 13.

19.

(De) Extraordinariis criminibus. ff. *lib.* 47, *tit.* 11.
Abr. *ff. de ext. crim.*

19.

Des crimes punis arbitrairement. *Dig. liv.* 47, *tit.* 11.

~~~~~~

Codicis.

Code Justinien.

Nº. 1.

(De) Edendo. *Cod. lib.* 2, *tit.* 1.
Abr. *cod. de edend.*

Nº. 1.

De la manière d'établir l'action. *Cod. liv.* 2, *tit.* 1.

2.

(De) Edicto divi Hadriani tollendo : et quemadmodum scriptus hæres in possessionem mittatur. *Cod. lib.* 6, *tit.* 33.
Abr. *cod. de edic. div. Had.*

2.

Rapport de l'édit de l'Empereur Adrien et formalités à observer lors de l'envoi en possession de l'héritier écrit. *Cod. liv.* 6, *tit.* 33.

3.

(De) Emancipationibus liberorum. *Cod. lib.* 8, *tit.* 49.
Abr. *cod. de emancip.*

3.

De l'émancipation. *Cod. liv.* 8, *tit.* 49.

4.

(De) Emendatione propinquorum. *Cod. lib.* 9, *tit.* 15.
Abr. *cod. de emend. prop.*

4.

De la correction des plus proches parens. *Cod. liv.* 9, *tit.* 15.

E

5.

(De) Emendatione servorum. Cod. *lib.* 9 , *tit.* 14.

Abr. *cod. de emend. serv.*

5.

De la correction des esclaves. Cod. *liv.* 9, *tit.* 14. .

6.

❧ De) Eo qui pro Tutore negotia gessit. Cod. *lib.* 5, *tit.* 45.

Abr. *cod. de eo q. p. tut. neg.*

6.

De celui qui a administré en place du Tuteur. Cod. *liv.* 5, *tit.* 45.

7.

(De) Episcopali audientiâ et diversis capitulis quæ ad curam pertinent pontificalem. Cod. *lib.* 1, *tit.* 4.

'Abr. *cod. de episc. aud.*

7.

Du tribunal épiscopal et de ses attributions. Cod. *liv.* 1, *tit.* 4.

8.

(De) Episcopis et Clericis et Orphanotrophis, et Xenodochis et Brephotrophis, Ptochotrophis et Ascetoriis et Monachis et privilegiis eorum, et castrensi peculio, et de redimendis Captivis, et de nuptiis Clericorum vetitis seu permissis. Cod. *lib.* 1, *tit.* 3.

Abr. *cod. de episc. et clericis.*

8.

Des Évêques, des Clercs, des Orphanotrophes, des Xénodoches, des Bréphotrophes, des Ptochotrophes, des Ascéteries, des Moines, de leurs privilèges et de leur pécule castrense; de la rédemption des Captifs, et de la permission ou de la défense des mariages des Clercs. Cod. *liv.* 1, *tit.* 3.

9.

(De) Equestri dignitate. Cod. *lib.* 12, *tit.* 32.

Abr. *cod. de equest. dig.*

9.

De la dignité de Chevalier. Cod. *liv.* 12, *tit.* 32.

10.

(De) Erogatione Militariis annonæ. Cod. *lib.* 12, *tit.* 38.

Abr. *cod. de erog. mil. an.*

10.

De la distribution des vivres aux Soldats. Cod. *liv.* 12, *tit.* 38.

E

E

E

26.

(De) Executione rei judicatæ.
Cod. lib. 7 , tit. 53.
Abr. cod. de exec. rei jud.

26.

De l'exécution de la chose jugée
Cod. liv. 7 , tit. 53.

27.

(De) Exhibendis et transmit-
tendis reis. Cod. lib. 9, tit. 3.
Abr. cod. de exhib. et trans. reis.

27.

De la représentation des Accusés et de leur translation
Cod. liv. 9 , tit. 3.

28.

(De) Expensis ludorum publicorum. Cod. lib. 11 , tit. 41.
Abr. cod. de exp. lud. public.

28.

De la dépense des jeux publics;
Cod. liv. 11 , tit. 41.

29.

Ex quibus causis infamiâ irro-
gatur. Cod. lib. 2 , tit. 12.
Abr. cod. ex quib. caus. infam.

29.

Des causes pour lesquelles on
inflige l'infamie. Cod. liv. 2
tit. 12.

30.

Ex quibus causis Majores in integrum restituantur. Cod. lib.
2 , tit. 54.
Abr. cod. quib. ex caus. maj.

30.

Pour quelles causes les Majeurs
sont restitués en entier. Cod.
liv. 2 , tit. 54.

Institutionum.

Institutes.

F

N°. 1.

(De) Fideicommissariis hæreditatibus, et Senatus-Consultum
Trebellianum. Inst. lib. 2 ,
tit. 23.
Abr. inst. de fideicom. hæred.
et ad. s. c. Trebell.

N°. 1.

Des hérédités fidéicommissaires;
et du Sénatus-Consulte Trebellien. Inst. liv. 2 , tit. 23.

F

<table>
<tr><td>

2.

(De) Fidejussoribus. *Inst. lib.* 3 , *tit.* 21.

Abr. *inst. de fidij.*

</td><td>

2.

Des fidéjusseurs. *Inst. liv.* 3, *tit.* 21.

</td></tr>
<tr><td>

3.

(De) Fiduciariâ tutelâ. *Inst. lib.* 1 , *tit.* 19.

Abr. *inst. de fiduc. tut.*

</td><td>

3.

De la tutelle fiduciaire. *Inst. liv.* 1 , *tit.* 19.

</td></tr>
</table>

～～～～

<table>
<tr><td>

Digestorum.

</td><td>

Digeste.

</td></tr>
<tr><td>

N°. 1.

Familiæ erciscundæ ff. *lib.* 10, *tit.* 2.

Abr. *ff. famil. ercise.*

</td><td>

N°. 1.

De l'action en partage de biens de famille, ou en partage d'hérédité. *Dig. liv.* 10, *tit.* 2.

</td></tr>
<tr><td>

2.

(De) Feriis et dilationibus, et diversis temporibus. ff. *lib.* 2 , *tit.* 12.

Abr. *ff. de fer. et dilat.*

</td><td>

2.

Des jours de vacances , des délais et des différentes époques. *Dig. liv.* 2 , *tit.* 12.

</td></tr>
<tr><td>

3.

(De) Fideicommissariâ hæreditatis petitione ff. *lib.* 5 , *tit.* 6.

Abr. *ff. de fideicom. hœred. petit.*

</td><td>

3.

De la demande de l'hérédité formée par ceux qui reclament une succession en vertu d'un fidéicommis. *Dig. liv.* 5 , *tit.* 6.

</td></tr>
<tr><td>

4.

(De) fideicommissariis libertatibus. ff. *lib.* 40, *tit.* 5.

Abr. *ff. de fideicom. libert.*

</td><td>

4.

Des libertés fidéicommissaires *Dig. liv.* 40, *tit.* 5.

</td></tr>
<tr><td>

5.

(De) Fide instrumentorum et amissione eorum. ff. *lib.* 22 , *tit.* 4.

Abr. *ff. de fide inst.*

</td><td>

5.

De l'authenticité des actes , et de ce qui arrive lorsqu'ils sont perdus. *Dig. liv.* 22 , *tit.* 3.

</td></tr>
</table>

F

6.

(De) Fidejussoribus et mandatoribus. ff. *lib.* 46, *tit.* 1.
Abr. *ff. de fidej. et mand.*

6.

Des Fidéjusseurs et des mandans. *Dig. liv.* 46, *tit.* 1.

7.

(De) Fidejussoribus et nominatoribus, et hæredibus Tutorum et Curatorum. ff. *lib.*
27, *tit.* 7.
Abr. *ff. de fidej. et nomin.*

7.

Des Répondans des Tuteurs ou
Curateurs, de ceux qui les
ont présentés aux Magistrats
et de leurs Héritiers. *Dig.
liv.* 27, *tit.* 7.

8.

Finium regundorum. ff. *lib.*
10, *tit.* 1.
Abr. *ff. finium reg.*

8.

De l'action relative au bornage
des terres. *Dig. liv.* 10, *tit.* 1.

9.

(De) Fluminibus : ne quid in
flumine publico ripavè ejus
fiat, quo pejus navigetur. ff.
lib. 43, *tit.* 12.
Abr. *ff. de flumin. vel ne q. in
flum.*

9.

De l'interdit concernant les
rivières, portant défense de
rien faire dans les rivières publiques ou sur les rives qui
porte obstacle à la navigation.
Dig. liv. 43, *tit.* 12.

10.

(De) Fonte. ff. *lib.* 43, *tit.* 22.
Abr. *ff. de fon.*

10.

De l'interdit concernant les
fontaines. *Dig. liv.* 43, *tit.* 22.

11.

(De) Fugitivis. *ff. lib.* 11, *tit.* 4.
Abr. *ff. de fugit.*

11.

Des esclaves fugitifs. *Dig. liv.*
11, *tit.* 4.

12.

(De) Fundo dotali. ff. *lib.* 23,
tit. 5.
Abr. *ff. de fund. dot.*

12.

De la dot qui consiste dans un
immeuble. *Dig. liv.* 23, *tit.* 5.

13.

(De) Furibus balneariis. ff. *lib.*
47, *tit.* 17.
Abr. *ff. de fur. baln.*

13.

Des voleurs dans les bains. *Dig.
liv.* 47, *tit.* 17.

F

14.	14.
Furti adversus Nautas, Caupones, stabularios. ff. *lib.* 47, *tit.* 5. Abr. *ff. furt. adv. naut. caup. stab.*	Du vol contre les Nautonniers, les Cabaretiers et les Hôteliers. *Dig. liv.* 47, *tit.* 5.
15.	15.
(De) Furtis. ff. *lib.* 47, *tit.* 2. Abr. *ff. de furt.*	Des vols. *Dig. liv.* 47, *tit.* 2.

~~~~

Codicis.	*Code Justinien.*
N°. 1.	**N°. 1.**
(De) Fabricensibus. *Cod. lib.* 11, *tit.* 9. Abr. *cod. de fabric.*	De ceux qui fabriquent les armes; *Cod. liv.* 11, *tit.* 9.
2.	**2.**
(De) Falsâ causâ adjectâ legato vel fideicommisso. *Cod. lib.* 6, *tit.* 44. Abr. *cod. de falsá caus. adj. leg.*	Des legs et des fidéicommis laissés avec mention d'une fausse cause. *Cod. liv.* 6, *tit.* 44.
3.	**3.**
(De) Falsâ monetâ. *Cod. lib.* 9, *tit.* 24. Abr. *cod. de fals. mon.*	De la fausse monnaie. *Cod. liv.* 9, *tit.* 24.
4.	**4.**
Familiæ erciscondæ. *Cod. lib.* 3, *tit.* 36. Abr. *cod. fam. ercis.*	De l'action en partage de biens de famille, ou en partage d'hérédité. *Cod. liv.* 3, *tit.* 36.
5.	**5.**
(De) Famosis libellis. *Cod. lib.*, 9, *tit.* 36. Abr. *cod. de fam. libell.*	Des libelles diffamatoires. *Cod. liv.* 9, *tit.* 36.

F

6.

(De) Feriis. *Cod. lib.* 3, *tit.* 12.
Abr. *cod. de fer.*

6.

Des Féries. *Cod. liv.* 3, *tit.* 12.

·7·

(De) Fide, et jure fiscalis, et de adjectionibus. *Cod. lib.* 10, *tit.* 3.
Abr. *cod. de fid. et jure hat. fisc.*

7.

De la foi et des droits attachés aux ventes fiscales, tant en fait d'encan que des licitations. *Cod. liv.* 10, *tit.* 3.

8.

(De) Fideicommissariis libertatibus. *Cod. lib.* 7, *tit.* 4.
Abr. *cod. de fideicom. lib.*

8.

Des libertés fidéicommissaires. *Cod. liv.* 7, *tit.* 4.

9·

(De) Fideicommissis. *Cod. lib.* 6, *tit.* 42.
Abr. *cod. de fideicomm.*

9·

Des fidéicommis. *Cod. liv.* 6, *tit.* 42.

10.

(De) Fide instrumentorum, et amissione eorum, et de apochis et antapochis faciendis, et de his quæ sinè scripturà fieri possunt. *Cod. lib.* 4, *tit.* 21.
Abr. *cod. de fid. inst. et amiss.*

10.

De la foi due aux actes authentiques, de leur perte, des quittances ou des contre-quittances qu'on peut faire, et de ce qui peut se faire sans écrit. *Cod. liv.* 4, *tit.* 21.

11.

(De) Fidejussoribus et mandatoribus. *Cod. lib.* 8, *tit.* 41.
Abr. *cod. de fid. et mand.*

11.

Des Fidéjusseurs et des mandans. *Cod. liv.* 8, *tit.* 41.

12.

(De) Fidejussoribus Minorum. *Cod. lib.* 2, *tit.* 24.
Abr. *cod. de fidejuss. min.*

12.

Des Fidéjusseurs des Mineurs. *Cod. liv.* 2, *tit.* 24.

F

13.

(De) Fidejussoribus Tutorum vel Curatorum. *Cod. lib.* 5, *tit.* 57.
Abr. *cod. de fidejuss. tut. et cur.*

13.

Des Fidéjusseurs des Tuteurs, et de ceux des Curateurs. *Cod. liv* 5, *tit.* 57.

14.

(De) Filiis familias et quemadmodum pro his pater teneatur. *Cod. lib.* 10, *tit.* 60.
Abr. *cod. de filiis fam.*

14.

Des Fils de famille, et comment les Pères se trouvent obligés pour eux. *Cod. liv.* 10, *tit.* 60.

15.

(De) Filio familias minore. *Cod. lib.* 2, *tit.* 23.
Abr. *cod. de filio fam.*

15.

De la restitution en entier accordée aux Fils de famille mineurs. *Cod. liv.* 2, *tit.* 23.

16.

(De) Filiis Officilium militarium qui in bello moriuntur. *Cod. lib.* 12, *tit.* 48-
Abr. *cod. de fil. off. mil.*

16.

Des Enfans des Officiers militaires qui sont morts à l'armée. *Cod. liv.* 12, *tit.* 48.

17.

Finium regundorum. *Cod. lib.* 3, *tit.* 39.
Abr. *cod. fin. regund.*

17.

De l'action relative au bornage des terres. *Cod. liv.* 3, *tit.* 39.

18.

(De) Fiscalibus usuris. *Cod. lib.* 10, *tit.* 8.
Abr. *cod. de fiscal. usur.*

18.

Des intérêts dus au fisc. *Cod. liv.* 10, *tit.* 8.

19.

(De) Formulis et impetrationibus actionum sublatis. *Cod. lib.* 2, *tit.* 58.
Abr. *cod. de form. et impetr.*

19.

De l'abrogation des formules et des impétrations d'actions. *Cod. liv.* 2, *tit.* 58.

F

20.

(De) Fructibus et litium expensis. Cod. lib. 7, tit. 51.
Abr. cod. de fruct. et lit. expens.

20.

Des fruits et des dépenses des
procès. Cod. liv. 7, tit. 51.

21.

(De) Frumento Alexandrino.
Cod. lib. 11, tit. 27.
Abr. cod. de frum. Alexandr.

21.

Du blé d'Alexandrie. Cod. liv.
11, tit. 27.

22.

(De) Frumento urbis Cons-
tantinopolitanæ. Cod. lib. 11,
tit. 23.
Abr. cod. de frum. urb. Const.

22.

Du blé de la ville de Constantinople. Cod. liv. 11, tit.
23.

23.

(De) Fugitivis Colonis patrimonialibus, saltuensibus et
emphyteuticis. Cod. lib. 11,
tit. 63.
Abr. cod. de fugit. colon.

23.

Des Colons fugitifs qui cultivent
des biens dépendant du patrimoine impérial, forestiers ou
emphytéotiques. Cod. liv. 11,
tit. 63.

24.

(De) Fundo dotali. Cod. lib.
5, tit. 23.
Abr. cod. de fund. dot.

24.

Du fonds dotal. Cod. liv. 5,
tit. 23.

25.

(De) Fundis rei privatæ, et
saltibus divinæ domús. Cod.
lib. 11, tit. 65.
Abr. cod. de fund. rei priv.

25.

Des fonds et forêts de la couronne. Cod. liv. 11, tit. 65.

26.

(De) Fundis limitrophis et terris, et paludibus pascuis et
limitaneis, vel castellorum.
Cod. lib. 11, tit. 59.
Abr. cod. de fund. lim.

26.

Des fonds limitrophes, et de
ceux qui gardent les terres,
marais, pâturages, ou des
citadelles établies sur les confins. Cod. liv. 11, tit. 59.

F

27.	27.
(De) Fundis et saltibus rei Dominicæ. *Cod. lib.* 11, *tit.* 66. Abr. *cod. de fund. et salt.*	Des fonds et paturages qui font partie du patrimoine particulier de l'Empereur. *Cod. liv.* 11, *tit.* 66.
28.	28.
(De collatione) Fundorum patrimonialium, et emphyteuticariorum. *Cod. lib.* 11, *tit.* 64. Abr. *cod. de collat. fund. patr.*	Des charges des fonds donnés à titre d'emphytéose et autres, dépendant du patrimoine particulier de l'Empereur. *Cod. liv.* 11, *tit.* 64.
29.	29.
(De) Fundis patrimonialibus, et saltuensibus, et emphyteuticis, et eorum conductoribus. *Cod. lib.* 11, *tit.* 61. Abr. *cod. de fund. patrim. et salt.*	Des fonds et forêts donnés par l'Empereur à titre d'emphytéose, et de leurs fermiers. *Cod. liv.* 11, *tit.* 61.
30.	30.
(De) Furtis, et servo corrupto. *Cod. lib.* 6, *tit.* 2. Abr. *cod. de furt. et serv. corr.*	De l'action du vol et de celle de l'esclave débauché. *Cod. liv.* 6, *tit.* 2.

~~~~~~~~~~

Institutionum.	*Des Institutes.*

G

N°. 1.	N°. 1.
(De) Gradibus cognationum. *Inst. lib.* 3, *tit.* 6. Abr. *inst. de grad. cognat.*	Des degrés de cognation. *Inst. liv.* 3, *tit.* 6.

G

Digestorum.	Du Digeste.

N°. 1.

(De) Glaude legendâ. ff *lib.* 43 , *tit.* 28.

Abr. *ff. de glaud. legend.*

De l'interdit par lequel on est autorisé à ramasser le fruit qui tombe de son fonds sur celui d'un autre. *Dig. liv.* 43 , *tit.* 28.

2.

(De) Gradibus et affinibus et nominibus eorum. ff. *lib.* 38 , *tit.* 10.

Abr. *ff. de grad. et affin.*

Des degrés de parenté et d'alliance et de leurs différens noms. *Dig. liv.* 38 , *tit.* 10.

Codicis.	Code Justinien.

N°. 1.

(De) Generali abolitione. *Cod. lib.* 9 , *tit.* 43.

Abr. *cod. de general. abolit.*

De l'abolition générale de l'accusation. *Cod. liv.* 9, *tit.* 43.

2.

(De) Gladiatoribus penitùs tollendis. *Cod. lib.* 11 , *tit.* 43.

Abr. *cod. de gladiat. penit. toll.*

De l'abolition des Gladiateurs. *Cod. liv.* 11 , *tit.* 43.

3.

(De) Grege dominico. *Cod. lib.* 11 , *tit.* 75.

Abr. *cod. de greg. dominic.*

Du haras de l'Empereur. *Cod. liv.* 11 , *tit.* 75.

Institutionum.	Des Institutes.

H

N°. 1.

(De) Hæredibus instituendis. *Inst. lib.* 2 , *tit.* 14.

Abr. *inst. de hæred. instit.*

De l'institution d'héritier. *Inst. liv.* 2 , *tit.* 14.

H

2.

(De) Hæreditatibus quæ ab in-testato deferuntur. *Inst. lib.* 3 , *tit.* 1.
Abr. *inst. de hœred. q. ad. intest.*

2.

Des hérédités qui sont déférées ab instestat. *Inst. liv.* 3 , *tit.* 1.

3.

(De) Hæredum qualitate et dif-ferentiâ. *Inst. lib* 2 , *tit.* 19.
Abr. *inst. de hœred. qualit.*

3.

De la qualité et de la différence des Héritiers. *Inst. liv.* 2 ; *tit.* 19.

4.

(De) His qui sui vel alieni juris sunt. *Inst. lib.* 1 , *tit.* 8.
Abr. *inst. de his q. sui.*

4.

De ceux qui sont leurs maîtres , ou qui sont sous la puissance d'autrui. *Inst. liv.* 1 , *tit.* 8.

Digestorum.

N°. 1.

(De) Hæredibus instituendis. ff. *lib.* 28 , *tit.* 5.
Abr. *ff. de hœred. instituend.*

Digeste.

N°. 1.

De l'institution d'héritiers. *Dig. liv.* 28 , *tit.* 5.

2.

(De) Hæreditate vel actione venditâ. ff. *lib.* 18 , *tit.* 4.
Abr. *ff. de hœredit. vel act. vend.*

2.

De la vente des droits succes-sifs ou d'une créance. *Dig. liv.* 18 , *tit.* 4.

3.

(De) Hæreditatis petitione. ff. *lib.* 5 , *tit.* 3.
Abr. *ff. de hœred. petit.*

3.

De la demande à l'effet de se faire rendre une succession. *Dig. liv.* 5 , *tit.* 3.

4.

(De) His quæ in testamento delentur, inducuntur, vel ins-cribuntur. ff. *lib.* 28 , *tit.* 4.
Abr. *de his q. in testam. del.*

4.

Des mots effacés , rayés et sur-chargés dans un testament. *Dig. liv.* 28 , *tit.* 4.

H

5.

(De) His quæ pro non scriptis habentur. ff. *lib.* 34 , *tit.* 8. Abr. *ff. de his q. pro. non script.*

5.

Des dispositions qui sont regardées comme non écrites. *Dig. liv.* 34 , *tit.* 8.

6.

(De) His quæ pœnæ causâ relinquuntur. ff. *lib.* 34 , *tit.* 6. Abr. *ff. de his q. pœnæ caus.*

6.

Des legs faits par le testateur en haine de son héritier. *Dig. liv.* 34 , *tit.* 6.

7.

(De) His quæ ut indignis auferuntur. ff. *lib.* 34 , *tit.* 9. Abr. *ff. de his q. ut indign.*

7.

De ceux qui sont privés comme indignes des dispositions faites en leur faveur. *Dig. liv.* 34 , *tit.* 9.

8.

(De) His qui effuderint, vel dejecerint. ff. *lib.* 9 , *tit.* 3. Abr. *ff. de his q. effud. vel. dej.*

8.

De ceux qui repandent ou jettent quelque chose sur les passans. *Dig. liv.* 9 , *tit.* 3.

9.

(De) His qui notantur infamiâ. ff. *lib.* 3 , *tit.* 2. Abr. *ff. de his q. not. infam.*

9.

De ceux qui sont notés d'infamie. *Dig. liv.* 3 , *tit.* 2.

10.

(De) His qui sui vel alieni juris sunt. ff. *lib.* 1 , *tit.* 6. Abr. *ff. de his q. sui vel alien.*

10.

De ceux qui sont leurs maîtres, ou soumis à la puissance d'autrui. *Dig. liv.* 1 , *tit.* 6.

11.

(De) Homine libero exhibendo. ff. *lib.* 43 , *tit.* 29. Abr. *de hom. liber. exibend.*

11.

De l'interdit à l'effet de faire représenter un homme libre. *Dig. liv.* 43 , *tit.* 29.

12.

(De) Honoribus et muneribus. ff. *lib.* 50 , *tit.* 4. Abr. *ff. de mun. et honor.*

12.

Des honneurs et des emplois publics. *Dig. liv.* 50 , *tit.* 4.

9

II

Codicis.	Code Justinien.

H

8.	8.
(De) His quæ ex publicâ collatione illata sunt , non usurpandis. *Cod. lib.* 10 , *tit.* 73. Abr. *cod. his q. ex public. illat.*	De la défense de s'emparer de quelque manière que ce soit de l'argent provenant des contributions publiques. *Cod. liv.* 10, *tit.* 73.

9.	9.
(De) His quæ pænæ nomine in testamento vel codicillis scribuntur vel relinquuntur. *Cod. lib.* 6 , *tit.* 41. Abr. *cod. de his q. pænæ nom. in testam. vel codicill.*	Des dispositions pénales renfermées dans un testament ou dans un codicille. *Cod. liv.* 6, *tit.* 41.

10.	10.
(De) His quæ sub modo legata vel fideicommissa relinquuntur. *Cod. lib.* 6 , *tit.* 45. Abr. *cod. de his q. sub mod. leg.*	De ceux à qui il a été laissé des legs ou des fideicommis à une certaine fin. *Cod. liv.* 6, *tit.* 45.

11.	11.
(De) His quæ vi metusve causâ gesta sunt. *Cod. lib.* 2, *tit.* 20. Abr. *cod. de his q. vi met.*	De ce qui a été fait par ceux qui y ont été contraints par la violence ou par la crainte. *Cod. liv.* 2, *tit.* 20.

12.	12.
(De) His qui accusare non possunt. *Cod. lib.* 9, *tit.* 1. Abr. *cod. de his q. accus.*	De ceux qui ne peuvent se porter accusateurs. *Cod. liv.* 9, *tit.* 1.

13.	13.
(De) His qui ad ecclesiam confugiunt, vel ibi exclamant, (et ne quis ab ecclesiâ extrahatur.) *Cod. lib.* 1 , *tit.* 12. Abr. *cod. de his q. ad eccles. confug.*	De ceux qui se réfugient dans les églises, de ceux qui y font du bruit, et qu'on n'arrache point de ces lieux ceux qui y ont cherché un asyle. *Cod. liv.* 1, *tit.* 12.

H

14.

(De) His qui ad statuas confugiunt. *Cod. lib.* 1 , *tit.* 25.
Abr. *cod. de his q. ad stat.*

De ceux qui se réfugient aux
statues de l'Empereur. *Cod.*
liv. 1 , *tit.* 25.

15.

(De) His qui à non Domino
manumissi sunt. *Cod. lib.* 7 ,
tit. 10.
Abr. *cod. de his qui non dom.*
manumiss.

Des Esclaves affranchis par une
personne qui n'en était pas
le maître. *Cod. liv.* 7 , *tit.* 10.

16.

(De) His qui ante apertas tabulas hæreditatem transmit-
tunt. *Cod. lib.* 6, *tit.* 52.
Abr. *cod. de his q. ant. apert.*
tab.

De ceux qui peuvent transmet-
tre la succession à leurs héritiers avant l'ouverture du
testament. *Cod. liv.* 6, *tit.* 52.

17.

(De) His qui à Principe vacationem acceperunt. *Cod.*
lib. 10 , *tit.* 44.
Abr. *cod. de his q. à princip.*
vacat. accep.

De ceux qui ont obtenu du
Prince une exemption des
charges. *Cod. liv.* 10, *tit.* 44.

18.

(De) His quibus ut indignis
hæreditatem auferuntur : et
ad Senatus-Consultum Sylla-
nianum. *Cod. lib.* 6 , *tit.* 35.
Abr. *cod. de his qui. ut indig.*
hæred.

De ceux qui sont exclus des
successions comme indignes ,
et du Sénatus-Consulte Syllanien. *Cod. liv.* 6 , *tit.* 35.

19.

(De) His qui ex officio quod
administrarunt, conveniuntur.
Cod. lib. 11 , *tit.* 38.
Abr. *cod. de his q. ex offc. q.*
administr.

De ceux qui sont actionnés à
raison de l'administration
qu'ils ont eue des deniers
publics. *Cod. liv.* 11, *tit.* 38.

H

20.

(De) His qui in exilium dati, vel ab ordine moti sunt. *Cod. lib.* 10, *tit.* 59.
Abr. *cod. de his q. i. ex. dat.*

De ceux qui ont été envoyés en exil ou expulsés de leur place. *Cod. liv.* 10, *tit.* 59.

21.

(De) His qui ex publicis ratio- nibus mutuam pecuniam acce- perunt. *Cod. lib.* 10, *tit.* 6.
Abr. *cod. de his q. ex publ. rat.*

De ceux qui ont emprunté des deniers provenant des caisses publiques. *Cod. liv.* 10, *tit.* 6.

22.

(De) His qui in ecclesiis ma- numittuntur. *Cod. lib.* 1, *tit.* 13.
Abr. *cod. de his q. in eccl. man.*

De ceux qui sont affranchis dans les églises. *Cod. liv.* 1, *tit.* 13.

23.

(De) His qui in priorum Cre- ditorum locum succedunt. *Cod. lib.* 8, *tit.* 19.
Abr. *cod. de his q. in prior. cred.*

De ceux qui succèdent en la place d'un premier créancier. *Cod. liv.* 8, *tit.* 19.

24.

(De) His qui Latrones, vel aliis criminibus reos occulta- verint. *Cod. lib.* 9, *tit.* 39.
Abr. *cod. de his q. latr. occult.*

De ceux qui ont caché des Voleurs ou d'autres criminels. *Cod. liv.* 9, *tit.* 39.

25.

(De) His qui non impletis stipendiis sacramento soluti sunt. *Cod. lib.* 10, *tit.* 54.
Abr. *cod. de his q. non implet. stip.*

De ceux qui sont dégagés de leur serment, sans avoir rem- pli le tems de leur engagement. *Cod. liv.* 10, *tit.* 54.

H

26.

(De) His qui numero Libero-rum , vel paupertate excusa-tionem meruerunt. *Cod. lib.* 10 , *tit.* 51.
Abr. *cod. de his q. num. liber. vel paupert.*

De ceux qui sont excusés des charges publiques par le nom-bre de leurs Enfans, ou par leur pauvreté. *Cod. liv.* 10, *tit.* 51.

27.

(De) His qui Parentes vel Li-beros occiderunt. *Cod. lib.* 9, *tit.* 17.
Abr. *cod. de his q. parent. vel liber. occ.*

De Parricides. *Cod. liv.* 9, *tit.* 17.

28.

(De) His qui potentiorum no-mine titulos prædiis affigunt, vel eorum nomina in litem prætendunt. *Cod. lib.* 2, *tit.* 15.
Abr. *cod. de his q. potent. nom.*

De ceux qui exposent sur leurs fonds une inscription portant le nom de Personnes en au-torité, ou qui se servent du nom de ces personnes dans un procès. *Cod. liv.* 2, *tit.* 15.

29.

(De) His qui per metum Ju-dicis non appellaverunt. *Cod. lib.* 7, *tit.* 67.
Abr. *cod. de his q. per met.*

De ceux qui n'ont pas appelé à cause de la terreur que leur a inspiré le Juge. *Cod. liv.* 7, *tit.* 67.

30.

(De) His qui se deferunt. *Cod. lib.* 10, *tit.* 13.
Abr. *cod. de his q. se defer.*

De ceux qui se dénoncent au fisc. *Cod. liv.* 10, *tit.* 13.

31.

(De) His qui sibi adscribunt in testamento. *Cod. lib.* 9, *tit.* 23.
Abr. *cod. de his q. sib. adscrib.*

De ceux qui s'inscrivent eux-mêmes dans un testament pour un legs, etc. *Cod. liv.* 9, *tit.* 23.

H

32.

(De) His qui sponte publica numera subeunt. *Cod. lib.* 10, *tit.* 43.
Abr. *cod. de his q. spont. num. publ.*

33.

(De) His qui veniam ætatis impetraverunt. *Cod. lib.* 2, *tit.* 45.
Abr. *cod. de his q. veniam œtat.*

34.

(De) Honoratorum vehiculis. *Cod. lib.* 11, *tit.* 19.
Abr. *cod. de honorat. vehicul.*

32.

De ceux qui acceptent volontairement des charges publiques. *Cod. liv.* 10, *tit.* 43.

33.

De ceux qui ont obtenu une dispense d'âge. *Cod. liv.* 2, *tit.* 45.

34.

Des chars de ceux qui sont décorés de grandes dignités. *Cod. liv.* 11, *tit.* 19.

~~~~~~

Institutionum.

Institutes.

I

N°. 1.

(De) Ingenuis. *Inst. lib.* 1, *tit.* 4.
Abr. *inst. de ingen.*

2.

(De) Injuriis. *Inst. lib.* 4, *tit.* 4.
Abr. *inst. de idjur.*

3.

(De) Inofficioso testamento. *Inst. lib.* 2, *tit.* 18.
Abr. *inst. de inoff. test.*

4.

(De) Interdictis. *Inst. lib.* 4, *tit.* 15.
Abr. *inst. de interdict.*

N°. 1.

Des Ingénus. *Inst. liv.* 1, *tit.* 4.

2.

Des injures. *Inst. liv.* 4, *tit.* 4.

3.

Du testament inofficieux. *Inst. liv.* 2, *tit.* 18.

4.

Des interdits. *Inst. liv.* 4, *tit.* 15.

I

5.

(De) Inutilibus stipulationibus.
Inst. lib. 3, *tit.* 20.
Abr. *inst. de inut. stipul.*

5.

Des stipulations inutiles. *Inst.*
liv. 3, *tit.* 20.

6.

(De) Iis per quos agere possu-
mus. *Inst. lib.* 4, *tit.* 10.
Abr. *inst. de iis p. q. ag. poss.*

6.

De ceux par lesquels nous pou-
vons agir. *Inst. liv.* 4, *tit.* 10.

7.

(De) Jure naturali gentium et
civili. *Inst. lib.* 1, *tit.* 2.
Abr. *inst. de jur. natur.*

7.

Du droit naturel, du droit des
gens et du droit civil. *Inst.*
liv. 1, *tit.* 2.

8.

(De) Jure Personarum. *Inst.*
lib. 1, *tit.* 3.
Abr. *inst. de jur. pers.*

8.

Du droit des Personnes. *Inst.*
liv. 1, *tit.* 3.

9.

(De) Justitiâ et jure. *Inst. lib.*
1, *tit.* 1.
Abr. *inst. de just. et jur.*

9.

De la justice et du droit. *Inst.*
liv. 1, *tit.* 1.

~~~~~~~

Digestorum.

Digeste.

Nº. 1.

(De) Impensis in res dotales
factis. ff. *lib.* 25, *tit.* 1.
Abr. *ff. de imp. in res dot.*

Nº. 1.

Des dépenses faites sur les choses
dotales. *Dig. liv.* 25, *tit.* 1.

2.

(De) Incendio, ruinâ, nau-
fragio, rate, nave expugnatâ.
ff. *lib.* 47, *tit.* 9.
Abr. *ff. de incend. ruin. nauf.*

2.

Des vols et rapines qui se com-
mettent dans les cas d'incen-
dies, ruines, naufrages d'une
barque ou navire en détresse.
Dig. liv. 47, *tit.* 9.

3.

De) In diem addictione. ff. *lib.* 18, *tit.* 2.

Abr. *ff. de in diem add.*

3.

De la clause par laquelle le vendeur se réserve la faculté de résoudre la vente, s'il trouve, dans un tems fixé, une condition plus avantageuse. *Dig. liv.* 18, *tit.* 2.

4.

De) In integrum restitutione. ff. *lib.* 4, *tit.* 1.

Abr. *ff. de int. rest.*

4.

Des rèstitutions en entier. *Dig. liv.* 4, *tit.* 1.

5.

(De) Injuriis et famosis libellis. ff. *lib.* 47, *tit.* 10.

Abr. *ff. de inj. et fam. libell.*

5.

Des injures et des libelles diffamatoires. *Dig. liv.* 47, *tit.* 10.

6.

(De) Injusto, rupto (et) irrito facto testamento. ff. *lib.* 28, *tit.* 3.

Abr. *ff. de inj. rupt. irr. test.*

6.

Des testamens mal faits dans l'origine, de ceux qni sont rompus, et de ceux qui se trouvent privés de leurs effets. *Dig. liv.* 28, *tit.* 3.

7.

De) In jus vocando. ff. *lib.* 2, *tit.* 4.

Abr. *ff. de in jus voc.*

7.

De la citation en justice. *Dig. liv.* 2. *tit.* 4.

8.

In jus vocati ut eant, aut satis, vel cautum dent. ff. *lib.* 2, *tit.* 6.

Abr. *ff. in jus voc. ut eant.*

8.

Que ceux qui sont appelés en justice comparaissent, ou donnent caution. *Dig. liv.* 2, *tit.* 6.

9.

(De) In litem jurando. ff. *lib.* 12, *tit.* 3.

Abr. *ff. de in lit. jur.*

9.

Du serment fait en justice. *Dig. liv.* 12, *tit.* 3.

I

10.

(De) Inofficioso testamento. ff. *lib.* 5, *tit.* 2.

Abr. *ff. de inoff. test.*

Du testament inofficieux. *Dig. liv.* 5, *tit.* 2.

11.

In quibus causis pignus vel hypotheca tacite contrahitur. ff. *lib.* 20, *tit.* 2.

Abr. *ff. in quib. caus. pign.*

Des causes qui donnent lieu à l'hypothèque tacite. *Dig. liv.* 20, *tit.* 2.

12.

(De) In rem verso. ff. *lib.* 15, *tit.* 3.

Abr. *ff. de in rem vers.*

De l'action qui est fondée sur le profit que le père ou le maître a tiré de l'obligation qui y donne lieu. *Dig. liv.* 15, *tit.* 3.

13.

(De) Inspiciendo ventre, custodiendoque partu. ff. *lib.* 25, *tit.* 4.

Abr. *ff. de insp. vent. cust.*

De la visite des femmes enceintes, et des précautions qu'on doit apporter pour s'assurer de leur accouchement. *Dig. liv.* 25, *tit.* 4.

14.

(De) Institoriâ actione. ff. *lib.* 14, *tit.* 3.

Abr. *ff. de instit. act.*

De l'action institutoire (qu'on a droit d'intenter contre celui qui en a préposé un autre à quelqu'affaire, en conséquence d'une convention faite avec son commis. *Dig. liv.* 14, *tit.* 3.

15.

(De) Instructo vel instrumento legato. ff. *lib.* 33, *tit.* 7.

Abr. *ff. de in st. vel instrum. leg.*

Du legs d'un fond garni de tout ce qui lui est nécessaire, et du legs des ustensiles qui garnissent un fonds. *Dig. liv.* 33, *tit.* 7.

I

16.

(De) Interdictis et Relegatis et Deportatis. ff. *lib.* 48 , *tit.* 22. Abr. *ff. interd. et releg.*

16.

Des Interdits, des Rélégués et des Déportés. *Dig. liv.* 48 ; *tit.* 22.

17.

(De) Interdictis (sive extraordinariis actionibus quæ pro his competunt.) ff. *lib.* 43, *tit.* 1. Abr. *ff. de interd. siv. ext. act.*

17.

Des Interdits ou des actions extraordinaires auxquelles ils donnent lieu. *Dig. liv.* 43 ; *tit.* 1.

18.

(De) Interrogationibus in jure faciendis et interrogatoriis actionibus. ff. *lib.* 11 , *tit.* 1. Abr. *ff. de interr. in jure.*

18.

Des interrogatoires qui doivent être faits en justice, et des actions auxquelles ils donnent lieu. *Dig. liv.* 11, *tit.* 1.

19.

(De) Itinere actuque privato. ff. *lib.* 43, *tit.* 19. Abr. *ff. de itin. act. priv.*

19.

De l'interdit concernant les chemins privés. *Dig. liv.* 43; *tit.* 19.

20.

Judicatum solvi. ff. *lib.* 46, *tit.* 7. Abr. *ff. jud. solvi.*

20.

De la caution pour payer le jugé. *Dig. liv.* 46, *tit.* 7.

21.

(Judicio) finium regundorum. ff. *lib.* 10, *tit.* 1. Abr. *ff. jud. fin. regund.*

21.

De l'action relative au bornage des terres. *Dig. liv.* 10, *tit.* 1.

22.

(De) Judiciis, et ubi quisque agere vel conveniri debeat. ff. *lib.* 5, *tit.* 1. Abr. *ff. de jud. et ubi.*

22.

Des jugemens, et devant qui chacun doit actionner et être actionné. *Dig. liv.* 5, *tit.* 1.

1

23.

(De) Jure aureorum annulorum. ff. *lib.* 40, *tit.* 10.
Abr. *ff. de jure aur. ann.*

23.

Du droit de porter l'anneau d'or.
Dig. liv. 40, *tit.* 10.

24.

(De) Jure codicillorum. ff.
lib. 29, *tit.* 7.
Abr. *ff. de jure codicill.*

24.

Du codicille et de son effet.
Dig. liv. 29, *tit.* 7.

25.

(De) Jure deliberandi. ff. *lib.*
28, *tit.* 8.
Abr. *ff. de jure delib.*

25.

Du droit de délibérer. *Dig. liv.*
28, *tit.* 8.

26.

(De) Jure dotium. ff. *lib.* 23,
tit. 3.
Abr. *ff. de jure dot.*

26.

Des droits attachés aux dots.
Dig. liv. 23, *tit.* 3.

27.

(De) Jure fisci. ff. *lib.* 49,
tit. 14.
Abr. *ff. de jure fisci.*

27.

Du droit du fisc. *Dig. liv.* 49,
tit. 14.

28.

(De) Jure immunitatis. ff. *lib.*
50, *tit.* 6.
Abr. *ff. de jure imm.*

28.

Du droit d'immunité. *Dig. liv.*
50, *tit.* 6.

29.

(De) Jurejurando, sivè volun-
tario, sivè necessario, sivè
judiciali. ff. *lib.* 12, *tit.* 2.
Abr. *ff. de jurej. s. vol. s. necess.
s. jud.*

29.

Du serment, soit volontaire,
soit nécessaire, soit judiciaire.
Dig. liv. 12, *tit.* 2.

30.

(De) Jure patronatûs. ff. *lib.*
37, *tit.* 14.
Abr. *ff. de jure patron.*

30.

Du droit de patronage. *Dig.
liv.* 37, *tit.* 14.

31.	31.
De) Jurisdictione. ff. *lib.* 2, *tit.* 1. Abr. *ff. de jurisd.*	De la juridiction. *Dig. liv.* 2, *tit.* 1.
32.	32.
De) Juris et facti ignorantiâ. ff. *lib.* 22, *tit.* 6. Abr. *ff. de jur. et facti ignor.*	De l'ignorance du droit et du fait. *Dig. liv.* 22, *tit.* 6.
33.	33.
De) Justitiâ et jure. ff. *lib.* 1, *tit.* 1. Abr. *ff. de just. et jur.*	De la justice et du droit. *Dig. liv.* 1, *tit.* 1.

~~~~~~

Codicis.	*Code Justinien.*
N°. 1.	N°. 1.
De) Immunitate nemini concedendâ. *Cod. lib.* 10, *tit.* 25. Abr. *cod. de immunit. nem. conc.*	Défenses de donner des exemptions pour les contributions publiques. *Cod. liv.* 10, *tit.* 25.
2.	2.
De) Imponendâ lucrativâ descriptione. *Cod. lib.* 10, *tit.* 35. Abr. *cod. de imp. luc. descrip.*	De l'impôt à titre lucratif. *Cod. liv.* 10, *tit.* 35.
3.	3.
De) Imperum et aliis substitutionibus. *Cod. lib.* 6, *tit.* 26. Abr. *cod. de imp. et al. substit.*	Des substitutions pupillaires et des autres substitutions. *Cod. liv.* 6, *tit.* 26.
4.	4.
De) Incertis Personis. *Cod. lib.* 6, *tit.* 48. Abr. *cod. de incert. pers.*	Des Personnes incertaines. *Cod. liv.* 6, *tit.* 48.
5.	5.
De) Incestis et inutilibus nuptiis. *Cod. lib.* 5, *tit.* 5. Abr. *cod. de inst. et inut. nupt.*	Des mariages nuls ou incestueux. *Cod. liv.* 5, *tit.* 5.

6.

(De) Incolis et ubi quis do-
micilium habere videtur, et
de his qui studiorum causâ
in alienâ civitate degunt. *Cod.
lib.* 10 , *tit.* 39.
Abr. *cod. de incol.*

Des Habitans , du lieu où chacun
est censé avoir son domicile ,
et de ceux qui séjournent dans
une autre ville pour cause
d'études. *Cod. liv.* 10, *tit.* 39.

7.

(De) Indictionibus. *Cod. lib.*
10, *tit.* 17.
Abr. *cod. de indict.*

Des tailles. *Cod. liv.* 10, *tit.* 17.

8.

(De) Indictâ viduitate , et lege
Juliâ Miscellâ tollendâ. *Cod.
lib.* 6 , *tit.* 40.
Abr. *cod. de indict. vid.*

De l'injonction de la viduité ,
et rapport de la loi Julia
Miscella. *Cod. liv.* 6 , *tit.* 40.

9.

(De) Infamibus. *Cod. lib.* 10,
tit. 57.
Abr. *cod. de infam.*

Des Infâmes. *Cod. liv.* 10, *tit.*
57.

10.

(De) Infantibus expositis Liberis et Servis, et de his qui
sanguinolentos nutriendos ac-
perunt. *Cod. lib.* 8 , *tit.* 52.
Abr. *cod. de infant. expos.*

Des Enfans exposés, libres ou
esclaves, et de ceux qui ont
reçu des Enfans nouveaux-nés
à nourrir. *Cod. liv.* 8, *tit.* 52.

11.

(De) Infirmandis poenis caeli-
batûs et orbitatis, et de deci-
mariis sublatis. *Cod. lib.* 8,
tit. 58.
Abr. *cod. de infir. poen. coel.*

Abrogation des décimes, des
peines concernant le célibat
et le père qui a perdu ses
Enfans. *Cod. liv.* 8, *tit.* 58.

12.

(De) Ingenuis manumissis. *Cod.
lib.* 7 , *tit.* 14.
Abr. *cod. de ingen. manumiss.*

De l'affranchissement des Ingénus. *Cod. liv.* 7 , *tit.* 14.

13.

(De) Ingratis Liberis. *Cod. lib.* 8, *tit.* 50.

Abr. *cod. de ingrat. lib.*

13.

Des Enfans ingrats. *Cod. liv.* 8, *tit.* 50.

14.

(De) In integrum restitutione Minorum viginti quinque annis. *Cod. lib.* 2, *tit.* 22.

Abr. *cod. de in integ. rest.*

14.

De la restitution en entier accordée aux Mineurs de vingt cinq ans. *Cod. liv.* 2, *tit.* 22.

15.

In integrum restitutione postulata ne quid novi fiat. *Cod. lib.* 2, *tit.* 50.

Abr. *cod. in integ. rest. post.*

15.

La cause ne doit pas changer d'état par le seul fait de la demande en restitution. *Cod. liv.* 2, *tit.* 50.

16.

(De) Injuriis. *Cod. lib.* 9, *tit.* 35.

Abr. *cod. de injus.*

16.

Des injures. *Cod. liv.* 9, *tit.* 35.

17.

(De) In jus vocando. *Cod. lib.* 2, *tit.* 2.

Abr. *cod. de in jus voc.*

17.

De la citation en justice. *Cod. liv.* 2, *tit.* 2.

18.

(De) In litem dando Tutore vel Curatore. *Cod. lib.* 5, *tit.* 44.

Abr. *cod. de in lit. dand. tut.*

18.

Du Tuteur et du Curateur au procès. *Cod. liv.* 5, *tit.* 44.

19.

(De) In litem jurando. *Cod. lib.* 5, *tit.* 53.

Abr. *cod. de in lit. jur.*

19.

Du serment au procès. *Cod. liv.* 5, *tit.* 53.

20.

(De) Inofficiosis donationibus. *Cod. lib.* 3, *tit.* 29.

Abr. *cod. de inoff. donat.*

20.

Des donations inofficieuses. *Cod. liv.* 3, *tit.* 29.

1

I

27.

In quibus causis Militantes fori præscriptione uti non possunt. Cod. lib. 3, tit. 25.

Abr. cod. in quib. caus. milit.

Des cas où les Militaires ne peuvent user de l'exception déclinatoire. Cod. liv. 3, tit. 25.

28.

In quibus causis pignus vel hypotheca tacitè contrahitur. Cod. lib. 8, tit. 15.

Abr. cod. in quib. caus. pign.

Des cas où l'obligation de gage ou hypothécaire a lieu tacitement. Cod. liv. 8, tit. 15.

29.

(De) Institoriâ et exercitoriâ actione. Cod. lib. 4, tit. 25.

Abr. cod. de inst. et exerc. act.

Des actions insistoria et exercitoria.

Cod. liv. 4, tit. 25.

30.

(De) Institutionibus et substitutionibus et restitutionibus sub conditione factis. Cod. lib. 6, tit. 25.

Abr. cod. de instit. et substit.

Des institutions des substitutions et des restitutions conditionnelles. Cod. liv. 6, tit. 25.

31.

Inter alios acta vel judicata aliis non nocere. Cod. lib. 7, tit. 60.

Abr. cod. int. al. act. vel. jud.

On ne peut recevoir aucun préjudice de ce qui a été fait ou jugé entre d'autres. Cod. liv. 7, tit. 60.

32.

(De) Interdictis. Cod. lib. 8, tit. 1.

Abr. cod. de interdict.

Des interdits. Cod. liv. 8, tit. 1.

33.

(De) Interdicto matrimonio inter Pupillam et Tutorem seu Curatorem, Filiosque eorum. Cod. lib. 5, tit. 6.

Abr. cod. de interdict. matrim. int. pup. et tut.

De la prohibition du mariage entre la Pupille et son Tuteur ou son Curateur ou leurs Fils. Cod. liv. 5, tit. 6.

I

34.

(De) Inutilibus stipulationibus.
Cod. *lib.* 8 *tit.* 39.
Abr. *cod. de inut. stip.*

34.

De la nullité des stipulations.
Cod. liv. 8, *tit.* 39.

35.

(De) Irenarchis. *Cod. lib.* 10,
tit. 75.
Abr. *cod. irenarch.*

35.

De ceux qui sont chargés de
veiller à la police et au main-
tien des bonnes mœurs. *Cod.
liv.* 10, *tit.* 75.

36.

(De) Judæis et Cœlicolis. *Cod.
lib.* 1, *tit.* 9.
Abr. *cod. de jud. et cœl.*

36.

Des Juifs et des Cœlicoles.
Cod. liv. 1, *tit.* 9.

37.

(De) Judiciis. *Cod. lib.* 3, *tit.* 1.
Abr. *cod. de Jud.*

37.

Des jugemens. *Cod. liv.* 3,
tit. 1.

38.

(De) Jure aureorum annullo-
rum, et de natalibus restituendis. *Cod. lib.* 6, *tit.* 8.
Abr. *cod. de jur. aur. annull.*

38.

Du droit concernant les anneaux
d'or et des restitutions de
naissance. *Cod. liv.* 6, *tit.* 8.

39.

(De) Jure deliberandi et de
adeundâ vel acquirendâ hæreditate. *Cod. lib.* 6, *tit.* 30.
Abr. *cod. de jur. delib.*

39.

Du droit de délibérer, et de
l'adition ou de l'acquisition de
l'hérédité. *Cod. liv.* 6, *tit.*
30.

40.

(De) Jure dominii impetrando.
Cod. lib. 8, *tit.* 34.
Abr. *cod. de jur. dom. impetr.*

40.

De l'impétration du domaine sur
les biens du débiteur. *Cod.
liv.* 8, *tit.* 34.

41.

(De) Jure dotium. *Cod. lib.*
5, *tit.* 12.
Abr. *cod. de jur. dot.*

41.

Du droit concernant les dots.
Cod. liv. 5, *tit.* 12.

I

42.

(De) Jure emphyteutico. *Cod. lib.* 4 , *tit.* 66.
Abr. *cod. de jur. emphyt.*

42.

De l'emphytéose. *Cod. liv.* 4 ; *tit.* 66.

43.

(De) Jure fisci. *Cod. lib.* 10, *tit.* 1.
Abr. *cod. de jur. fisc.*

43.

Du droit du fisc. *Cod. liv.* 10 ; *tit.* 1.

44.

(De) Jurejurando propter ca-lumniam dando. *Cod. lib.* 2 , *tit.* 59.
Abr. *cod. jurejur. propt. calum.*

44.

Du serment de calomnie. *Cod. liv.* 2 , *tit.* 59.

45.

(De) Jure liberorum. *Cod. lib.* 8 , *tit.* 59.
Abr. *cod. de jur. liber.*

45.

Du droit des Enfans. *Cod. liv.* 8 , *tit.* 59.

46.

(De) Jure reipublicæ. *Cod. lib.* 11 , *tit.* 29.
Abr. *cod. de jur. reip.*

46.

Du droit des villes. *Cod. liv.* 11 , *tit.* 29.

47.

(De) Jurisdictione omnium Judicum , et de foro compe-tenti. *Cod. lib.* 3 , *tit.* 13.
Abr. *cod. de juridict. omn. jud.*

47.

De la juridiction de tous les Juges et de la compétence des tribunaux. *Cod. liv.* 3 , *tit.* 13.

48.

(De) Juris et facti ignorantiâ. *Cod. lib.* 1 , *tit.* 18.
Abr. *cod. de jur. et fact. ignor.*

48.

De l'ignorance du droit et de celle du fait. *Cod. liv.* 1 , *tit.* 18.

L

Institutionum.	*Des Institutes.*
N°. 1.	N°. 1.
(De) Legatis. *Inst. lib.* 2, *tit.* 20.	Des legs. *Inst. liv.* 2, *tit.* 20.
Abr. *inst. de legat.*	
2.	2.
(De) Lege Aquiliâ. *Inst. lib.* 4, *tit.* 3.	De la loi Aquilia. *Inst. liv.* 4, *tit.* 3.
Abr. *inst. de leg. Aquil.*	
3.	3.
(De) Lege Falcidiâ. *Inst. lib.* 2, *tit.* 22.	De la loi Falcidie. *Inst. liv.* 2, *tit.* 22.
Abr. *inst. de leg. Falc.*	
4.	4.
(De) Lege Fusiâ Caniniâ tollendâ. *Inst. lib.* 1, *tit.* 7.	De l'abrogation de la loi *Fusia Caninia.*
Abr. *inst. de leg. Fus. Can.*	*Inst. liv.* 1, *tit.* 7.
5.	5.
(De) Legitimâ agnatorum successione. *Inst. lib.* 3, *tit.* 2.	De la succession légitime des agnats. *Inst. liv.* 3, *tit.* 2.
Abr. *inst. de leg. agn. success.*	
6.	6.
(De) Legitimâ agnatorum tutelâ. *Inst. lib.* 1, *tit.* 15.	De la tutelle légitime des agnats. *Inst. liv.* 1, *tit.* 15.
Abr. *inst. de legit. agn. tut.*	
7.	7.
(De) Legitimâ parentum tutelâ. *Inst. lib.* 1, *tit.* 18.	De la tutelle légitime des ascendans. *inst. liv.* 1, *tit.* 18.
Abr. *inst. de legit. parent. tut.*	
8.	8.
(De) Legitimâ Patronorum tutelâ. *Inst. lib.* 1, *tit.* 17.	De la tutelle légitime des Patrons. *Inst. liv.* 1, *tit.* 17.
Abr. *inst. de legit. patron. tut.*	

L

9.
(De) Libertinis. *Inst. lib.* 1, *tit.* 5.
Abr. *inst. de libert.*

9.
Des Affranchis. *Inst. liv.* 1, *tit.* 5.

10.
(De) Litterarum obligationibus. *Inst. lib.* 3, *tit.* 22.
Abr. *inst. de litter. oblig.*

10.
Des obligations par écrit. *Inst. liv.* 3, *tit.* 22.

11.
(De) Locatione et conductione. *Inst. lib.* 3, *tit.* 25.
Abr. *inst. de locat. et conduct.*

11.
Du louage. *Inst. liv.* 3, *tit.* 25.

Digestorum.

Du Digeste.

N°. 1.
(De) Legationibus. ff. *lib.* 50, *tit.* 7.
Abr. *ff. de legat.*

N°. 1.
Des députations et ambassades. *Dig. liv.* 50, *tit.* 7.

2.
(De) Legatis et fidéicommissis primo. ff. *lib.* 30, *tit.* 1.
Abr. *ff. de legat.* 1°.

2.
Des legs et des fidéicommis primo. *Dig. liv.* 30, *tit.* 1.

3.
(De) Legatis et fidéicommissis secundo. ff. *lib.* 31, *tit.* 1.
Abr. *ff. de legat.* 2°.

3.
Des legs et des fidéicommis secundo. *Dig. liv.* 31, *tit.* 1.

4.
(De) Legatis et fidéicommissis tertio. ff. *lib.* 32, *tit.* 1.
Abr. *ff. de legat.* 3°.

4.
Des legs et des fidéicommis tertio. *Dig. liv.* 32, *tit.* 1.

L

5.

(De) Legatis præstandis contra tabulas bonorum possessione petitâ. ff. *lib.* 37, *tit.* 5.
Abr. *ff. de legat. præst.*

Des legs qui doivent être payés par ceux qui ont obtenu la succession prétorienne infirmative du testament. *Dig. liv.* 37, *tit.* 5.

6.

(De) Lege Aquiliâ. ff. *lib.* 9, *tit.* 2.
Abr. *ff. de leg. Aquil.*

De la loi *Aquilia*. *Dig. liv.* 9, *tit.* 2.

7.

(De) Lege commissoriâ. ff. *lib.* 18, *tit.* 3.
Abr. *ff. de leg. commiss.*

De la clause résolutoire de la vente en cas de non payement du prix. *Dig. liv.* 18, *tit.* 3.

8.

(De) Lege Corneliâ de falsis, et de Senatus-Consulto Liboniano. ff. *lib.* 48, *tit.* 10.
Abr. *ff. de leg. Corn. de fals.*

De la loi *Cornelia* sur le faux, et du Sénatus-Consulte Libonien. *Dig. liv.* 48, *tit.* 10.

9.

(De) Lege Fabiâ de plagiariis. ff *lib.* 48, *tit.* 15.
Abr. *ff. de leg. Fab. de plag.*

De la loi *Fabia* sur les plagiaires. *Dig. liv.* 48, *tit.* 15.

10.

(De) Lege Juliâ de annonâ. ff. *lib.* 48, *tit.* 12.
Abr. *ff. de leg. Jul. de ann.*

De la loi *Julia* sur les vivres. *Dig. liv.* 48, *tit.* 12.

11.

(De) Lege Juliâ de ambitu. ff. *lib.* 48, *tit.* 14.
Abr. *ff. de leg. Jul. de amb.*

De la loi *Julia* sur la brigue. *Dig. liv.* 48, *tit.* 14.

12.

(De) Lege Juliâ repetundarum. ff. *lib.* 48, *tit.* 11.
Abr. *ff. de leg. Jul. repet.*

De la loi *Julia* sur les concussions. *Dig. liv.* 48, *tit.* 11.

L

13.

(De) Lege Pompeïâ de parri-
cidiis. ff. *lib.* 48, *tit.* 9.
Abr. *ff. de leg. Pomp. de parric.*

13.

De la loi *Pompeia* sur les parricides. *Dig. liv.* 48, *tit.* 9.

14.

(De) Lege Rhodiâ (de jactu).
ff. *lib.* 14, *tit.* 2.
Abr. *ff. de leg. Rhod. de jact.*

14.

De la loi Rhodienne (concernant les marchandises d'un
vaisseau jetées à la mer).
Dig. liv. 14, *tit.* 2.

15.

(De) Legibus Senatusque Consultis et longâ consuetudine.
ff. *lib.* 1, *tit.* 3.
Abr. *ff. de leg. sen. et long. cons.*

15.

Des lois, des Sénatus-Consultes,
et de ce qui a été introduit
par une longue coutùme. *Dig.
liv.* 1, *tit.* 3.

16.

(De) Legitimis Tutoribus. ff.
lib. 26, *tit.* 4.
Abr. *ff. de legit. tut.*

16.

Des Tuteurs légitimes. *Dig. liv.*
26, *tit.* 4.

17.

(De) Libellis dimissoriis, qui
apostoli dicuntur. ff. *lib.* 49,
tit. 6.
Abr. *ff. de lib. dimiss.*

17.

Des libelles démissoires appelés
lettres envoyées. *Dig. liv.* 49,
tit. 6.

18.

(De) Liberali causâ. ff. *lib.* 40,
tit. 12.
Abr. *ff. de liberal. caus.*

18.

Des actions en matière de liberté. *Dig. liv.* 40, *tit.* 12.

19.

(De) Liberatione legatâ. ff.
lib. 34, *tit.* 3.
Abr. *ff. de liberat. legat.*

19.

Du legs de la libération d'une
dette, fait par un Créancier
à son Débiteur. *Dig. liv.* 34,
tit. 3.

L

20.

(De) Liberis agnoscendis, et alendis Parentibus, Patronis vel Libertis. ff. *lib.* 25, *tit.* 3. Abr. *ff. de lib. agnosc. et alend.*

De l'obligation de reconnaître et nourrir les Enfans, ou les Parens, ou les Patrons ou les Affranchis. *Dig.liv.* 25, *tit.* 3.

21.

(De) Liberis et posthumis Hæredibus instituendis vel exheredandis. ff. *lib.* 28, *tit.* 2. Abr. *ff. de liber. et posthum. hæred. inst.*

De l'institution et de l'exhérédation des Enfans et des Posthumes. *Dig.liv.* 28, *tit.* 2.

22.

(De) Liberis exhibendis item ducendis. ff. *lib.* 43, *tit.* 3o. Abr. *ff. de liber. exhibend.*

De l'interdit par lequel les Parens sont autorisés à se faire représenter leurs Enfans, et à conduire chez eux leurs Enfans détenus par autrui. *Dig. liv.* 43, *tit.* 3o.

23.

(De) Libero Homine exhibendo. ff. *lib.* 43, *tit.* 29. Abr. *ff. de liber. hom. exhib.*

De l'interdit à l'effet de faire représenter un Homme libre. *Dig. liv.* 43, *tit.* 29.

24.

(De) Libertis universitatum. ff. *lib.* 38, *tit.* 3. Abr. *ff. de libert. universit.*

Des Affranchis des communautés. *Dig.liv.* 38, *tit.* 3.

25.

(De) Litigiosis. ff. *lib.* 44, *tit.* 6. Abr. *ff. de litig.*

Des choses qui sont en litige. *Dig. liv.* 44, *tit.* 6.

26.

Locati conducti. ff. *lib.* 19, *tit.* 2. Abr. *ff. locat. conduct.*

Des actions que procure le contrat du loyer tant au propriétaire qu'au locataire. *Dig. liv.* 19, *tit.* 2.

L

27.	27.
(De) Loco publico fruendo. ff. lib. 43, tit. 9. Abr. ff. de loc. publ. fruend.	De l'interdit à l'effet de maintenir dans la jouissance d'un lieu public. Dig. liv. 43, tit. 9.
28.	28.
(De) Locis et itineribus publicis. ff. lib. 43, tit. 7. Abr. ff. de loc. et itin. publ.	De l'interdit concernant les lieux et les chemins publics. Dig. liv. 43, tit. 7.

~~~~

Codicis.	*Code Justinien.*
N°. 1.	N°. 1.
(De) Latinâ libertate tollendâ. Cod. lib. 7, tit. 6. Abr. cod. de libert. toll.	Abolition de la liberté latine. Cod. liv. 7, tit. 6.
2.	2.
(De) Legationibus. Cod. lib. 10, tit. 63. Abr. cod. de legat.	Des légations. Cod. liv. 10, tit. 63.
3.	3.
(De) Legatis. Cod. lib. 6, tit. 37. Abr. cod. de legat.	Des legs. Cod. liv. 6, tit. 37.
4.	4.
(De) Lege Aquiliâ. Cod. lib. 3, tit. 35. Abr. cod. de leg. Aquil.	De la loi *Aquilia.* Cod. liv. 3, tit. 35.
5.	5.
(De) Lege Fusiâ Caniniâ tollendâ. Cod. lib. 7, tit. 3. Abr. cod. de leg. Fus. Can. toll.	Rapport de la loi *Fusia Caninia.* Cod. liv. 7, tit. 3.

12

L

6.

(De) Legibus et constitutio-
nibus Principum, et edictis.
Cod. lib. 1, *tit.* 14.
Abr. *cod. de leg. et constit.*

6.

Des lois, des constitutions des
Empereurs, et des édits. *Cod.
liv.* 1, *tit.* 14.

7.

(De) Legitimis Hæredibus.
Cod. lib. 6, *tit.* 58.
Abr. *cod. de legit. hæred.*

7.

Des Héritiers légitimes. *Cod.
liv.* 6, *tit.* 58.

8.

(De) Legitimâ tutelâ. *Cod.
lib.* 5, *tit.* 30.
Abr. *cod. de legit. tut.*

8.

De la tutelle légitime. *Cod. liv.*
5, *tit.* 30.

9.

(De) Liberali causâ. *Cod. lib.*
7, *tit.* 16.
Abr. *cod. de liberal. caus.*

9.

Des causes qui concernent la
liberté *Cod. liv.* 7, *tit.* 16.

10.

(De) Liberis exhibendis seu
deducendis, et de libero Homine exhibendo. *Cod. lib.* 8,
tit. 8.
Abr. *cod. de liber. exhibend.*

10.

De la représentation des Enfans
et de celle d'un Homme libre.
Cod. liv. 8, *tit.* 8.

11.

(De) Liberis præteritis, vel
exheredatis. *Cod. lib.* 6, *tit.*
28.
Abr. *cod. de liber. præter. vel
exheredat.*

11.

De la prétérition et de l'exhérédation des Enfans. *Cod. liv.*
6, *tit.* 28.

12.

(De) Libertinis. *Cod. lib.* 10,
tit. 56.
Abr. *cod. de libertin.*

12.

Des Affranchis. *Cod. lib.* 10,
tit. 56.

L

13.

(De) Libertis et eorum Liberis.
Cod. *lib.* 6, *tit.* 7.
Abr. *cod. de libert. et eor. liber.*

13.

Des Affranchis et de leurs Enfans.
Cod. *liv.* 6, *tit.* 7.

14.

(De) Litigiosis. *Cod. lib.* 8,
tit. 37.
Abr. *cod. de litig.*

14.

Des choses litigieuses. *Cod. liv.*
8, *tit.* 37.

15.

(De) Litis contestatione. *Cod.*
lib. 3; *tit.* 9.
Abr. *cod. de lit. contest.*

15.

De la contestation en cause.
Cod. *liv.* 3, *tit.* 9.

16.

(De) Littorum et itinerum custodiâ. *Cod. lib.* 12, *tit.* 45.
Abr. *cod. de litt. et itin. custod.*

16.

De la garde des rivages et des
chemins. Cod. *liv.* 12, *tit.* 45.

17.

(De) Locatione prædiorum civilium vel fiscalium, sive
templorum, sive rei privatæ
vel Dominicæ. *Cod. lib.* 11,
tit. 70.
Abr. *cod. de locat. præd. civ.*

17.

Du louage des fonds appartenant
aux villes, au fisc, aux temples, ou au domaine du Prince.
Cod. *liv.* 11, *tit.* 70.

18.

(De) Locato et conducto. *Cod.*
lib. 4, *tit.* 65.
Abr. *cod. de loc. et cond.*

18.

Du louage. Cod. *liv.* 4, *tit.* 65.

19.

(De) Longi temporis præs-
criptione, quæ pro libertate,
et non adversùs libertatem
opponitur. *Cod. lib.* 7, *tit.* 22.
Abr. *cod. de long. temp. præscr.*

19.

De la prescription de long-tems
invoquée pour ou contre la
liberté. Cod. *liv.* 7, *tit.* 22.

L

20.	20.
(De) Luitione pignoris. *Cod. lib.* 8, *tit.* 31. Abr. *cod. de luit. pign.*	De la libération des gages. *Cod. liv.* 8, *tit.* 31.

21.	21.
(De) Lucris Advocatorum, et concussionibus Officiorum, seu Apparitorum. *Cod. lib.* 12, *tit.* 62. Abr. *cod. de lucr. advocat.*	Du gain illicite des Avocats et des concussions des Officiers ou des Huissiers. *Cod. liv.* 12, *tit.* 62.

~~~~~~

M

Institutionum.

Des Institutes.

Nº. 1.

(De) Mandato. *Inst. lib.* 3, *tit.* 27. Abr. *inst. de mand.*	Du Mandat. *Inst. liv.* 3, *tit.* 27.

2.

(De) Militari testamento. *Inst. lib.* 2, *tit.* 11. Abr. *inst. de milit. test.*	Du testament militaire. *Inst. liv.* 2, *tit.* 11.

~~~~~~

Digestorum.

Digeste.

Nº. 1.

(De) Magistratibus convenien- dis et Hæredibus eorum. ff. *lib.* 27, *tit.* 8. Abr. *ff. de mag. conv.*	Des recours des Pupilles contre les Magistrats, et de leurs Héritiers. *Dig. liv.* 27, *tit.* 8.

M

2.

Mandati vel contra. ff. *lib.* 17, *tit.* 1.
Abr. *ff. mand.*

Des actions directe et contraire du mandat. *Dig. liv.* 17, *tit.* 1.

3.

(De) Manumissionibus. ff. *lib.* 40, *tit.* 1.
Abr. *ff. de manumiss.*

Des affranchissemens. *Dig. liv.* 40, *tit.* 1.

4.

(De) Manumissionibus quæ servis ad universitatem pertinentibus imponuntur. ff. *lib.* 40, *tit.* 3.
Abr. *ff. de manumis. q. s. ad univ.*

Des affranchissemens qui concernent des Esclaves appartenant à des corps. *Dig. liv.* 40, *tit.* 3.

5.

(De) Manumissis testamento. ff. *lib.* 40, *tit.* 4.
Abr. *ff. de manumiss. test.*

Des affranchissemens par testament. *Dig. liv.* 40, *tit.* 4.

6.

(De) Manumissis vindicta. ff. *lib.* 40, *tit.* 2.
Abr. *ff. de manumiss. vind.*

De l'affranchissement qui se fait devant le Magistrat. *Dig. liv.* 40, *tit.* 2.

7.

(De) Migrando. ff. *lib.* 43, *tit.* 32.
Abr. *ff. de migr.*

De l'interdit concernant les locataires sortant. *Dig. liv.* 43, *tit.* 32.

8.

(De) Militis testamento. ff. *lib.* 29, *tit.* 1.
Abr. *ff. de mil. test.*

Des testamens militaires. *Dig. liv.* 29, *tit.* 1.

9.

(De) Minoribus viginti quinque annis. ff. *lib.* 4, *tit.* 4.
Abr. *ff. de min.*

Des Mineurs de vingt-cinq ans. *Dig. liv.* 4, *tit.* 4.

M

10.	**10.**
(De) Mortis causâ donationibus et capionibus. ff. *lib.* 39, *tit.* 6. Abr. *ff. de mort. caus. donat.*	Des donations et autres manières d'acquérir à cause de mort. *Dig. liv.* 39, *tit.* 6.
11.	**11.**
(De) Mortuo inferendo, et sepulchro ædificando. ff. *lib.* 11, *tit.* 8. Abr. *ff. de mort. inf. et sep.*	De l'action établie contre ceux qui s'opposent à l'inhumation d'un mort et à la construction d'un tombeau. *Dig. liv.* 11, *tit.* 8.
12.	**12.**
(De) Muneribus et honoribus. ff. *lib.* 50, *tit.* 4. Abr. *ff. de mun. et honor.*	Des honneurs et des emplois publics. *Dig. liv.* 50, *tit.* 4.

~~~~~~

Codicis. ## *Code Justinien.*

Nᵒ. 1. ### Nᵒ. 1.

(De) Magistratibus conveniendis. *Cod. lib.* 5, *tit.* 75.
Abr. *cod. de mag. conv.*

Des poursuites à diriger, pour cause de tutelle ou de curatelle, contre les Magistrats. *Cod. liv.* 5, *tit.* 75.

2. ### 2.

(De) Magistratibus municipalibus. *Cod. lib.* 1, *tit.* 56.
Abr. *cod. de mag. munic.*

Des Magistrats municipaux. *Cod. liv.* 1, *tit.* 56.

3. ### 3.

(De) Magistris sacrorum scriniorum. *Cod. lib.* 12, *tit.* 9.
Abr. *cod. de mag. sac.*

Des Maîtres des requêtes. *Cod. liv.* 12, *tit.* 9.

4. ### 4.

(De) Majuma. *Cod. lib.* 11, *tit.* 45.
Abr. *cod: de maju.*

Des fêtes du mois de mai. *Cod. liv.* 11, *tit.* 45.

M

5.

De) Maleficis et mathematicis, et cæteris similibus. *Cod. lib.* 9 , *tit.* 18.
br. *cod. de malef.*

5.

Des Empoisonneurs, des Magi-ciens et d'autres semblables. *Cod. liv.* 9 , *tit.* 18.

6.

De) Mancipiis et Coloniis pa-trimonialium , saltuensium , emphyteuticorum fundorum. *Cod. lib.* 11 , *tit.* 62.
br. *cod. de manc. et colon.*

6.

Des Esclaves et des Colons des biens patrimoniaux, des forets et des fonds emphytéotiques. *Cod. liv.* 11 , *tit.* 62.

7.

De) Mandatis principum. *Cod. lib.* 1 , *tit.* 15.
br. *cod. de mand. princ.*

7.

Des mandats des Empereurs. *Cod. liv.* 1 , *tit.* 15.

8.

Mandati vel contra. *Cod. lib.* 4 , *tit.* 35.
br. *cod. mand.*

8.

De l'action du mandat et de celle contraire. *Cod. liv.* 4 , *tit.* 35.

9.

De) Mendicantibus validis. *Cod. liv.* 11 , *tit.* 25.
br. *cod. de mendic.*

9.

Des Mendians valides. *Cod. liv.* 11 , *tit.* 25.

10.

De) Mensoribus. *Cod. lib.* 12 , *tit.* 28.
br. *cod. de mens.*

10.

Des Mesureurs. *Cod. liv.* 12 , *tit.* 28.

11.

De) Metallariis , et metallis, et Procuratoribus metallo-rum. *Cod. lib.* 11 , *tit.* 6.
br. *cod. de metall. et met.*

11.

Des Ouvriers qui travaillent aux mines , des métaux , et des Intendans des mines. *Cod. liv.* 11 , *tit.* 6.

M

12.

(De) Metatis et epidemeticis. Cod. lib. 12, tit. 41.
Abr. cod. de met. et epid.

12.

Des Fourriers. Cod. liv. 12, tit. 41.

13.

(De) Metropoli Beryto. Cod. lib. 11, tit. 21.
Abr. cod. de metrop. Bery.

13.

De la Métropole établie à Baruth. Cod. liv. 11, tit. 21.

14.

(De) Militari veste. Cod. lib. 12, tit. 40.
Abr. cod. de mil. vest.

14.

De l'habillement des Soldats. Cod. liv. 12, tit. 40.

15.

(De) Modo multarum quæ à Judicibus infliguntur. Cod. lib. 1, tit. 54.
Abr. cod. de modo mult.

15.

Du taux des amendes que les Juges peuvent infliger. Cod. liv. 1, tit. 54.

16.

(De) Monopoliis et conventu Negotiarum illicito, vel artificum ergo laborum necnon Balneatorum prohibitis. et de pactionibus illicitis. Cod. lib. 4, tit. 59.
Abr. cod. de monop. et conv. neg.

16.

Des monopoles, des réunions illicites des Négocians, des artifices, des Entrepreneurs de travaux et de bains, et des conventions illicites. Cod. liv. 4, tit. 59.

17.

(De) Mulieribus, in quo loco munera sexui congruentia vel honores agnoscant. Cod. lib. 10, tit. 62.
Abr. cod. de mulierib. in. q. loc.

17.

Des Femmes et du lieu où elles peuvent remplir les charges ou les honneurs attachés à leur sexe. Cod. liv. 10, tit. 62.

M

18.	**18.**
(De) Mulieribus quæ se propriis servis junxerunt. *Cod. lib.* 9, *tit.* 11. Abr. *cod. de mulier. q. se prop. serv.*	Des Femmes qui ont eu un commerce illicite avec leurs Esclaves. *Cod. liv.* 9, *tit.* 11.
19.	**19.**
(De) Muneribus et honoribus non continuandis inter Patrem et Filium : et de intervallis. *Cod. lib.* 10, *tit.* 40. Abr. *cod. de mun. et hon.*	Des charges et des honneurs qui ne doivent pas être continués entre le Père et le Fils, et de l'intervale qu'il faut garder. *Cod. liv.* 10, *tit.* 40.
20.	**20.**
(De) Muneribus patrimoniorum. *Cod lib.* 10, *tit.* 41. Abr. *cod. de mun. patrim.*	Des charges des patrimoines des villes. *Cod. liv.* 10, *tit.* 41.
21.	**21.**
(De) Murilegulis et gynæciariis et procuratoribus gynæcii, et de monetariis, et de bastagariis. *Cod. lib.* 11, *tit.* 7. Abr. *cod. de murileg. et gynæc.*	Des pêcheurs de pourpre, de ceux qui forment le tissu des draps teints en pourpre, de ceux qui battent la monnaie, et de ceux qui sont chargés du transport des effets du fisc. *Cod. liv.* 11, *tit.* 7.
22.	**22.**
(De) Municipibus et originariis. *Cod. lib.* 10, *tit.* 38. Abr. *cod. de municip. et origin.*	Des Habitans des villes municipales, et de ceux qui en sont originaires. *Cod. liv.* 10, *tit.* 38.
23.	**23.**
(De) Mutatione nominis. *Cod. lib.* 9, *tit.* 25. Abr. *cod. de mutat. nomen.*	De celui qui change de nom. *Cod. liv.* 9, *tit.* 25.

13

N

Institutionum.	*Institutes.*

N°. 1.

(De) Noxalibus actionibus. *Inst. lib.* 4, *tit.* 8.
Abr. *inst. de nox. act.*

Des actions noxales. *Inst. liv.* 4, *tit.* 8.

2.

(De) Nuptiis *Inst. lib.* 1, *tit.* 10.
Abr. *inst. de nupt.*

Des nôces. *Inst. liv.* 1, *tit.* 10.

~~~~~~~~

Digestorum.	*Digeste.*

N°. 1.

(De) Natalibus restituendis. ff. *lib.* 40, *tit.* 11.
Abr. *ff. de natal. rest.*

De ceux qui sont replacés dans les droits de la naissance ordinaire. *Dig. liv.* 40, *tit.* 11.

2.

(De) Nautico fœnore. ff. *lib.* 22, *tit.* 2.
Abr. *de nautic. fœn.*

De intérêts maritimes. *Dig. liv.* 22, *tit.* 2.

3.

Nautæ, Caupones, Stabularii, ut accepta restituant. ff. *liv.* 4, *tit.* 9.
Abr. *ff. naut. caup. stab.*

Que les Maîtres de vaisseaux, les Hôteliers et ceux qui louent des écuries, rendent ce qui leur a été remis. *Dig. liv.* 4, *tit.* 9.

4.

Ne de statu de Functorum post quinqueunium queratur. ff. *lib.* 40, *tit.* 15.
Abr. *ff. ne de stat. defunct.*

On ne doit point élever de question sur l'état des défunts, cinq ans après leur décès. *Dig. liv.* 40, *tit.* 15.

5.

(De) Negotiis gestis. ff. *lib.* 3, *tit.* 5.
Abr. *ff. de neg. gest.*

De la gestion des affaires. *Dig. liv.* 3, *tit.* 5.

N

6.

Ne quid in flumine publico ripave ejus fiat quo aliter aqua fluat, quàm priore æstate fluxit. ff. *lib.* 43, *tit.* 13.
Abr. *ff. ne quid in flum. publ.*

De l'interdit qui défend de rien faire dans une rivière publique ou sur la rive, qui donne à l'eau un cours différent de celui qu'elle avait l'été précédent. *Dig. liv.* 43, *tit.* 13.

7.

Ne quid in loco publico vel itinere fiat. ff. *lib.* 43, *tit.* 8.
Abr. *ff. ne quid in loc. publ. vel itin.*

De l'interdit qui défend de rien faire dans un lieu ou sur un chemin public. *Dig. liv.* 43, *tit.* 8.

8.

Ne quid in loco sacro fiat. ff. *lib.* 43, *tit.* 6.
Abr. *ff. ne quid in loc. sacr.*

De l'interdit qui défend de rien faire dans un lieu sacré. *Dig. liv.* 43, *tit.* 6.

9.

Ne quis eum, qui in jus vocabitur, vi eximat. ff. *lib.* 2, *tit.* 7.
Abr. *ff. ne quis eum q. in jus voc.*

Que personne n'emploie la violence envers celui qui sera traduit en justice. *Dig. liv.* 2, *tit.* 7.

10.

Ne vis fiat ei qui in possessionem missus erit. ff. *lib.* 43, *tit.* 4.
Abr. *ff. ne vis fiat e. q. in possess.*

De l'interdit qui défend de faire violence à celui qui est envoyé en possession des biens. *Dig. liv.* 43, *tit.* 4.

11.

Nihil innovari appellatione interposità. ff. *lib.* 49, *tit.* 7.
Abr. *ff. nihil inn. appell. interp.*

Que rien ne soit innové au préjudice de l'appel. *Dig. liv.* 49, *tit.* 7.

12.

(De operis) Novi nuntiatione. ff. *lib.* 39, *tit.* 1.
Abr. *ff. de op. nov. nunt.*

De la dénonciation d'un nouvel œuvre. *Dig. liv.* 39, *tit.* 1.

N

13.	13.
(De) Novationibus et dele-gationibus. ff. *lib.* 46, *tit.* 2. Abr. *ff. de nov. et del.*	Des novations et délégations. *Dig.* · *liv.* 46, *tit.* 2.
14.	14.
(De) Noxalibus actionibus. ff. *lib.* 9, *tit.* 4. Abr. *ff. de nox. act.*	Des actions noxales. *Dig. liv.* 9, *tit.* 4.
15.	15.
(De) Nundinis. ff. *lib.* 50, *tit.* 11. Abr. *ff. de nund.*	Des foires et marchés. *Dig. liv.* 50, *tit.* 11.

~~~~

Codicis.	*Code Justinien.*
N°. 1.	N°. 1.
(De) Naturalibus liberis, et Matribus eorum, et ex quibus causis justi efficiantur. *Cod. lib.* 5, *tit.* 27. Abr. *cod. de natur. lib.*	Des Enfans naturels, des causes qui peuvent les rendre légitimes, et de leur Mère. *Cod. liv.* 5, *tit.* 27.
2.	2.
(De) Naufragiis. *Cod. lib.* 11, *tit.* 5. Abr. *cod. de naufr.*	Des naufrages. *Cod. liv.* 11, *tit.* 5.
3.	3.
(De) Navibus non excusandis. *Cod. lib.* 11, *tit.* 3. Abr. *cod. de navib. excus.*	Aucun navire ne peut s'excuser lorsqu'il s'agit du service public. *Cod. liv.* 11, *tit.* 3.
4.	4.
(De) Naviculariis seu Naucleris publicas species transportantibus, et de tollendâ lustralis auri collatione. *Cod. lib.* 11, *tit.* 1. Abr. *od. de navicul. seu naucl.*	Des Maîtres de vaisseau ou Pilotes qui transportent sur leur bord des espèces publiques, et de l'abolition du tribut quinquennal. *Cod. liv.* 11, *tit.* 1.

N

5.

(De) Nautico fœnore. *Cod. lib.* 4, *tit.* 33.

Abr. *cod. de naut. fœn.*

5.

Du prêt maritime. *Cod. liv.* 4, *tit.* 33.

6.

(De) Nautis Tyberinis. *Cod. lib.* 11, *tit.* 26.

Abr. *cod. de naut. tyber.*

6.

Des Nautonniers du Tybre. *Cod. liv.* 11, *tit.* 26.

7.

(De) Necessariis Servis Hære-dibus instituendis, vel subs-tituendis. *Cod. lib.* 6, *tit.* 27.

Abr. *cod. de necess. serv. hæred. instit.*

7.

De l'institution et de la substi-tution des Esclaves Héritiers nécessaires. *Cod. liv.* 6, *tit.* 27.

8.

Ne christianum Mancipium He-reticus vel Judæus vel Pa-ganus habeat, vel possideat, vel circumcidat. *Cod. lib.* 1, *tit.* 10.

Abr. *cod. de christian. mancip. heret. vel. jud.*

8.

Que des Hérétiques, des Juifs ou des Payens n'ayent, ne possèdent ou ne circoncisent des Esclaves chrétiens. *Cod. liv.* 1, *tit.* 10.

9.

Ne de statu Defunctorum post quinquennium queratur. *Cod. lib.* 7, *tit.* 21.

Abr. *cod. ne de stat. defunct. post quinquenn.*

9.

Qu'après l'espace de cinq ans on ne puisse contester l'état des morts. *Cod. liv.* 7, *tit.* 21.

10.

Ne Fidejussores vel Mandatores dotium dentur. *Cod. lib.* 5, *tit.* 20.

Abr. *cod. ne fidejuss. vel mand. dot. dent.*

10.

Défense qu'il soit fourni des Fidejusseurs ou des Mandans pour les dots. *Cod. liv.* 5, *tit.* 20.

N

11.

Ne Filius pro Patre, vel Pater pro Filio emancipato, vel Libertus pro Patrono, vel Servus pro Domino conveniatur. *Cod. lib.* 4, *tit.* 13. Abr. *cod. ne fil. pro patr. vel pat. pro fil.*

11.

Que le Fils ne soit point poursuivi pour son Père, ni le Père pour son Fils émancipé, ni l'Affranchi pour le Patron, ni l'Esclave pour le Maître. *Cod. liv.* 4, *tit.* 13.

12.

Ne fiscus rem quam vendidit, evincat. *Cod. lib.* 10, *tit.* 5. Abr. *cod. ne fisc. rem quam vend.*

12.

Que le fisc ne puisse pas évincer de ce qu'il a une fois vendu. *Cod. liv.* 10, *tit.* 5.

13.

Ne ficus vel respublica procurationem alicui patrocinii causa in lite præstet. *Cod. lib.* 2, *tit.* 18. Abr. *cod. ne fisc. vel resp. proc.*

13.

Que le fisc ou la république ne se charge pas de la procuration de quelqu'un pour le défendre en justice. *Cod. liv.* 2, *tit.* 18.

14.

Negotiatores ne militent. *Cod. lib.* 12, *tit.* 35. Abr. *cod. negotiat. ne milit.*

14.

Que les Négocians en gros soient exemptés du service militaire. *Cod. liv.* 12, *tit.* 35.

15.

(De) Negotiis gestis. *Cod. lib.* 2, *tit.* 19. Abr. *cod. de negot. gestis.*

15.

De l'action des affaires. *Cod. liv.* 2, *tit.* 19.

16.

Ne liceat in unâ eademque causâ tertio provocare, vel post duas sententias Judicum, quas definitio Præfectorum roboraverit, eas retractare. *Cod. lib.* 7, *tit.* 70. Abr. *cod. ne lic. in un. ead. caus.*

16.

Prohibition d'interjetter une troisième fois appel dans une et même cause, ou de refuser d'observer ce qui a été jugé par deux sentences confirmées par un Préfet. *Cod. liv.* 7, *tit.* 70.

N

17.

Ne liceat Potentioribus patrocinium Litigantibus præstare, vel actiones in se transferre. *Cod. lib.* 2, *tit.* 14.

Abr. *cod. ne lic. potent. patroc. litig.*

17.

Il n'est pas permis aux Personnes qui ont de l'autorité de se charger de la defense des Plaideurs, ni de se faire céder leurs actions. *Cod. liv.* 2, *tit.* 14.

18.

Nemini licere signum Salvatoris Christi humi vel in silice, vel in marmore, aut insculpere aut pingere. *Cod. lib.* 1, *tit.* 8.

Abr. *cod. nem. lic. sign. salv.*

18.

Qu'il ne soit permis à personne de peindre ou de graver sur la terre, la pierre ou le marbre, l'image du Sauveur Jésus-Christ. *Cod. liv.* 1, *tit.* 8.

19.

Ne operæ à Collatoribus exigantur. *Cod. lib.* 10, *tit.* 24.

Abr. *cod. ne oper. à collat. exig.*

19.

Qu'on n'exige rien des Contribuables au-delà des tributs. *Cod. liv.* 10, *tit.* 24.

20.

Ne pro dote Mulieri, bona Mariti addicantur. *Cod. lib.* 5, *tit.* 22.

Abr. *cod. ne pro dot. mul. bon. marit.*

20.

Défense d'adjuger à la Femme, pour lui tenir lieu de sa dot, tous les biens du mari prédécédé. *Cod. liv.* 5, *tit.* 22.

21.

Ne quid oneri publico imponatur. *Cod. lib.* 11, *tit.* 4.

Abr. *cod. ne quid on. pub. impon.*

21.

Qu'on n'ajoute rien aux navires chargés des espèces publiques. *Cod. liv.* 11, *tit.* 4.

22.

Ne quis in suâ causâ judicet, vel jus sibi dicat. *Cod. lil.* 3, *tit.* 5.

Abr. *cod. ne quis in s. caus. jud.*

22.

Que personne ne soit juge dans sa propre cause. *Cod. liv.* 3, *tit.* 5.

N

23.

Ne quis liber invitus actum rei-publicæ gerere cogatur. *Cod. lib.* 11, *tit.* 36.

Abr. *cod. ne quis lib. inv. act. reip.*

24.

Ne rei Dominicæ vel templorum vindicatio, temporis præscriptione submoveatur. *Cod. lib.* 7, *tit.* 38.

Abr. *cod. ne rei domin. vel templ. vindic.*

25.

Ne rei militaris Comitibus vel Tribunis lavacra præstentur. *Cod. lib.* 1, *tit.* 47.

Abr. *cod. ne rei milit. comit. vel tribun.*

26.

Ne Rusticani ad ullum obsequium devocentur. *Cod. lib.* 11, *tit.* 54.

Abr. *cod. ne rustican. ad ull. obseq. devoc.*

27.

Ne sanctum baptisma iteretur. *Cod. lib.* 1, *tit.* 6.

Abr. *cod. ne sanct. baptism. iter.*

28.

Ne sine jussu Principis certis Judicibus liceat confiscare. *Cod. lib.* 9, *tit.* 48.

Abr. *cod. ne sine juss. princip.*

23.

Qu'aucune Personne libre ne soit forcée de faire malgré elle quelque chose de vil pour le service de la république. *Cod. liv.* 11, *tit.* 36.

24.

De l'imprescriptibilité du patrimoine impérial et des temples. *Cod. liv.* 7, *tit.* 38.

25.

Qu'il ne soit point fourni des bains aux Comtes ni aux Tribuns des Soldats. *Cod. liv.* 1, *tit.* 47.

26.

Que les Paysans ne soient soumis à aucune charge, si ce n'est la capitation. *Cod. liv.* 11, *tit.* 54.

27.

Qu'on ne rebaptise point. *Cod. liv.* 1, *tit.* 6.

28.

Qu'il ne soit pas permis aux Juges de confisquer les biens sans l'autorisation du Prince. *Cod. liv.* 9, *tit.* 48.

N

29.

Ne Tutor vel Curator vectigalia conducat. *Cod. lib.* 5, *tit.* 41.
Abr. *cod. ne tut. vel curat. vect. conduc.*

29.

Qu'un Tuteur ou un Curateur ne puisse être Fermier de douanes. *Cod. liv.* 5, *tit.* 41.

30.

Ne Uxor pro Marito, vel Maritus pro Uxore, vel Mater pro Filio conveniatur. *Cod. lib.* 4, *tit.* 12.
Abr. *cod. ne ux. pro marit. vel marit. pro u.x.*

30.

Que la Femme ne puisse être poursuivie pour son Mari, ni le Mari pour sa Femme, ni enfin la Mère pour son Fils. *Cod. liv.* 4, *tit.* 12.

31.

(De) Nili aggeribus non rumpendis. *Cod. lib.* 9, *tit.* 38.
Abr. *cod. de nil. agg. non rump.*

31.

De la conservation des digues du Nil. *Cod. liv.* 9, *tit.* 38.

32.

Non licere Habitatoribus Metrocomiæ loca sua ad extraneum transferre. *Cod. lib.* 11, *tit.* 55.
Abr. *cod. non lic. habit. metroc.*

32.

Qu'il ne soit pas permis aux Habitans d'un gros bourg de transférer leurs biens à un étranger. *Cod. liv.* 11, *tit.* 55.

33.

(De) Non numeratâ pecuniâ. *Cod. lib.* 4, *tit.* 30.
Abr. *cod. de non numer. pec.*

33.

De la somme non comptée. *Cod. liv.* 4, *tit.* 30.

34.

(De) Novationibus et delegationibus. *Cod. lib.* 8, *tit.* 42.
Abr. *cod. de novat. et deleg.*

34.

Des novations et des délégations. *Cod. liv.* 8, *tit.* 42.

35.

(De) Novi operis nunciatione. *Cod. lib.* 8, *tit.* 11.
Abr. *cod. de nov. op. nunciat.*

35.

De la sommation de ne point faire un nouvel édifice. *Cod. liv.* 8, *tit.* 11.

N

36.

(De) Noxalibus actionibus. *Cod. lib.* 3, *tit.* 41.
Abr. *cod. de nox. act.*

Des actions noxales. *Cod. liv.* 3, *tit.* 41.

37.

(De) Nudo jure quiritium tollendo. *Cod. lib.* 7, *tit.* 25.
Abr. *cod. de nud. jur. quir. toll.*

Abolition du nu droit des Romains. *Cod. liv.* 7, *tit.* 25.

38.

Nulli licere in frenis et equestribus sellis, et in balteis margaritas et hyacinthos aptare : et de artificibus palatinis. *Cod. lib.* 11, *tit.* 11.
Abr. *cod. de nulli lic. in fren.*

Qu'il ne soit permis à personne d'ajuster sur les brides et selles des chevaux et sur les baudriers, des perles, des éméraudes et des hyacinthes : et des ouvriers du palais. *Cod. liv.* 11, *tit.* 11.

39.

(De) Numerariis, Actuariis, et Chartulariis, et Adjutoribus, Scriniariis et Exceptoribus sedis excelsæ, cœterumque Judicum tam militarium quàm civilium. *Cod. lib.* 12, *tit.* 50.
Abr. *cod. de num. actuar.*

Des Receveurs des deniers publics, de ceux qui distribuent les vivres aux Soldats, de leurs Adjoints et de leurs Commis, des Greffiers et Écrivains des Juges souverains, et des autres Juges tant militaires que civils. *Cod. liv.* 12, *tit.* 50./

40.

(De) Nundinis et mercatoribus. *Cod. lib.* 4, *tit.* 60.
Abr. *cod. de nund. et merc.*

Des foires et marchés. *Cod. liv.* 4, *tit.* 60.

41.

(De) Nuptiis. *Cod. lib.* 5, *tit.* 4.
Abr. *cod. de nupt.*

Du mariage. *Cod. liv.* 5, *tit.* 4.

O

Institutionum.	*Des Institutes.*

Nº. 1.

(De) Obligationibus. *Inst. lib.* 3, *tit.* 14.
Abr. *inst. de oblig.*

Des obligations. *Inst. liv.* 3, *tit.* 14.

2.

(De) Obligationibus ex con- sensu. *Inst. lib.* 3, *tit.* 23.
Abr. *inst. de oblig. ex cons.*

Des obligations qui se contrac- tent par le seul consentement des parties. *Inst. liv.* 3, *tit.* 23.

3.

(De) Obligationibus quæ ex delicto nascuntur. *Inst. lib.* 4, *tit.* 1.
Abr. *inst. de oblig. q. ex delict.*

Des obligations qui naissent du délit. *Inst. liv.* 4, *tit.* 1.

4.

(De) Obligationibus quæ quasi ex contractu nascuntur. *Inst. lib.* 3, *tit.* 28.
Abr. *inst. de oblig. q. quas. ex cont.*

Des obligations qui naissent d'un quasi contrat. *Inst. liv.* 3, *tit.* 28.

5.

(De) Obligationibus quæ ex quasi delicto nascuntur. *Inst. lib.* 4, *tit.* 5.
Abr. *inst. de oblig. q. ex quas. delict.*

Des obligations qui naissent du quasi délit. *Inst. liv.* 4, *tit.* 5.

Digestorum.	*Du Digeste.*

Nº. 1.

(De) Obligationibus et actio- nibus. ff. *lib.* 44, *tit.* 7.
Abr. *ff. de oblig. et act.*

Des obligations et des actions. *Dig. liv.* 44, *tit.* 7.

O

2.

(De) Obsequiis Parentibus et Patronis præstandis. ff. *lib.* 37, *tit.* 15.

Abr. *ff. de obseq. parent.*

2.

Du respect dû aux Parens et aux Patrons. *Dig. liv.* 37, *tit.* 15.

3.

(De) Officio Adsessorum. ff. *lib.* 1, *tit.* 22.

Abr. *ff. de offic. ads.*

3.

Des l'office des Assesseurs. *Dig. liv.* 1, *tit.* 22.

4.

(De) Officio Consulis. ff. *lib.* 1, *tit.* 10.

Abr. *ff. de off. cons.*

4.

De l'office du Consul. *Dig. liv.* 1, *tit.* 10.

5.

(De) Officio ejus cui mandata est jurisdictio. ff. *lib.* 1, *tit.* 21.

Abr. *ff. de off. ej. c. mand. est jurisd.*

5.

De l'office de celui à qui la juridiction a été déléguée. *Dig. liv.* 1, *tit.* 21.

6.

(De) Officio Juridici. ff. *lib.* 1, *tit.* 20.

Abr. *ff. de off. jurid.*

6.

De l'office du Juridic. *Dig. liv.* 1, *tit.* 20.

7.

(De) Officio Præfecti augustalis. ff. *lib.* 1, *tit.* 17.

Abr. *ff. de off. præf. aug.*

7.

De l'office du Préfet augustal. *Dig. liv.* 1, *tit.* 17.

8.

(De) Officio Præfecti prætorio. ff. *lib.* 1, *tit.* 11.

Abr. *ff. de off. præf. præt.*

8.

De l'office du Préfet du prétoire. *Dig. liv.* 1, *tit.* 11.

9.

(De) Officio Præfecti vigilum. ff. *lib.* 1, *tit.* 15.

Abr. *ff. de off. præf. vig.*

9.

De l'office du Préfet du guet. *Dig. liv.* 1, *tit.* 15.

O

10.

(De) Officio Præfecti urbi. ff.
lib. 1, tit. 12.
Abr. ff. de off. præf. urb.

10.

De l'office du Préfet de la ville.
Dig. liv. 1, tit. 12.

11.

(De) Officio Præsidis. ff. lib. 1,
tit. 18.
Abr. ff. de off. præs.

11.

De l'office du Gouverneur. Dig.
liv. 1, tit. 18.

12.

(De) Officio Prætorum. ff. lib.
1, tit. 14.
Abr. ff. de off. prœt.

12.

De l'office des Préteurs. Dig.
liv. 1, tit. 14.

13.

(De) Officio Proconsulis et
Legati. ff. lib. 1, tit. 16.
Abr. ff. de off. procons. et legat.

13.

De l'office de Proconsul et de
son Lieutenant. Dig. liv. 1,
tit. 16.

14.

(De) Officio Procuratoris Cæ-
saris, et Rationalis. ff. lib. 1,
tit. 19.
Abr. ff. de off. procurat. cæs.
et ration.

14.

Des fonctions du Procureur
de l'Empereur. Dig. liv. 1,
tit. 19.

15.

(De) Officio Questoris. ff. lib.
1, tit. 13.
Abr. ff. de off. quœst.

15.

De l'office du Questeur. Dig.
liv. 1, tit. 13.

16.

(De) Operis Libertorum. ff.
lib. 38, tit. 1.
Abr. ff. de oper. libert.

16.

Des services dûs par les Affranchis aux Patrons. Dig.
liv. 38, tit. 1.

17.

(De) Operis Servorum. ff. lib.
7, tit. 7.
Abr. ff. de oper. serv.

17.

Des services des Esclaves. Dig.
liv. 7, tit. 7.

O

18.

(De) Operibus publicis. ff. *lib.* 50, *tit.* 10.

Abr. *ff. de oper. publ.*

18.

Des ouvrages publics. *Dig. livl* 50, *tit.* 10.

19.

(De) Operis novi nunciatione. ff. *lib.* 39, *tit.* 1.

Abr. *ff. de oper. nov. nunc.*

19.

De la dénonciation d'un nouvel œuvre. *Dig. liv.* 39, *tit.* 1.

20.

(De) Optione vel electione legatâ. ff. *lib.* 33, *tit.* 5.

Abr. *ff. de opt. vel. elect. leg.*

20.

Du legs de l'option ou du choix d'une chose entre plusieurs. *Dig. liv.* 33, *tit.* 5.

21.

(De) Origine juris et omnium magistratuum et successione Prudentum. ff. *lib.* 1, *tit.* 2.

Abr. *ff. orig. jur.*

21.

De l'origine du droit, de toutes les magistratures, et de la succession des Jurisconsultes. *Dig. liv.* 1, *tit.* 2.

~~~~~~

Codicis.

Code Justinien.

Nº. 1.

(De) Oblatione votorum. *Cod. lib.* 12, *tit.* 49.

Abr. *cod. de oblat. vot.*

Nº. 1.

Des vœux annuels pour le salut du Prince. *Cod. liv.* 12, *tit.* 49.

2.

(De) Obligationibus et actionibus. *Cod. lib.* 4, *tit.* 10.

Abr. *cod. de obligat. et act.*

2.

Des obligations et des actions. *Cod. liv.* 4, *tit.* 10.

3.

(De) Obsequis Patrono præstandis. *Cod. lib.* 6, *tit.* 6.

Abr. *cod. de obseq. patron. præst.*

3.

Des devoirs des Affranchis envers leurs Patrons. *Cod. liv.* 6, *tit.* 6.

O

4.	4.
(De) Officio civilium Judicum. *Cod. lib.* 1 , *tit.* 45. Abr. *cod. de off. civ. jud.*	De l'office des Juges civils. *Cod. liv.* 1 , *tit.* 45.
5.	5.
(De) Officio Comitis Orientis. *Cod. lib.* 1 , *tit.* 37. Abr. *cod. de off. comit. orient.*	De l'office du Comte de l'Orient. *Cod. liv.* 1 , *tit.* 37.
6.	6.
(De) Officio Comitis rerum privatarum. *Cod. lib.* 1 , *tit.* 33. Abr. *cod. de off. com. rer. priv.*	De l'office du Comte des affaires privées. *Cod. liv.* 1 , *tit.* 33.
7.	7.
(De) Officio Comitis sacrarum largitionum. *Cod. lib.* 1 , *tit.* 32. Abr. *cod. de off. com. largit.*	De l'office du Comte des largesses. *Cod. liv.* 1 , *tit.* 32.
8.	8.
(De) Officio Comitis sacri palatii. *Cod. lib.* 1 , *tit.* 34. Abr. *cod. de off. com. sacr. pal.*	De l'office du Comte du palais. *Cod. liv.* 1 , *tit.* 34.
9.	9.
(De) Officio Comitis sacri patrimonii. *Cod. lib.* 1 , *tit.* 36. Abr. *cod. de off. com. sacr. patr.*	De l'office du Comte du patrimoine impérial. *Cod. liv.* 1 , *tit.* 36.
10.	10.
De) Officio diversorum Judicum. *Cod. lib.* 1 , *tit.* 48. Abr. *cod. de off. divers. jud.*	De l'office des divers Juges. *Cod. liv.* 1 , *tit.* 48.
11.	11.
(De) Officio ejus qui vicem alicujus Judicis vel Præsidis obtinet. *Cod. lib.* 1 , *tit.* 50. Abr. *cod. de off. ej. qui vic. alic. obt.*	De l'office de celui qui remplace un Juge ou un Président. *Cod. liv.* 1 , *tit.* 50.

O

12.

(De) Officio Juridici Alexandriæ. *Cod. lib.* 1, *tit.* 57.
Abr. *cod. de off. juridic. Alex.*

De l'office du Juge d'Alexandrie. *Cod. liv.* 1, *tit.* 57.

13.

(De) Officio Magistri militum.
Cod. lib. 1, *tit.* 29.
Abr. *cod. de off. magistr. mil.*

De l'office du Général. *Cod.
liv.* 1, *tit.* 29.

14.

(De) Officio Magistri officiorum. *Cod. lib.* 1, *tit.* 31.
Abr. *cod. de off. magistr. offic.*

De l'office du Maître des offices. *Cod. liv.* 1, *tit.* 31.

15.

(De) Officio militarium Judicum. *Cod. lib.* 1, *tit.* 46.
Abr. *cod. de off. milit. jud.*

De l'office des Juges militaires.
Cod. liv. 1, *tit.* 46.

16.

(De) Officio Præfecti augustalis.
Cod. lib. 1, *tit.* 38.
Abr. *cod. de off. præfect. august.*

De l'office du Préfet augustal.
Cod. liv. 1, *tit.* 38.

17.

(De) Officio Præfecti prætorio
Africæ, et de omni ejusdem
diœceseos statu. *Cod. lib.* 1,
tit. 27.
Abr. *cod. de off. præfect. præt.
Afric.*

De l'office du Préfet du prétoire d'Afrique, et de l'état
des provinces de son ressort.
Cod. liv. 1, *tit.* 27.

18.

(De) Officio Præfecti præto-
riorum Orientis et Illyrici.
Cod. lib. 1, *tit.* 26.
Abr. *cod. de off. præfect. præt.
Orient. et Illyric.*

De l'office du Préfet des prétoires d'Orient et d'Illyrie.
Cod. liv. 1, *tit.* 26.

O

19.

(De) Officio Præfecti vigilum. Cod. lib. 1, tit. 44. Abr. cod. de off. præfect. vigil.

De l'office du Préfet du guet! Cod. liv. 1, tit. 44.

20.

(De) Officio Præfecti urbi. Cod. lib. 1, tit. 28. Abr. cod. de off. præfect. urb.

De l'office du Préfet de la ville! Cod. liv. 1, tit. 28.

21.

(De) Officio Prætoris. Cod. lib. 1, tit. 40. Abr. cod. de offic. prætor.

De l'office du Préteur. Cod. liv. 1, tit. 40.

22.

(De) Officio Proconsulis et Legati. Cod. lib. 1, tit. 35. Abr. cod. de off. proc. et legat.

De l'office du Proconsul et du Légat. Cod. liv. 1, tit. 35.

23.

(De) Officio Quæstoris. Cod. lib. 1, tit. 30. Abr. cod. de off. quæst.

De l'office du Quêteur. Cod. liv. 1, tit. 30.

24.

(De) Officio Rectoris provinciæ. Cod. lib. 1, tit. 41. Abr. cod. off. rect. prov.

De l'office du Recteur de la Province. Cod. liv. 1, tit. 41.

25.

(De) Officio Vicarii. Cod. lib. 1, tit. 39. Abr. cod. de off. vicar.

De l'office du Vicaire. Cod. liv. 1, tit. 39.

26.

(De) Omni agro deserto, et quando steriles fertilibus imponuntur. Cod. lib. 11, tit. 58. Abr. cod. de omn. agr. desert.

Des champs abandonnés, et de quelle manière l'impôt des champs stériles est réparti sur les fertiles. Cod. liv. 11, tit. 58.

O

27.

(De) Operis Libertorum. *Cod.* *lib.* 6, *tit.* 3.
Abr. *cod. de oper. libert.*

Du travail des Affranchis. *Cod.* *liv.* 6, *tit.* 3.

28.

(De) Operibus publicis. *Cod.* *lib.* 8, *tit.* 12.
Abr. *cod. de oper. publ.*

Des ouvrages publics. *Cod. liv.* 8, *tit.* 12.

29.

(De) Ordine cognitionum. *Cod.* *lib.* 7, *tit.* 19.
Abr. *cod. de ord. cognit.*

De l'ordre des jugemens. *Cod.* *liv.* 7, *tit.* 19.

30.

(De) Ordine judiciorum. *Cod.* *lib.* 3, *tit.* 8.
Abr. *cod. de ord. judic.*

De l'ordre des jugemens. *Cod.* *liv.* 3, *tit.* 8.

P

Institutionum.

Des Institutes.

N°. 1.

(De) Patriâ potestate. *Inst.* *lib.* 1, *tit.* 9.
Abr. *inst. de pat. potest.*

De la puissance paternelle. *Inst.* *liv.* 1, *tit.* 9.

2.

(De) Pœnâ temerè Litigantium. *Inst. lib.* 4, *tit.* 16.
Abr. *inst. de pœn. tem. litig.*

De la peine des téméraires Plaideurs. *Inst. liv.* 4, *tit.* 16.

3.

(De) Publicis judiciis. *Inst. lib.* 4, *tit.* 18.
Abr. *inst. de pub. jud.*

Des jugemens publics. *Inst. liv.* 4, *tit.* 18.

P

4.	4.
(De) Pupillari substitutione.	De la substitution pupillaire.
Inst. lib. 2, *tit.* 16.	*Inst. liv.* 2, *tit.* 16.
Abr. *inst. de pupill. subst.*	

———

Digestorum.	*Digeste.*
N°. 1.	**N°. 1.**
(De) Pactis. ff. *lib.* 2, *tit.* 14.	Des pactes. *Dig. liv.* 2, *tit.* 14.
Abr. *ff. de pact.*	
2.	2.
(De) Pactis dotalibus. ff. *lib.* 23, *tit.* 4.	Des conventions relatives à la dot. *Dig. liv.* 23, *tit.* 4.
Abr. *ff. de pact. dot.*	
3.	3.
(De) Peculio. ff. *lib.* 15, *tit.* 1.	De l'action sur le pécule. *Dig. liv.* 15, *tit.* 1.
Abr. *ff. de pecul.*	
4.	4.
(De) Peculio legato. ff. *lib.* 33, *tit.* 8.	Du legs du pécule. *Dig. liv.* 33, *tit.* 8.
Abr. *ff. de pecul. leg.*	
5.	5.
(De) Pecuniâ constitutâ. ff. *lib.* 13, *tit.* 5.	De l'action qu'on a contre quelqu'un en vertu d'un constitut, c'est-à-dire, de la promesse qu'il a faite de payer une somme due. *Dig. liv.* 13, *tit.* 5.
Abr. *ff. de pecun. const.*	
6.	6.
(De) Penu legatâ. ff. *lib.* 33, *tit.* 9.	Du legs des provisions de bouche. *Dig. liv.* 33, *tit.* 9.
Abr. *ff. de pen. leg.*	

P

7.

(De) Periculo et commodo rei venditæ. ff. *lib.* 18, *tit.* 6.
Abr. *ff. de per. et com. r. vend.*

De celui qui doit courir les risques, et profiter des avantages de la chose vendue. *Dig. liv.* 18, *tit.* 6.

8.

(De) Petitione hæreditatis. ff. *lib.* 5, *tit.* 3.
Abr. *ff. de petit. hæred.*

De la demande à l'effet de se faire rendre une succession. *Dig. liv.* 5, *tit.* 3.

9.

(De) Pigneratitiâ actione, vel contra. ff. *lib.* 13, *tit.* 7.
Abr. *ff. de pig. act.*

Des actions directe et contraire qui naissent du gage. *Dig. liv.* 13, *tit.* 7.

10.

(De) Pignoribus et hypothecis et qualiter ea contrahantur : et de pactis eorum. ff. *lib.* 20, *tit.* 1.
Abr. *ff. de pign. et hypoth.*

Des gages et hypothèques; de la manière d'en contracter l'obligation, et des clauses dont ces conventions sont susceptibles. *Dig. liv.* 20, *tit.* 1.

11.

(De) Pollicitationibus. ff. *lib.* 50, *tit.* 12.
Abr. *ff. de poll.*

Des pollicitations ou promesses. *Dig. liv.* 50, *tit.* 12.

12.

(De) Popularibus actionibus. ff. *lib.* 47, *tit.* 23.
Abr. *ff. de pop. act.*

Des actions populaires. *Dig. liv.* 47, *tit.* 23.

13.

(De) Pœnis. ff. *lib.* 48, *tit.* 19.
Abr. *ff. de pœn.*

Des peines. *Dig. liv.* 48, *tit.* 19.

14.

(De) Possessionibus bonorum. ff. *lib.* 37, *tit.* 1.
Abr. *ff. de bon. poss.*

Des successions prétoriennes, ou des possessions de biens. *Dig. liv.* 37, *tit.* 1.

P

15.

(De) Possessoriâ hæreditatis petitione. ff. *lib.* 5, *tit.* 5.
Abr. *ff. de poss. hœred. pet.*

15.

De la demande de l'hérédité formée par ceux qui sont appelés à une succession par le droit prétorien. *Dig. liv.* 5, *tit.* 5.

16.

(De) Postulando. ff. *lib.* 3, *tit.* 1.
Abr. *ff. de postul.*

16.

De la plaidoirie. *Dig. liv.* 3, *tit.* 1.

17.

(De) Præscriptis verbis, et in factum actionibus. ff. *lib.* 19, *tit.* 5.
Abr. *ff. de præsc. verb.*

17.

Des actions expositives d'une convention ou d'un fait. *Dig. liv.* 19, *tit.* 5.

18.

(De) Prætoriis stipulationibus. ff. *lib.* 46, *tit.* 5.
Abr. *ff. de præt. stip.*

18.

Des stipulations prétoriennes. *Dig. liv.* 46, *tit.* 5.

19.

(De) Prævaricatione. ff. *lib.* 47, *tit.* 15.
Abr. *ff. de præv.*

19.

De la prévarication. *Dig. liv.* 47, *tit.* 15.

20.

(De) Precario. *ff. lib.* 43, *tit.* 26.
Abr. *ff. de prec.*

20.

Du précaire. *Dig. liv.* 43, *tit.* 26.

21.

(De) Privatis delictis. ff. *lib.* 47, *tit.* 1.
Abr. *ff. de priv. delict.*

21.

Des délits privés. *Dig. liv.* 47, *tit.* 1.

22.

(De) Privilegiis Creditorum. ff. *lib.* 42, *tit.* 6.
Abr. *ff. de priv. cred.*

22.

Des privilèges des Créanciers. *Dig. liv.* 42, *tit.* 6.

P

P

32.

Pro soluto. ff.*lib.* 41 , *tit.* 4.
Abr. *ff. pro sol.*

32.

De ce qui a été reçu en paie-ment d'une dette. *Dig. liv.* 41 , *tit.* 4. *(a)*

33.

Pro suo. ff. *lib.* 41, *tit.* 10.
Abr. *ff. pr. suo.*

33.

De celui qui possède à titre de Propriétaire. *Dig. liv.* 41 , *tit.* 10.

34.

(De) Pronexeneticis. ff. *lib.* 50, *tit.* 14.
Abr. *ff. de pronex.*

34.

Des Proxenètes ou Entremet-teurs. *Dig. liv.* 50, *tit.* 14.

35.

(De) Publicanis et vectigalibus, et commissis. ff. *lib.* 39, *tit.* 4.
Abr. *ff. de pub. et vectig.*

35.

Des Fermiers des impôts pu-blics , des impôts et des amendes faute de déclaration. *Dig. liv.* 39, *tit.* 4.

36.

(De) Publicianâ in rem ac-tione. ff. *lib.* 6 , *tit.* 2.
Abr. *ff. de pub. in r. act.*

36.

De la revendication publicienne. *Dig. liv.* 6, *tit.* 2.

37.

(De) Publicis judiciis. ff. *lib.* 48 , *tit.* 1.
Abr. *ff. de pub. jud.*

37.

Des jugemens publics. *Dig. liv.* 48, *tit.* 1.

~~~~~~~~

Codicis.

Code Justinien.

N°. 1.

(De) Pactis. *Cod. lib.* 2, *tit.* 3.
Abr. *cod. de pact.*

N°. 1.

Des pactes. *Cod. liv.* 2 , *tit.* 3.

(a) Ce titre *pro soluto* est compris suivant plusieurs éditions, dans le titre *de usurpationibus* et *usucapionibus.* ff. *lib.* 41, *tit.* 3, et commence à la loi 46.

P

2.

(De) Pactis conventis tam super dote, quàm super donatione antè nuptias, et paraphernis. *Cod. lib. 5, tit. 14.*
Abr. *cod. de pact. conv.*

Des pactes faits, tant au sujet de la dot, qu'à celui de la donation *ante nuptias*, et des biens paraphernaux. *Cod. liv. 5, tit. 14.*

3.

(De) Pactis inter Emptorem et Venditorem compositis. *Cod. lib. 4, tit. 54.*
Abr. *cod. de pact. int. empt. et vend.*

Des pactes convenus entre l'Acheteur et le Vendeur. *Cod. liv. 4, tit. 54.*

4.

(De) Pactis pignorum, et de lege commissorà in pignoribus rescindendà. *Cod. lib. 8, tit. 35.*
Abr. *cod. de pact. pign. et de leg. comm.*

Des pactes concernant les gages, et abrogation de la loi *commissoria* à l'égard des gages. *Cod. liv. 8, tit. 35.*

5.

(De) Paganis, et sacrificiis et templis. *Cod. lib. 1, tit. 11.*
Abr. *cod. de pag.*

Des Payens, de leurs sacrifices et de leurs temples. *Cod. liv. 1, tit. 11.*

6.

(De) Palatiis et domibus Dominicis. *Cod. lib. 11, tit. 76.*
Abr. *cod. de pal. et dom.*

Des palais et des maisons impériales. *Cod. liv. 11, tit. 76.*

7.

(De) Palatinis sacrorum largitionum, et rerum privatarum. *Cod. lib. 12, tit. 24.*
Abr. *cod. de palat. sac.*

Des Palatins des largesses impériales et des affaires privées. *Cod. liv. 12, tit. 24.*

P

8.

(De) Partu pignoris, et omni causâ. *Cod. lib.* 8, *tit.* 25. Abr. *cod. de part. pign.*

8.

Des Enfans de la Femme esclave donnée en gage, et des petits des animaux fémelles donnés à ce même titre, ainsi que de tous les autres accroisse—mens de la chose engagée. *Cod. liv.* 8, *tit.* 25.

9.

(De) Pascuis publicis et privatis. *Cod. lib.* 11, *tit.* 60. 'Abr. *cod. de pasc. pub. et priv.*

9.

Des pâturages publics et privés. *Cod. liv.* 11, *tit.* 60.

10.

(De) Patriâ potestate. *Cod. lib.* 8, *tit.* 47. 'Abr. *cod. de pat. pot.*

10.

De la puissance paternelle. *Cod. liv.* 8, *tit.* 47.

11.

(De) Patribus qui Filios suos distraxerunt. *Cod. lib.* 4, *tit.* 43. Abr. *cod. de pat. q. fil.*

11.

Des Pères qui ont vendu leurs Enfans. *Cod. liv.* 4, *tit.* 43.

12.

(De) Peculio ejus qui libertatem meruit. *Cod lib.* 7, *tit.* 23. Abr. *cod. de pec. e. qui lib.*

12.

Du pécule des Esclaves qui ont reçu la liberté. *Cod. liv.* 7, *tit.* 23.

13.

(De) Pedaneis Judicibus. *Cod. lib.* 3, *tit.* 3. 'Abr. *cod. de ped. jud.*

13.

Des Juges pédanées (ou délégués). *Cod. liv.* 3, *tit.* 3.

14.

(De) Perfectissimatùs dignitate. *Cod. lib.* 12. *tit.* 33. Abr. *cod. de perf. dig.*

14.

De ceux qui jouissent de la dignité appelée *perfectissimat. Cod. liv.* 12, *tit.* 33.

P

15.

(De) Periculo eorum qui pro Magistratibus intervenerunt. *Cod. lib.* 11 , *tit.* 34.

Abr. *cod. de per. cor. q. p. mag.*

Des risques et périls des Fidé-jusseurs des Magistrats. *Cod. liv.* 11 , *tit.* 34.

16.

(De) Periculo et comodo rei venditæ. *Cod. lib.* 4, *tit.* 48.

Abr. *cod. de per. et com. rei vend.*

Des diminutions et de l'accrois-sement de la chose vendue. *Cod. liv.* 4, *tit.* 48.

17.

(De) Periculo Nominatorum. *Cod. lib.* 11 , *tit.* 33.

Abr. *cod. de per. nominat.*

Des risques et périls de ceux qui font des nominations. *Cod. liv.* 11 , *tit.* 33.

18.

(De) Periculo Successorum pa-rentis. *Cod. lib.* 10, *tit.* 61.

Abr. *cod. de peric succ.*

Des risques et périls des suc-cessibles du père. *Cod. liv.* 10, *tit.* 61.

19.

(De) Periculo Tutorum et Curatorum. *Cod. lib.* 5, *tit.* 38.

Abr. *cod. de per. tut. et cur.*

Des risques et périls des Tu-teurs et des Curateurs. *Cod. liv.* 5, *tit.* 38.

20.

Per quas personas nobis acqui-ratur. *Cod. lib.* 4, *tit.* 27.

Abr. *cod. per q. pers. n. acq.*

Par quelles personnes nous pou-vons acquérir. *Cod. liv.* 4, *tit.* 27.

21.

(De) Petitionibus bonorum sublatis. *Cod. lib.* 10 , *tit.* 12.

Abr. *cod. de pet. bon. sub.*

De la suppression des demandes des biens incorporés au fisc. *Cod. liv.* 10 , *tit.* 12.

22.

(De) Petitione hæreditatis. *Cod. lib.* 3, *tit.* 31.

Abr. *cod. de pet. hæred.*

De la demande d'hérédité. *Cod. liv.* 3, *tit.* 31.

P

23.

(De) Pignoratitiâ actione. *Cod. lib.* 4, *tit.* 24.

Abr. *cod. de pign. act.*

23.

De l'action *pignoratitia*, ou à cause de gage. *Cod. liv.* 4, *tit.* 24.

24.

(De) Pignoribus et hypothecis. *Cod. lib.* 8, *tit.* 14.

Abr. *cod. de pign. et hypoth.*

24.

Des gages et hypothèques. *Cod. liv.* 8, *tit.* 14.

25.

(De) Pistoribus. *Cod. lib.* 11, *tit.* 15.

Abr. *cod. de pistor.*

25.

Des Boulangers. *Cod. liv.* 11, *tit.* 15.

26.

(De) Plus petitionibus. *Cod. lib.* 3, *tit.* 10.

Abr. *cod. de plus pet.*

26.

De la demande d'une plus grande somme que celle qui est due. *Cod. liv.* 3, *tit.* 10.

27.

Plus valere quod agitur, quàm quod simulatè concipitur. *Cod. lib.* 4, *tit.* 22.

Abr. *cod. plus val. q. ag.*

27.

Ce qui a été réellement fait dans un acte, a plus de force que les termes dont les parties se sont servies pour le colorer. *Cod. liv.* 4, *tit.* 22.

28.

(De) Pœnis. *Cod. lib.* 9, *tit.* 47.

Abr. *cod. de pœn.*

28.

Des peines. *Cod. liv.* 9, *tit.* 47.

29.

(De) Pœnis fiscalibus Creditores præferri. *Cod. lib.* 10, *tit.* 7.

Abr. *cod. de pœn. fisc.*

29.

Des cas où les Créanciers des condamnés doivent être préférés au fisc. *Cod. liv.* 10, *tit.* 7.

30.

(De) Pœnâ Judicis qui malè judicavit, vel ejus qui Judicem vel Adversarium corrumpere curavit. *Cod. lib.* 7, *tit.* 49.

Abr. *cod. de pœn. jud. q. malè jud.*

30.

De la peine du Juge qui a mal jugé, et de celui qui a tenté de corrompre le juge ou son Adversaire. *Cod. liv.* 7, *tit.* 49.

P

31.

(De) Ponderatoribus, et auri illatione. *Cod. lib.* 10, *tit.* 71. Abr. *cod. de pond. et aur. ill.*

Des Essayeurs de l'or apporté par les Contribuables. *Cod. liv.* 10 , *tit.* 71.

32.

(De) Postliminio reversis, et redemptis ab Hostibus. *Cod. lib.* 8, *tit.* 51. Abr. *cod. de postlim. rev.*

Du *postliminium*, et des Captifs rachetés. *Cod. liv.* 8, *tit.* 51.

33.

(De) Posthumis Hæredibus instituendis, vel exhæredandis, vel præteritis. *Cod. lib.* 6, *tit.* 29. Abr. *cod. de posthum. hæred.*

De l'obligation d'instituer ou d'exhéréder les posthumes et de leur prétérition. *Cod. liv.* 6, *tit.* 29.

34.

(De) Postulando. *Cod. lib.* 2, *tit.* 6. Abr. *cod. de postul.*

De la plaidoirie. *Cod. liv.* 2, *tit.* 6.

35.

(De) Potioribus ad munera nominandis. *Cod. lib.* 10, *tit.* 65. Abr. *cod. de pot. ad mun.*

Dé la nomination de ceux qui sont les plus propres à remplir les emplois. *Cod. liv.* 10, *tit.* 65.

36.

(De) Præbendo salario. *Cod. lib.* 10, *tit.* 36. Abr. *cod. de præb. sal.*

Que tout salaire soit payé d'après l'ordre du Prince. *Cod. liv.* 10, *tit.* 36.

37.

(De) Prædiis Decurionum sine decreto non alienandis. *Cod. lib.* 10, *tit.* 33. Abr. *cod. de præd. decur.*

De la défense d'aliéner les biens des Décurions, sans un décret. *Cod. lib.* 10, *tit.* 33.

P

38.

(De) Prædiis et aliis rebus Minorum sine decreto non alienandis vel obligandis. *Cod. lib.* 5, *tit.* 71.

Abr. *cod. de præd. et al. reb. min.*

Des défenses d'aliéner ou d'engager les biens fonciers et autres biens des Mineurs, sans l'intervention d'un décret. *Cod. liv.* 5, *tit.* 71.

39.

(De) Prædiis et omnibus rebus Naviculariorum. *Cod. lib.* 11, *tit.* 2.

Abr. *cod. de præd. et omn. reb. nav.*

Des domaines et de tous les biens des Maîtres de vaisseau, *Cod. liv.* 11, *tit.* 2.

40.

(De) Prædiis tamiacis, et de his qui ex Colonis Dominicis aliisque liberæ conditionis procreantur. *Cod. lib.* 11, *tit.* 68.

Abr. *cod. de præd. tam.*

Des fonds dont les revenus sont destinés à la nourriture de la maison du Prince et de ceux qui sont exploités par les Colons du Prince et d'autres de condition libre. *Cod. liv.* 11, *tit.* 68.

41.

(De) Præfectis prætorio, sive urbi, et Magistris militum in dignitatibus exæquandis. *Cod. lib.* 12, *tit.* 4.

Abr. *cod. de præf. præt. siv. urb.*

Des Préfets du prétoire ou de la ville, et des Généraux égaux en dignité. *Cod. liv.* 12, *tit.* 4.

42.

(De) Præpositis Agentium in rebus. *Cod. lib.* 12, *tit.* 21.

Abr. *cod. de præpos. agent.*

Des Intendans de ceux qui gèrent les affaires publiques. *Cod. liv.* 12, *tit.* 21.

43.

(De) Præpositis laborum. *Cod. lib.* 12, *tit.* 18.

Abr. *cod. de præp. lab.*

Des préposés des travaux. *Cod. liv.* 12, *tit.* 18.

P

44.

(De) Præpositis sacri cubiculi et de omnibus cubiculariis, et privilegiis eorum. *Cod. lib.* 12, *tit.* 5.

Abr. *cod. de præp. sac. cub.*

44.

Du grand Chambellan du Prince des Valets de chambre et de leurs privilèges. *Cod. liv.* 12, *tit.* 5.

45.

(De) Præscriptione longi temporis decem vel viginti annorum. *Cod. lib.* 7 , *tit.* 33.

Abr. *cod. de præsc. long. temp.*

45.

De la prescription de long-tems formée par dix ou vingt années. *Cod. liv.* 7 , *tit.* 33.

46.

(De) Præscriptione triginta vel quadraginta annorum. *Cod. lib.* 7 , *tit.* 39.

Abr. *cod. de præsc.* 30 *v.* 40 *ann.*

46.

De la prescription de trente et de quarante ans. *Cod. liv.* 7, *tit.* 39.

47.

(De) Prætoribus et honore præturæ , et collatione et gleba, et folli , et septem solidorum functione sublata, *Cod. lib.* 12 , *tit.* 2.

Abr. *cod. de præt. et hon præt.*

47.

Des Préteurs , de l'honneur de la préture , et de la suppression de tout tribut les concernant. *Cod. liv.* 12 , *tit.* 2.

48.

(De) Prætorio pignore : et ut in actionibus etiam débitorum missio prætorii pignoris procedat. *Cod. lib.* 8 , *tit.* 22.

Abr. *cod. de præt. pign.*

48.

Du gage prétorien et de son extension sur les actions même du debiteur. *Cod. liv.* 8 , *tit.* 22.

49.

(De) Precario et salviano interdicto. *Cod. lib.* 8, *tit.* 9.

Abr. *cod. de prec. et salv.*

49.

Des Interdits précaire et salvien. *Cod. liv.* 8, *tit.* 9.

P

5o.

(De) Precibus Imperatori offerendis , et de quibus rebus supplicare liceat', vel non. *Cod. lib.* i , *tit.* 19.

Abr. *cod. de prec. imp. off.*

5o.

Des requêtes qu'on doit présenter à l'Empereur , et des objets sur lesquels on peut ou on ne peut pas en présenter. *Cod. liv.* i , *tit.* 19.

51.

(De) Primicerio et Secundicerio et Notariis. *Cod. lib.* 12, *tit.* 7.

Abr. *cod. de prim. et secund. et not.*

51.

Des Primiciers , des Secondaires et des Notaires. *Cod. liv.* 12, *tit.* 7.

52.

(De) Primipilo. *Cod. lib.* 12, *tit.* 63.

Abr. *cod. de primip.*

52.

Du Capitaine de la dixième légion appelé *primipile.* *Cod.* *liv.* 12, *tit.* 63.

53.

(De) Principibus agentium in rebus. *Cod. lib.* 12 , *tit.* 22.

Abr. *cod. de princ. ag. in reb.*

53.

Des chefs de ceux qui gèrent les affaires publiques. *Cod.* *liv.* 12 , *tit.* 22.

54.

(De) Privatis carceribus inhibendis. *Cod. lib.* 9 , *tit.* 5.

Abr. *cod. de priv. carc. inh.*

54.

De la défense d'avoir chez soi des prisons privées. *Cod. liv.* 9 , *tit.* 5.

55.

(De) Privilegiis corporatorum urbis Romæ. *Cod. lib.* 11 , *tit.* 14.

Abr. *cod. de priv. corp.*

55.

Des privilèges des corporations de la ville de Rome. *Cod.* *liv.* 11 , *tit.* 14.

56.

(De) Privilegiis domus Augustæ vel rei privatæ , et quarum collationum excusationem habent. *Cod. lib.* 11, *tit.* 74.

Abr. *cod. de priv. dom. Aug.*

56.

Des privilèges de la maison du Prince et de son patrimoine, et de quels tributs ils sont exemptés. *Cod. liv.* 11 , *tit.* 74.

P

57.

(De) Privilegio dotis. *Cod. lib.* 7 , *tit.* 74.
Abr. *cod. de priv. dot.*

Du privilège de la dot. *Cod. liv.* 7 , *tit.* 74.

58.

(De) Privilegiis eorum qui in sacro palatio militant. *Cod. lib.* 12 , *tit.* 29.
Abr. *cod. de priv. e. q. in sac. pal.*

Des privilèges de ceux qui ont des fonctions dans le palais du Prince. *Cod. liv.* 12 , *tit.* 29.

59.

(De) Privilegio fisci. *Cod. lib.* 7 , *tit.* 73.
Abr. *cod. de priv. fisci.*

Du privilège du fisc. *Cod. liv.* 7 , *tit.* 73.

60.

(De) Privilegiis scholarum. *Cod. lib.* 12 , *tit.* 3o.
Abr. *cod. de priv. schol.*

Des privilèges des écoles militaires. *Cod. liv.* 12 , *tit.* 3o.

61.

(De) Privilegiis urbis Constantinopolitanæ. *Cod. lib.* 11 , *tit.* 20.
Abr. *cod. de priv. urb. Const.*

Des privilèges de la ville de Constantinople. *Cod. liv.* 11 , *tit.* 20.

62.

(De) Probationibus. *Cod. lib.* 4 , *tit.* 19.
Abr. *cod. de prob.*

Des preuves. *Cod. liv.* 4 , *tit.* 19.

63.

(De) Procuratoribus. *Cod. lib.* 2 , *tit.* 13.
Abr. *cod. de proc.*

Des Procureurs. *Cod. liv.* 2 , *tit.* 13.

P

64.

(De) Professoribus et Medicis.
Cod. lib. 10, tit. 52.
Abr. cod. de prof. et med.

64.

Des Professeurs et des Médecins.
Cod. liv. 10, tit. 52.

65.

(De) Professoribus qui in urbe
Constantinopolitanà docentes,
ex lege meruerunt comitivam.
Cod. lib. 12, tit. 15.
Abr. cod. de prof. q. in urb.
Const.

65.

Des Professeurs enseignans dans
la ville de Constantinople ,
qui ont mérité, d'après la loi,
la dignité de Comte. Cod.
liv. 12, tit. 15.

66.

(De) Prohibitità sequestratione
pecuniæ. Cod. lib. 4, tit. 4.
Abr. cod. de proh. seq. pec.

66.

De la prohibition du séquestre
de l'argent. Cod. liv. 4, tit. 4.

67.

Pro quibus causis Servi pro
præmio libertatem accipiunt.
Cod. lib. 7, tit. 13.
Abr. cod. pro quib. caus. serv.

67.

Des causes pour lesquelles les
Esclaves peuvent obten'r la
liberté ou récompense. Cod.
liv. 7, tit. 13.

68.

Pro Socio. Cod. lib. 4, tit. 37.
Abr. cod. pro soc.

68.

De l'action qui naît de la Société.
Cod. liv. 4, tit. 37.

69.

(De) Proximis sacrorum Scriniorum , cæterisque qui in
sacris scriniis militant. Cod.
lib. 12, tit. 19.
Abr. cod. de prox. sacr. scrin.

69.

De ceux qui remplacent les
Maîtres des requêtes , et des
autres employés qui sont attachés au cabinet du Prince.
Cod. liv. 12, tit. 19.

70.

Publicæ lætitiæ vel Consulum
Nunciatores, vel Insinuatores
constitutionum , et aliarum
sacrarum vel judicialium lite-

70.

Que ceux qui apportent la nouvelle de quelque réjouissance
publique ou de la nomination
des Consuls, de même que

P

tarum, ex descriptione, vel ab invitis ne quid accipiant immodicum. *Cod. lib.* 12, *tit.* 64.

Abr. *cod. pub. lætit.*

ceux qui publient les constitutions ou autres écritures du Prince, ne reçoivent rien d'exhorbitant de la part des sujets contre leur gré ou par imposition. *Cod. liv.* 12, *tit.* 64.

～～～～

Q

Institutionum.

Des Institutes.

N°. 1.

Quibus alienare licet, vel non. *Inst. lib.* 2, *tit.* 8.
Abr. *inst. quib. alien. lic.*

N°. 1.

De ceux qui peuvent aliéner: ou qui ne le peuvent pas. *Inst. liv.* 2, *tit.* 8.

2.

Quibus ex causis manumittere non licet. *Inst. lib.* 1, *tit.* 6.
Abr. *inst. quib. ex caus. manum.*

2.

Des Personnes à qui il n'est pas permis d'affranchir, et pour quelles raisons. *Inst. liv.* 1, *tit.* 6.

3.

Quibus modis jus patriæ potestatis tollitur. *Inst. lib.* 1, *tit.* 12.
Abr. *inst. quib. mod. jus pat. potest.*

3.

Des moyens qui délivrent de la puissance paternelle. *Inst. liv.* 1, *tit.* 12.

4.

Quibus modis re contrahitur obligatio. *Inst. lib.* 3, *tit.* 15.
Abr. *inst. quib. mod. re cont. oblig.*

4.

De quelles manières se contracte l'obligation. *Inst. liv.* 3, *tit.* 15.

5.

Quibus modis testamenta infirmantur. *Inst. lib.* 2, *tit.* 17.
Abr. *inst. quib. mod. test. inf.*

5.

Par quelles manières les testamens sont infirmés. *Inst. liv.* 2, *tit.* 17.

Q

6.

Quibus modis tollitur óbligatio. *Inst. lib.* 3, *tit.* 30.
Abr. *inst. quib. mod. toll. oblig.*

6.

Par quelles manières une obli-gation se dissout. *Inst. liv.* 3, *tit.* 30.

7.

Quibus modis tutela finitur. *Inst. lib.* 1, *tit.* 22.
Abr. *inst. quib. mod. tut. fin.*

7.

Par quels moyens la tutelle finit. *Inst. liv.* 1, *tit.* 22.

8.

Quibus non est permissum facere testamentum. *Inst. lib.* 2, *tit.* 12.
Abr. *inst. quib. n. est perm. fac. test.*

8.

De ceux à qui il n'est pas permis de faire un testament. *Inst. liv.* 2, *tit.* 12.

9.

Qui testamento tutore dari pos-sunt. *Inst. lib.* 1, *tit.* 14.
Abr. *inst. qui test. d. poss.*

9.

De ceux qu'on peut donner Tuteur par testament. *Inst. liv.* 1, *tit.* 14.

10.

Qui cum eo, qui in alienâ potestate est, negotium gestum esse dicitur. *Inst. lib.* 4, *tit.* 7.
Abr. *inst. qui cum e. q. in al.*

10.

De ce qu'on dit avoir été fait par celui qui est en la puis-sance d'autrui. *Inst. liv.* 4, *tit.* 7.

~~~~~

Digestorum.

Nᵒ. 1.

Quæ in fraudem Creditorum facta sunt, ut restituantur. ff. *lib.* 42, *tit.* 9.
Abr. *ff. quæ in fraud. cred.*

Du Digeste.

Nᵒ. 1.

De la révocation des actes faits en fraude des Créanciers. *Dig. liv.* 42, *tit.* 9.

2.

Quæ res pignori vel hypothecæ datæ obligari non possunt. ff. *lib.* 20, *tit.* 3.
Abr. *ff. quæ res pign.*

2.

Des choses qui ne peuvent point être valablement engagées ou hypothéquées. *Dig. liv.* 20, *tit.* 3.

Q

3.

Quæ sententiæ sine appellatione rescindantur. fl. *lib.* 49, *tit.* 8.
Abr. *ff. quæ sent. sin. appell.*

3.

Quels jugemens peuvent être réformés sans appel. *Dig. liv.* 49, *tit.* 8.

4.

(De) Quæstionibus. ff. *lib.* 48, *tit.* 18.
Abr. *ff. de quæst.*

4.

De la question. *Dig. liv.* 48, *tit.* 18.

5.

Quando de peculio actio annalis est. ff. *lib.* 15, *tit.* 2.
Abr. *ff. quando de pec.*

5.

Des cas où l'action sur le pécule se prescrit par l'espace d'une année. *Dig. liv.* 15, *tit.* 2.

6.

Quando appellandum sit, et intrà quæ tempora. ff. *lib.* 49, *tit.* 4.
Abr. *ff. quando appell.*

6.

Quand on peut appeler, et jusqu'à quel tems. *Dig. liv.* 49, *liv.* 4.

7.

Quando dies legatorum vel fideicommissorum cedat. ff. *lib.* 36, *tit.* 2.
Abr. *ff. quando dies leg.*

7.

Du jour de l'ouverture des legs ou du fidéicommis. *Dig. liv.* 36, *tit.* 2.

8.

Quando dies ususfructus legati cedat. ff. *lib.* 7, *tit.* 3.
Abr. *ff. quando dies ususf. leg. ced.*

8.

De l'époque où le legs de l'usufruit commence à être dû. *Dig. liv.* 7, *tit.* 3.

9.

Quando ex facto Tutoris vel Curatoris Minores agere vel conveniri possunt. ff. *lib.* 26, *tit.* 9.
Abr. *ff. quando ex fact. tut.*

9.

Des cas où les Mineurs peuvent actionner et être actionnés en conséquence de ce qui a été fait par leurs Tuteurs ou Curateurs. *Dig. liv.* 26, *tit.* 9.

Q

10.

Quarum rerum actio non datur. ff. *lib.* 44, *tit.* 5.
Abr. *ff. quar. rer. act. n. dat.*

10.

Des cas où on refuse toute espèce d'action. *Dig. liv.* 44, *tit.* 5.

11.

Quemadmodum servitutes amittuntur. ff. *lib.* 8, *tit.* 6.
Abr. *ff. quemad. serv. amitt.*

11.

Comment les servitudes s'éteignent. *Dig. liv.* 8, *tit.* 6.

12.

Quibus ad libertatem proclamare non licet. ff. *lib.* 40, *tit.* 13.
Abr. *ff. quib. ad lib. proc.*

12.

De ceux qui ne sont point admis à réclamer la liberté. *Dig. liv.* 40, *tit.* 13.

13.

Quibus ex causis in possessionem eatur. ff. *lib.* 42, *tit.* 4.
Abr. *ff. quib. ex caus. in poss.*

13.

Des causes pour lesquelles on envoie en possession. *Dig. liv.* 42, *tit.* 4.

14.

Quibus modis pignus vel hypotheca solvitur. ff. *lib.* 20, *tit.* 6.
Abr. *ff. quib. mod. pig. vel hyp.*

14.

Des manières d'éteindre l'obligation du gage ou de l'hypothèque. *Dig. liv.* 20, *tit.* 6.

15.

Quibus modis ususfructus, vel usus amittitur. ff. *lib.* 7, *tit.* 4.
Abr. *ff. quib. mod. ususf.*

15.

De quelles manières on perd l'usufruit, ou l'usage. *Dig. liv.* 7, *tit.* 4.

16.

(De) Quibus rebus ad eumdem Judicem eatur. ff. *lib.* 11, *tit.* 2.
Abr. *ff. de quib. reb. ad e. jud.*

16.

Des affaires que l'on peut plaider devant le même juge. *Dig. liv.* 11, *tit.* 2.

17.

Quibus non competit bonorum possessio. ff. *lib.* 38, *tit.* 13.
Abr. *ff. quib. n. comp. bon. poss.*

17.

De ceux qui ne sont point admis à la succession prétorienne. *Dig. liv.* 38, *tit.* 13.

Q

18.

Qui et à quibus manumissi liberi non fiant : et ad legem Æliam Sentiam. ff. *lib.* 40, *tit.* 9.
Abr. *ff. qui et à quib. manum.*

De ceux dont l'affranchissement est nul, des Personnes qui ne peuvent pas affranchir valablement; et sur la loi *Ælia Sentia. Dig. liv.* 40, *tit.* 9.

19.

Qui petant Tutores, vel Curatores : et ubi petantur. ff. *lib.* 26, *tit.* 6.
Abr. *ff. qui pet. tut.*

De ceux qui doivent demander des Tuteurs et des Curateurs pour les Pupilles et les Mineurs, et de ceux à qui il faut les demander. *Dig. liv.* 26, *tit.* 6.

20.

Qui potiores in pignore vel hypothecâ habeantur : et de his qui in priorum creditorum locum succedunt. ff. *lib.* 20, *tit.* 4.
Abr. *ff. qui pot. in pign.*

De la préférence entre les créanciers hypothécaires, et de ceux qui se font subroger aux premiers créanciers. *Dig. liv.* 20, *tit.* 4.

21.

Qui satisdare cogantur, vel jurato promittant, vel suæ promissioni committantur. ff. *lib.* 2, *tit.* 8.
Abr. *ff. qui satid. cog.*

De ceux qui sont tenus de donner caution, de ceux de qui on exige un serment, et de ceux de qui on n'exige que la parole. *Dig. liv.* 2, *tit.* 8.

22.

Qui sine manumissione ad libertatem perveniunt. ff. *lib.* 40, *tit.* 8.
Abr. *ff. qui s. manum. ad. lib.*

De ceux qui parviennent à la liberté sans affranchissement. *Dig. liv.* 40, *tit.* 8.

23.

Qui testamenta facere possunt : et quemadmodum testamenta fiant. ff. *lib.* 28, *tit.* 1.
Abr. *ff. qui test. fac. poss.*

De ceux qui ont le droit de faire un testament, et des formalités qu'on y doit observer. *Dig. liv.* 28, *tit.* 1.

Q

24.

Quis a quo appelletur. ff. *lib.*
49, *tit.* 3.
Abr. *ff. quis et a quo appell.*

24.

A qui et de qui on appelor
Dig. liv. 49, *tit.* 3.

25.

Quis ordo in bonorum possessione servetur. ff. *lib.* 38,
tit. 15.
Abr. *ff. quis ord. in bon. poss.*

25.

De l'ordre établi pour les successions prétoriennes. *Dig.*
liv. 38, *tit.* 15.

26.

Quod cujuscumque universitatis
nomine, vel contra cam agatur. ff. *lib.* 3, *tit.* 4.
Abr. *ff. quod. cujusc. univ.*

26.

De la manière de procéder pour
ou contre une communauté.
Dig. liv. 3, *tit.* 4.

27.

Quod cum eo qui in aliena potestate est, negotium gestum
esse dicetur. ff. *lib.* 14, *tit* 5.
Abr. *ff. quod c. eo. q. in al.*
potest.

27.

Des actions qui descendent des
contrats passés avec ceux qui
sont sous la puissance d'autrui.
Dig. liv. 14 *tit.* 5.

28.

Quod falso Tutore auctore gestum esse dicatur. ff. *lib.* 27,
tit. 6.
Abr. *ff. quod fals. tut.*

28.

De ce qui est fait par le Pupille sous l'autorité d'un faux
Tuteur. *Dig. liv.* 27, *tit.* 6.

29.

Quod jussu ff. *lib.* 15, *tit.* 4.
Abr, *ff. quod juss.*

29.

De l'action qui appartient au
Créancier contre le Père ou
le Maître, par l'ordre desquels l'obligation du Fils ou
de l'Esclave a été contractée.
Dig. liv. 15, *tit.* 4.

Q

30.	30.
Quod legatorum ff. *lib.* 43, *tit.* 3. Abr. *ff. quod leg.*	De l'interdit *quod legatorum*. *Dig. liv.* 43, *tit.* 3.
31.	31.
Quod metùs causâ gestum erit. ff. *lib.* 4, *tit.* 2. Abr. *ff. quod met. caus. gest.*	De ce qui aura été fait par crainte. *Dig. liv.* 4, *tit.* 2.
32.	32.
Quod quisque juris in alterum statuerit, ut ipse eodem jure utatur. ff. *lib.* 2, *tit.* 2. Abr. *ff. quod quisq. jur. in alt.*	Que chacun se serve pour lui-même, du droit qu'il a établi contre un autre. *Dig. liv.* 2, *tit.* 2.
33.	33.
Quod vi aut clam. ff. *lib.* 43, *tit.* 24. Abr. *ff. quod vi aut cl.*	De l'interdit concernant les ouvrages entrepris au préjudice d'autrui ou violemment ou clandestinement. *Dig. liv.* 43. *tit.* 24.
34.	34.
Quorum bonorum. ff. *liv.* 43, *tit.* 2. Abr. *ff. quor. bon.*	De l'interdit *quorum bonorum*. *Dig. liv.* 43, *tit.* 2.

⌇⌇⌇⌇

Codicis.	*Code Justinien.*
N°. 1.	N°. 1.
(De) Quadriennii præscriptione. *Cod. lib.* 7, *tit.* 37. Abr. *cod. de quadrien. præsc.*	De la prescription de quarante ans. *Cod. liv.* 7, *tit.* 37.
2.	2.
Quæ res exportari non debeant, *Cod. lib.* 4, *tit.* 41. Abr. *cod. quæ res export. non deb.*	Des choses dont l'exportation est défendue. *Cod. liv.* 4, *tit.* 41.

Q

3.

Quæ res pignori obligari pos-sunt vel non, et qualiter pignus contrahatur. *Cod. lib.* 8, *tit.* 17.
Abr. *cod. quæ res. pign. oblig. poss.*

3.

Comment une chose est donnée en gage, et quelles choses peuvent ou ne peuvent pas être données à ce titre. *Cod. liv.* 8, *tit.* 17.

4.

Quæ res vendi non possunt, et qui vendere, vel emere velantur. *Cod. lib.* 4, *tit.* 40.
Abr. *cod. quæ res vend. non poss.*

4.

Des choses qui ne peuvent pas être vendues et de ceux qui ne peuvent vendre ou acheter. *Cod. liv.* 4, *tit.* 40.

5.

Quæ sit longa consuetudo. *Cod. lib.* 8, *tit.* 53.
Abr. *cod. quæ sit long. consuct.*

5.

Du long usage. *Cod. liv.* 8, *tit.* 53.

6.

(De) Quæstionibus. *Cod. lib.* 9, *tit.* 41.
Abr. *cod. de quæstion.*

6.

De la question ou des tourmens. *Cod. liv.* 9, *tit.* 41.

7.

(De) Quæstoribus et Magistris officiorum et Comitibus sa-crarum largitionum, et rei privatæ. *Cod. lib.* 12, *tit.* 6.
Abr. *cod. de quæstor. et magistr. offic.*

7.

Des Quêteurs, des Maîtres des offices, des Comtes des lar-gesses et des affaires privées. *Cod. liv.* 12, *tit.* 6.

8.

Quando civilis actio criminali præjudicet, et an utraque ab eodem exerceri possit. *Cod. lib.* 9, *tit.* 31.
Abr. *cod. quand. civ. act. crim. præjud.*

8.

Des cas où l'action civile pré-juge l'action criminelle, et si les deux actions peuvent être exercées par le même et dans le même tems. *Cod. liv.* 9, *tit.* 31.

Q

9.

Quando decreto opus non est.
Cod. lib. 5, tit. 72.
Abr. cod. quand. decret. op.
non est.

De l'aliénation des biens des Mineurs peut se faire sans décret. Cod. liv. 5, tit. 72.

10.

Quando dies legati vel fidei-
commissi cedit. Cod. lib. 6,
tit. 53.
Abr. cod. quand. dies legat.
vel fideicomm.

De l'époque où les legs et les fidéicommis sont dùs. Cod. liv. 6, tit. 53.

11.

Quando et quibus quarta pars
debetur ex bonis Decurionum,
et de modo distributionis
eorum. Cod. lib. 10, tit. 34.
Abr. cod. quand. et quib. quart.
pars deb. ex bon. dec.

Quand et à qui la quatrième partie des biens des Décurions est due, et du mode de leur distribution. Cod. liv. 10, tit. 34.

12.

Quando ex facto Tutoris vel
Curatoris Minores agere, vel
conveniri possunt. Cod. lib.
5, tit. 39.
Abr. cod. quand. ex fact. tutor.
vel curat. min. agere.

Des cas où les Mineurs peuvent actionner et être actionnés par suite du fait de leur Tuteur ou Curateur. Cod. liv. 5, tit. 39.

13.

Quando fiscus vel privatus debitoris, sui debitores conve-
nire possit, vel debeat. Cod.
lib. 4, tit. 15.
Abr. cod. quand. fisc. vel privat.
debit. s. debit.

Des cas où le fisc ou les particuliers peuvent poursuivre les débiteurs de leurs débiteurs. Cod. liv. 4, tit. 15.

Q

14.

Quando Imperator inter Pupillos vel Viduas, vel alias miserabiles Personas cognoscat : et ne exhibeantur. *Cod. lib.* 3, *tit.* 14.

Abr. *cod. imperat. int. pupill. et vid.*

14.

Que des Pupilles, des Veuves; et les autres Personnes qui sont incapables de se défendre elles-mêmes, ne soient point forcées de paraître devant l'Empereur. *Cod. liv.* 3, *tit.* 14.

15.

Quando libellus Principi datus, litis contestationem faciat. *Cod. lib.* 1, *tit.* 20.

Abr. *cod. quand. lib. princip. dat.*

15.

Que la contestation en cause ait lieu lorsqu'il a été présenté requête à l'Empereur, *Cod. liv.* 1, *tit.* 20.

16.

Quando liceat ab emptione discedere. *Cod. lib.* 4, *tit.* 45.

Abr. *cod. quand. lic. ab empt. disced.*

16.

Des cas où il est permis de négliger l'exécution d'un contrat de vente. *Cod. liv.* 4, *tit.* 45.

17.

Quando liceat unicuique sine Judice se vindicare, vel publicam devotionem. *Cod. lib.* 3, *tit.* 27.

Abr. *cod. quand. lic. unicuiq. sin. jud. se vind.*

17.

Des cas où il est permis de se venger de ses propres mains, ou de venger le serment militaire. *Cod. liv.* 3, *tit.* 27.

18.

Quando Mulier tutelæ officio fungi potest. *Cod. lib.* 5, *tit.* 35.

Abr. *cod. quand. mul. tut. offic. fung. pot.*

18.

Du cas où une femme peut administrer une tutelle. *Cod. liv.* 5, *tit.* 35.

Q

19.

Quando non Petentium partes Petentibus accrescant. *Cod. lib.* 6, *tit.* 10.
Abr. *cod. quand. non petent. part. petent. accresc.*

19.

Du cas où la portion des non Demandans accroît à ceux qui ont demandé la possession des biens. *Cod. liv.* 6, *tit.* 10.

20.

Quando provocare non est necesse. *Cod. lib.* 7, *tit.* 64.
Abr. *cod. quand. provoc. non est necess.*

20.

Des cas où il n'est pas nécessaire d'appeler. *Cod. liv.* 7, *tit.* 64.

21.

Quando Tutores vel Curatores esse desinant. *Cod. lib.* 5, *tit.* 60.
Abr. *cod. quand. tut. vel curat. ess. desin.*

21.

De l'époque à laquelle les Tuteurs ou les Curateurs cessent leurs fonctions. *Cod. liv.* 5, *tit.* 60.

22.

Quemadmodum civilia munera indicuntur. *Cod. lib.* 10, *tit.* 42.
Abr. *cod. quemadm. civil. mun. indic.*

22.

De l'ordre qu'on doit garder dans la distribution des emplois civils. *Cod. liv.* 10, *tit.* 42.

23.

Quemadmodum testamenta aperiantur, inspiciantur et describantur. *Cod. lib.* 6, *tit.* 32.
Abr. *cod. quemadm. testament. aper. inspic. et describ.*

23.

De l'ouverture des testamens et des lectures et des copies qu'on peut en prendre. *Cod. liv.* 6, *tit.* 32.

24.

Qui accusare non possunt. *Cod. lib.* 9, *tit.* 1.
Abr. *cod. qui accus. non poss.*

24.

De ceux qui ne peuvent se porter accusateurs. *Cod. liv.* 9, *tit.* 1.

Q

25.

Qui admitti ad bonorum possessionem possunt, et intra
quod tempus. *Cod. lib.* 6,
tit. 9.
Abr. *cod. qui admitt. ad bonor.*
possess. poss.

25.

De ceux qui peuvent être admis
à la possession des biens, et
du délai pendant lequel on
doit la demander. *Cod. liv.* 6,
tit. 9.

26.

Qui ætate se excusant. *Cod.*
lib. 5, *tit.* 68.
Abr. *cod. qui ætat. se excus.*

26.

De l'âge qui excuse de la tutelle
et de la curatelle. *Cod. liv.*
5, *tit.* 68.

27.

Qui ætate vel professione se
excusant. *Cod. lib.* 10, *tit.* 49.
Abr. *cod. qui ætat. vel profess.*
se excus.

27.

Des excuses qui résultent de
l'âge ou de la profession. *Cod.*
liv. 10, *tit.* 49.

28.

Qui bonis cedere possunt. *Cod.*
lib. 7, *tit.* 71.
Abr. *cod. qui bon. cedere poss.*

28.

De ceux qui peuvent faire cession de biens. *Cod. liv.* 7,
tit. 71.

29.

Quibus ad conductionem prædiorum fiscalium accedere
non licet. *Cod. lib.* 11, *tit.* 72.
Abr. *cod. quib. ad cond. præd.*

29.

De ceux à qui il n'est pas permis
de louer les fonds du fisc.
Cod. liv. 11, *tit.* 72.

30.

Quibus ad libertatem proclamare
non licet : et de rebus eorum
qui ad libertatem proclamare
prohibentur. *Cod. lib.* 7, *tit.*
18.
Abr. *cod. quib. ad lib. proc. n.*
licet.

30.

Des Esclaves auxquels il n'est
pas permis de se proclamer
en liberté, et des biens de
ceux qui peuvent réclamer la
liberté. *Cod. liv.* 7, *tit.* 18.

Q

31.

Quibus ex causis Majores in integrum restituantur. *Cod. lib.* 2, *tit.* 54.

Abr. *cod. quib. ex caus. maj. in int. rest.*

Pour quelles causes les Majeurs sont restitués en entier. *Cod. liv.* 2, *tit.* 54.

32.

Quibus muneribus excusentur hi qui post impletam militiam vel advocationem per provincias suis commodiis vacantes commorantur, et de privilegiis eorum et de conductoribus vectigalium fisci. *Cod. lib.* 10, *tit.* 55.

Abr. *cod. quib. mun. excus.*

De quels emplois sont excusés ceux qui, après avoir rempli le tems du service militaire, ou les fonctions d'Avocats dans les provinces, se livrent à leurs affaires particulières ; de leurs privilèges, et des Fermiers des impôts publics. *Cod. liv.* 10, *tit.* 55.

33.

(De) Quibus muneribus vel præstationibus nemini liceat se excusare. *Cod. lib.* 10, *tit.* 48.

Abr. *cod. de quib. mun. vel præst.*

Des cas où il n'est permis à personne de s'excuser pour certaines charges ou fournitures. *Cod. liv.* 10, *tit.* 48.

34.

Quibus non objicitur longi temporis præscriptio. *Cod. lib.* 7, *tit.* 35.

Abr. *cod. quib. n. obj. long. temp. præsc.*

De ceux à qui on ne peut opposer la prescription de long-tems. *Cod. liv.* 7, *tit.* 35.

35.

Quibus res judicata non nocet. *Cod. lib.* 7, *tit.* 56.

Abr. *cod. quib. res jud. n. noc.*

De ceux qui ne peuvent éprouver aucun tort de la chose jugée. *Cod. lib.* 7, *tit.* 56.

Q

36.

Qui dare Tutores vel Curatores possunt, et qui dari non possunt. *Cod. lib.* 5 , *tit.* 34. br. *cod. qui dare tut. vel cur.*

De ceux qui ne peuvent nommer des Tuteurs ou des Curateurs , et de ceux qui ne peuvent être nommés à ces fonctions. *Cod. liv.* 5, *tit.* 34.

37.

Qui et adversus quos in integrum restitui non possunt. *Cod. lib.* 2 , *tit.* 42. br. *cod. qui et adv. q. in int. rest.*

De ceux en faveur de qui et contre qui la restitution en entier ne peut avoir lieu, *Cod. liv.* 2 , *tit.* 42.

38.

Qui legitimam personam standi in judiciis habeant vel non. *Cod. lib.* 3 , *tit.* 6. br. *cod. qui leg. pers. stand.*

De ceux qui peuvent ou ne peuvent pas ester en justice, *Cod. liv.* 3 , *tit.* 6.

39.

Qui manumittere non possunt : et ne in fraudem creditorum manumittatur *Cod. lib.* 7 , *tit.* 11. br. *cod. qui manum. n. poss.*

De ceux qui ne peuvent affranchir, et des affranchissemens faits en fraude des créanciers, *Cod. liv.* 7 , *tit.* 11.

40.

Qui militare possunt , vel non : et de servis ad militiam vel dignitatem aspirantibus : et ut nemo duplici militiâ , vel dignitate et militiâ simul utatur. *Cod. lib.* 12 , *tit.* 34. br. *cod. qui milit. poss. vel non.*

De ceux qui peuvent ou ne peuvent pas entrer dans le service militaire : des Esclaves qui aspirent au service militaire ou à quelque dignité : et que personne ne puisse en même tems être Militaire et exercer quelque autre emploi, *Cod. liv.* 12 , *tit.* 34.

Q

41.

Qui mbrbo se excusant. *Cod. lib.* 5 , *tit.* 67.

Abr. *cod. qui morb. se excus.*

Des maladies qui excusent de la tutelle et de la curatelle. *Cod. liv.* 5 , *tit.* 67.

42.

Qui morbo se excusant. *Cod. lib.* 10 , *tit.* 5o.

Abr. *cod. qui mob. se excus.*

De ceux qui s'excusent pour cauſe de maladie. *Cod. liv.* 10 , *tit.* 5o.

43.

Qui non possunt ad libertatem pervenire. *Cod. lib.* 7 , *tit.* 12.

Abr. *cod. qui non poss. ad libert. perven.*

De ceux qui ne peuvent être affranchis. *Cod. liv.* 7 , *tit.* 12.

44.

Qui numero liberorum se excusant. *Cod. lib.* 5 , *tit.* 66.

Abr. *cod. qui num. liber.*

De ceux qui s'excusent de la tutelle ou de la curatelle à cause du nombre de leurs enfans. *Cod. liv.* 5 , *tit.* 66.

45.

Qui numero tutelarum se excusant. *Cod. lib.* 5 , *tit.* 69.

Abr. *cod. qui numer tutel.*

Du nombre de tutelles ou curatelles suffisant pour dispenser des autres dont on pourrait être chargé en même tems. *Cod. liv.* 5 , *tit.* 69.

46.

Qui petant Tutores vel Curatores. *Cod. lib.* 5 , *tit.* 31.

Abr. *cod. qui pet. tutor. vel curat.*

De ceux qui demandent des Tuteurs ou des Curateurs. *Cod. liv.* 5 , *tit.* 31.

47.

Qui potiores in pignore habeantur. *Cod. lib.* 8 . *tit.* 18.

Abr. *cod. qui potior. in pign. hab.*

Des privilèges des créanciers sur le gage. *Cod. liv.* 8 , *tit.* 18.

Q

48.

Qui pro suâ jurisdictione Judices dare, darive possunt. *Cod. lib.* 3, *tit.* 4.
Abr. *cod. qui pro s. jurisdict. jud. dar.*

48.

Des Juges qui peuvent déléguer, et des Personnes qui peuvent être déléguées. *Cod. liv.* 3, *tit.* 4.

49.

Qui testamenta facere possunt, vel non. *Cod. lib.* 6, *tit.* 22.
Abr. *cod. qui testam. facere poss.*

49.

De ceux qui peuvent où ne peuvent pas tester. *Cod. liv.* 6, *tit.* 22.

50.

Quod cum eo qui in alienâ potestate est, negotium gestum esse dicetur, vel de peculio, sive quod jussu, aut de in rem verso. *Cod. lib.* 4, *tit.* 26.
Abr. *cod. qui cum eo q. in alien. potest.*

50.

Des contrats faits par ceux qui sont sous la puissance d'autrui, du pécule; de ce qui a été fait par ordre, et de ce qui a été employé à la chose de celui sous la puissance duquel est le contractant. *Cod. liv.* 4, *tit.* 26.

51.

Quomodo et quando Judex sententiam proferre debeat præsentibus partibus, vel unâ parte absente. *Cod. lib.* 7, *tit.* 43.
Abr. *cod. quomod. et quand. jud. sentent.*

51.

Comment et quand le Juge doit rendre une sentence, soit dans le cas où les deux parties sont présentes, soit dans celui où l'une d'entr'elles est absente. *Cod. liv.* 7, *tit.* 43.

52.

Quo quisque ordine conveniatur. *Cod. lib.* 11, *tit.* 35.
Abr. *cod. quo quisq. ordin. conv.*

52.

De l'ordre dans lequel doivent être actionnés ceux qui ont contracté les mêmes obligations. *Cod. liv.* 11, *tit.* 35.

53.

Quorum appellationes non recipiuntur. *Cod. lib.* 7, *tit.* 65.
Abr. *cod. quor. appellat. non rec.*

53.

Des appels qu'on doit rejeter. *Cod. liv.* 7, *tit.* 65.

Q

54.

Quorum bonorum. *Cod. lib.* 8, *tit.* 2.
Abr. *cod. quor. bon.*

54.

De l'interdit *quorum bonorum.* *Cod. liv.* 8, *tit.* 2.

55.

Quorum legatorum. *Cod. lib.* 8, *tit.* 3.
Abr. *cod. quor. legat.*

55.

De l'interdit *quorum legatorum.* *Cod. liv.* 8, *tit.* 3.

~~~~

R

Institutionum.

Des Institutes.

Nº. 1.

(De) Rebus corporalibus et incorporalibus. *Inst. lib.* 2, *tit.* 2.
Abr. *inst. de reb. corporal. et incorporal.*

Nº. 1.

Des choses corporelles et incorporelles. *Inst. liv.* 2, *tit.* 2.

2.

(De) Replicationibus. *Inst. lib.* 4, *tit.* 14.
Abr. *inst. de replic.*

2.

Des répliques. *Inst. liv.* 4, *tit.* 14.

3.

(De) Rerum divisione et acquirendo ipsarum dominio. *Inst. lib.* 2, *tit.* 1.
Abr. *inst. de rer. divis.*

3.

De la division des choses, et des moyens par lesquels on en acquiert la propriété. *Inst. liv.* 2, *tit.* 1.

~~~~

Digestorum.

Digeste.

Nº. 1.

Ratam rem haberi et de ratihabitatione. ff. *lib.* 46, *tit.* 8.
Abr. *ff. rat. rem. hab.*

Nº. 1.

De la caution que la chose sera ratifiée. ff. *liv.* 46, *tit.* 8.

R

2.

(De) Rebus auctoritate Judicis possidendis, seu vendundis. ff. *lib.* 42, *tit.* 5.
Abr. *ff. de reb. auctor. jud. possidend.*

Des saisies et ventes de biens par autorité de justice. *Dig. liv.* 42, *tit.* 5.

3.

(De) Rebus creditis, si certum petetur et de condictione. ff. *lib.* 12, *tit.* 1.
Abr. *de reb. cred.*

De l'action en vertu de laquelle on demande une chose due, et de l'action à laquelle le prêt donne lieu. *Dig. liv.* 12, *tit.* 1.

4.

(De) Rebus dubiis. ff. *lib.* 34, *tit.* 5.
Abr. *ff. de reb. dub.*

Des choses douteuses. *Dig. liv.* 34, *tit.* 5.

5.

(De) Rebus eorum qui sub tutelâ vel curâ sunt, sine decreto non alienandis vel supponendis. ff. *lib.* 27, *tit.* 9.
Abr. *ff. de reb. eor. qui sub tutel. vel cur.*

Du Sénatus-Consulte qui défend d'aliéner ou d'engager les effets d'un Pupille ou d'un Mineur, sans un décret préalable du Préteur. *Dig. liv.* 27, *tit.* 9.

6.

(De) Receptatoribus. ff. *lib.* 47, *tit.* 16.
Abr. *ff. de recept.*

Des Recéleurs. *Dig. liv.* 47, *tit.* 16.

7.

(De) Receptis arbitriis, et qui arbitrium receperunt ut sententiam dicant. ff. *lib.* 4, *tit.* 8.
Abr. *ff. de recept. orbitr.*

Que ceux qui ont accepté la qualité d'Arbitre, soient forcés à rendre leur sentence. *Dig. liv.* 4, *tit.* 8.

R

8.	**8.**
(De) Regulâ Catonianâ. ff. *lib.* 34, *tit.* 7. Abr. *ff. de reg. caton.*	De la règle Catonienne. *Dig. liv.* 34, *tit.* 7.
9.	**9.**
(De) Regulis juris diversis. ff. *lib.* 50, *tit.* 17. Abr. *ff. de reg. jur.*	Explication des règles du droit ancien. *Dig. liv.* 50, *tit.* 17.
10.	**10.**
(De) Re judicatâ : et de effectu sententiarum : de interlocutionibus. ff. *lib.* 42, *tit.* 1. Abr. *de re jud.*	De la chose jugée, de l'effet des sentences, et des sentences interlocutoires. *Dig. liv.* 42, *tit.* 1.
11.	**11.**
(De) Rei vindicatione. ff. *lib.* 6, *tit.* 1. Abr. *ff. de rei vind.*	De la révendication. *Dig. liv.* 6, *tit.* 1.
12.	**12.**
(De) Religiosis et sumptibus funerum, et ut funus ducere liceat. ff. *lib.* 11, *tit.* 7. Abr. *ff. de relig. et sumpt. funer.*	Des lieux consacrés à la sépulture, des frais funéraires, et de la liberté des sépultures. *Dig. liv.* 11, *tit.* 7.
13.	**13.**
Rem Pupilli vel Adolescentis salvam fore. ff. *lib.* 46, *tit.* 6. Abr. *ff. rem pup.*	De la caution pour l'indemnité du Pupille ou du Mineur. *Dig. liv.* 46, *tit.* 6.
14.	**14.**
(De) Re militari. ff. *lib.* 49, *tit.* 16. Abr. *ff. de re mil.*	De l'état militaire. *Dig. liv.* 49, *tit.* 16.
15.	**15.**
(De) Remissionibus. ff. *lib.* 43, *tit.* 25. Abr. *ff. de remiss.*	De la main levée d'une opposition formée à un nouvel œuvre. *Dig. liv.* 43, *tit.* 25.

16.

(De) Requirendis (reis) vel Absentibus damnandis. ff. *lib.* 48, *tit.* 17.
Abr. *ff. de requir. reis.*

De la condamnation de ceux dont on doit faire la perquisition ou qui sont absens. *Dig. liv.* 48, *tit.* 17.

17.

(De) Rerum amotarum actione. ff. *lib.* 25, *tit.* 2.
Abr. *ff. de rer. amot, act.*

De l'action en répétition des choses soustraites, cachées ou recélées. *Dig. liv.* 25, *tit.* 2.

18.

(De) Rerum permutatione. ff. *lib.* 19, *tit.* 4.
Abr. *ff. de rer. permut.*

De l'échange. *Dig. liv.* 19, *tit.* 4.

19.

(De) Rescindendâ venditione : et quando licet ab emptione discedere. ff. *lib.* 18 ; *tit.* 5.
Abr. *ff. de rescind. vend.*

De la rescision de la vente; et des cas où il est permis de se désister du contrat. *Dig. liv.* 18, *tit.* 5.

20.

(De) Restitutionibus in integrum. ff. *lib.* 4, *tit.* 1.
Abr. *ff. de restit. in int.*

Des restitutions en entier. *Dig. liv.* 4, *tit.* 1.

21.

(De) Ripâ muniendâ. ff. *lib.* 43, *tit.* 15.
Abr. *ff. de rep. muniend.*

De l'interdit par lequel on est autorisé à fortifier sa rive. *Dig. liv.* 43, *tit.* 15.

22.

(De) Ritu nuptiarum. ff. *lib.* 23, *tit.* 2.
Abr. *ff. de rit. nupt.*

Des solemnités du mariage. *Dig. liv.* 23, *tit.* 2.

23.

(De) Rivis. ff. *lib.* 43, *tit.* 21.
Abr. *ff. de riv.*

De l'interdit concernant les conduits d'eau. *Dig. liv.* 43, *tit.* 21.

R

Codicis.	Code Justinien.

N°. 1.

(De) Raptu Virginum , seu Viduarum , necnon Sanctimonalium. *Cod. lib.* 9, *tit.* 13.

'Abr. *cod. de rapt. virg.*

N°. 1.

Du rapt des Vierges ou Veuves et des Religieuses. *Cod. liv.* 9 , *tit.* 13.

2.

(De) Ratiociniis operum publicorum , et de patribus civitatum. *Cod. lib.* 8, *tit.* 13.

Abr. *cod. de rat. op. public.*

2.

Des Sénateurs des villes et des comptes des Entrepreneurs d'ouvrages publics. *Cod. liv.* 8 , *tit.* 13.

3.

(De) Rebus alienis non alienandis , et de prohibita rerum alienatione , vel hypothecâ. *Cod. lib.* 4 , *tit.* 51.

'Abr. *cod. de reb. al. n. alien.*

3.

De la prohibition de l'aliénation des choses d'autrui et de l'hypothèque. *Cod. liv.* 4 , *tit.* 51.

4.

(De) Rebus creditis et jurejurando. *Cod. lib.* 4 , *tit.* 1.

Abr. *cod. de reb. cred.*

4.

Des dettes et du serment. *Cod. liv.* 4 , *tit.* 1.

5.

(De) Receptis Arbitris. *Cod. lib.* 2 , *tit.* 56.

Abr. *cod. de recept. arb.*

5.

Des Arbitres. *Cod. liv.* 2 , *tit.* 56.

6.

(De) Reis Postulatis. *Cod. lib.* 10 , *tit.* 58.

'Abr. *cod. de reis post.*

6.

Des Coupables accusés. *Cod. liv.* 10 , *tit.* 58.

7.

(De) Re judicatâ. *Cod. lib.* 7 , *tit.* 52.

'Abr. *cod. de re jud.*

7.

De la chose jugée. *Cod. liv.* 7 , *tit.* 52.

R

8.

(De) Rei vindicatione. *Cod. lib.* 3 , *tit.* 32.
Abr. *cod. de rei vind.*

De la révendication. *Cod. liv.* 3 , *tit.* 32.

9.

(De) Rei uxoriæ actione in ex stipulatu actionem transfusâ, et de naturâ dotibus præstitâ. *Cod. lib.* 5 , *tit.* 13.
Abr. *cod. de rei ux. act.*

De la réduction des deux actions *rei uxoriæ et ex stipulatu* en une seule. *Cod. liv.* 5, *tit.* 13.

10.

(De) Relationibus. *Cod. lib.* 7 , *tit.* 61.
Abr. *cod. de relat.*

Du cas où les Juges consultent l'Empereur au sujet des causes portées devant eux. *Cod. liv.* til. 7 , 61.

11.

(De) Religiosis , et sumptibus funerum. *Cod. lib.* 3 , *tit.* 44.
Abr. *cod. de rel. et sump. fun.*

Des tombeaux et des frais des funérailles. *Cod. liv.* 3, *tit.* 44.

12.

Rem alienam gerentibus non interdici rerum suarum alienatione. *Cod. lib.* 4 , *tit.* 53.
Abr. *cod. rem alic. gerent.*

De la liberté qu'ont ceux qui administrent les affaires d'autrui , d'aliéner leurs propres biens. *Cod. liv.* 4 , *tit.* 53.

13.

(De) Re militari. *Cod. lib.* 12 , *tit.* 36.
Abr. *cod. de re mil.*

De l'état militaire. *Cod. liv.* 12 , *tit.* 36.

14.

(De) Remissione pignoris. *Cod. lib.* 8 , *tit.* 26.
Abr. *cod. de remiss. pign.*

De la rémission du gage. *Cod. liv.* 8 , *tit.* 26.

R

15.

(De) Repudianda bonorum possessione. *Cod. lib.* 6, *tit.* 19.

Abr. *cod. de repud. bon. poss.*

15.

De la répudiation de la possession des biens. *Cod. liv.* 6, *tit.* 19.

16.

(De) Repudianda vel abstinenda hæreditate. *Cod. lib.* 6, *tit.* 31.

Abr. *cod. de rep. vel. abst. hæred.*

16.

De la répudiation et de l'abstention d'hérédité. *Cod. liv.* 6, *tit.* 31.

17.

(De) Repudiis et judicio de moribus sublato. *Cod. lib.* 5, *tit.* 17.

Abr. *cod. de rep. et jud. de mor.*

17.

De la répudiation et de l'abolition de l'action *ex moribus. Cod. liv.* 5, *tit.* 17.

18.

(De) Reputationibus quæ fiunt in judicio in integrum restitutionis. *Cod. lib.* 2, *tit.* 48.

Abr. *cod. de reput. q. fiunt in jud.*

18.

Des imputations qui doivent se faire lors du jugement de la restitution en entier. *Cod. liv.* 2, *tit.* 48.

19.

(De) Requirendis reis. *Cod. lib.* 9, *tit.* 40.

Abr. *cod. de req. reis.*

19.

Des Accusés dont on doit faire la perquisition. *Cod. liv.* 9, *tit.* 40.

20.

Rerum amotarum. *Cod. lib.* 5, *tit.* 21.

Abr. *cod. rer. amot.*

20.

Des choses soustraites. *Cod. liv.* 5, *tit.* 21.

21.

(De) Rerum permutatione, et præscriptis verbis. *Cod. lib.* 4, *tit.* 64.

Abr. *cod. de rer. perm.*

21.

De l'échange, et de l'action *præscriptis verbis. Cod. liv.* 4, *tit.* 64.

R

22.	**22.**
(De) Rescindendâ venditione. Cod. lib. 4, tit. 44. Abr. *cod. rescind. vend.*	De la rescision de la vente. *Cod. liv.* 4, *tit.* 44.
23.	**23.**
Res inter alios actas, vel judicatas aliis non nocere. *Cod. lib.* 7 , *tit.* 60. Abr. *cod. res int. al. act.*	On ne peut recevoir aucun préjudice de ce qui a été fait ou jugé entre d'autres. *Cod. liv.* 7 , *tit.* 60.
24.	**24.**
(De) Restitutione Militum , et eorum qui reipublicæ causâ absunt. *Cod. lib.* 2, *tit.* 51. Abr. *cod. de restit. mil.*	De la restitution des Militaires, et de ceux qui sont absens pour cause de la république. *Cod. liv.* 2, *tit.* 51.
25.	**25.**
(De) Revocandis donationibus. Cod. lib. 8 , *tit.* 56. Abr. *cod. de revoc. donat.*	De la révocation des donations. *Cod. liv.* 8, *tit.* 56.
26.	**26.**
(De) Revocandis his quæ in fraudem Creditorum alienata sunt. *Cod. lib.* 7, *tit.* 75. Abr. *cod. de revoc. h. q. in fraud. cred.*	De la révocation des contrats d'aliénation faits en fraude des Créanciers. *Cod. liv.* 7, *tit.* 75.

S

Institutionum.	*Des Institutes.*
N°. 1.	**N°. 1.**
(De) Satisdonationibus. *Inst. lib.* 4, *tit.* 11. Abr. *inst. de satisd.*	Des cautions. *Inst. liv.* 4, *tit.* 11.

S

2.

(De) Satisdatione Tutorum vel Curatorum. *Inst. lib.* 1, *tit.* 24.

Abr. *inst. de satisd. tut. vel cur.*

Des cautions des Tuteurs et des Curateurs. *Inst. liv.* 1, *tit.* 24.

3.

(De) Senatus-Consulto Orficiano. *Inst. lib.* 3, *tit.* 4.

Abr. *inst. de s. c. Orfic.*

Du Sénatus-Consulte Orficien. *Inst. liv.* 3, *tit.* 4.

4.

(De) Senatus-Consulto Tertulliano. *Inst. lib.* 3, *tit.* 3.

Abr. *inst. de s. c. Tertull.*

Du Sénatus-Consulte Tertullien. *Inst. liv.* 3, *tit.* 3.

5.

(De) Servili cognatione. *Inst. lib.* 3, *tit.* 7.

Abr. *inst. de servil. cogn.*

De la cognation contractée dans la servitude. *Inst. liv.* 3, *tit.* 7.

6.

(De) Servitutibus rusticorum et urbanorum prædiorum *Inst. lib.* 2, *tit.* 3.

Abr. *inst. de servit. rust. et urb.*

Des servitudes des héritages rustiques et urbains. *Inst. liv.* 2, *tit.* 3.

7.

(De) Singulis rebus per fideicommissum relictis. *Inst. lib.* 2, *tit.* 24.

Abr. *inst. de sing. reb per fideic.*

Des choses particulières qui sont laissées par fidéicommis. *Inst. liv.* 2, *tit.* 24.

8.

Si quadrupes pauperiem fecisse dicatur. *Inst. lib.* 4, *tit.* 9.

Abr. *inst. si quadrup. pauper. fec.*

Si une bête à quatre pieds a fait quelque dommage. *Inst. liv.* 4, *tit.* 9.

S

9.	9.
(De) Societate. *Inst. lib.* 3, *tit.* 26.	De la société. *Inst. liv.* 3, *tit.* 26.
Abr. *inst. de societ.*	
10.	10.
(De) Stipulatione Servorum. *Inst. lib.* 3, *tit.* 18.	De la stipulation des Esclaves. *Inst. liv.* 3, *tit.* 18.
Abr. *inst. de stip. serv.*	
11.	11.
(De) Successione cognatorum. *Inst. lib.* 3, *tit.* 5.	De la succession des cognats. *Inst. liv.* 3, *tit.* 5.
Abr. *inst. de success. cognat.*	
12.	12.
(De) Successione Libertorum. *Inst. lib.* 3, *tit.* 8.	De la succession des Affranchis. *Inst. liv.* 3, *tit.* 8.
Abr. *inst. de success. libert.*	
13.	13.
(De) Successionibus sublatis, quæ fiebant per bonorum venditiones et ex Senatus-Consulto Claudiano. *Inst. lib.* 3, *tit.* 13.	Des successions abrogées, qui se faisaient par la vente des biens et en vertu du Sénatus-Consulte Claudien. *Inst. liv.* 3, *tit.* 13.
Abr. *inst. de succ. subl.*	
14.	14.
(De) Suspectis Tutoribus vel Curatoribus. *Inst. lib.* 1 , *tit.* 26.	De Tuteurs et des Curateurs suspects. *Inst. liv.* 1, *tit.* 26.
Abr. *inst. de suspect. tut. vel cur.*	

~~~~~~

Digestorum.	*Du Digeste.*
N°. 1.	N°. 1.
(De) Salviano interdicto. ff. *lib.* 43, *tit.* 33.	De l'interdit Salvien. *Dig. liv.* 43, *tit.* 33.
Abr. *ff. de sal. interdict.*	

S

2.

(De) Senatoribus. ff. *lib.* 1, *tit.* 9.
Abr. *ff. de senat.*

2.

Des Sénateurs. *Dig. liv.* 1, *tit.* 9.

3.

(De) Senatus-Consulto Mace-doniano. ff. *lib.* 14, *tit.* 6.
Abr. *ff. de senat. Maced.*

3.

Du Sénatus-Consulte Macédo-nien. *Dig. liv.* 14, *tit.* 6.

4.

(De) Senatus-Consulto Sylla-niano et Claudiano : quorum testamenta ne aperiantur. ff. *lib.* 29, *tit.* 5.
Abr. *ff. de s. c. Syllan. et Claud.*

4.

Des Sénatus-Consultes Syllanien et Claudien, portant défense de faire l'ouverture des tes-tamens de certains Testateurs. *Dig. liv.* 29, *tit.* 5.

5.

(De) Senatus-Consulto Tertyl-liano et Orficiano. ff. *lib.* 38, *tit.* 17.
Abr. *ff. de s. c. Tertyll. et Orfic.*

5.

Des Sénatus-Consultes Tertyl-lien et Orficien. *Dig. liv.* 38, *tit.* 17.

6.

(De) Senatus-Consulto Trebel-liano. ff. *lib.* 36, *tit.* 1.
Abr. *ff. de s. c. Trebell.*

6.

Du Sénatus-Consulte Trébellien. *Dig. liv.* 36, *tit.* 1.

7.

(De) Senatus-Consulto Turpil-liano et de abolitionibus cri-minum. ff. *lib.* 48, *tit.* 16.
Abr. *ff. de s. c. Turpill.*

7.

Du Sénatus-Consulte Turpillien et de l'abolition des crimes. *Dig. liv.* 48, *tit.* 16.

8.

(De) Senatus-Consulto Vel-leiano. ff. *lib.* 16, *tit.* 1.
Abr. *ff. de s. c. Velleï.*

8.

Du Sénatus-Consulte Velleïen. *Dig. liv.* 16, *tit.* 1.

S

9.

(De) Sententiam passis et res-titutis. ff. *lib.* 48, *tit.* 23.
Abr. *ff. de sentent. pass. et rest.*

Des condamnés réhabilités. *Dig.* *liv.* 48, *tit.* 23.

10.

(De) Separationibus. ff. *lib.* 42, *tit.* 7.
Abr. *ff. de separ.*

Des séparations des biens d'une succession. *Dig. liv.* 42, *tit.* 7.

11.

(De) Sepulcro violato. ff. *lib.* 47, *tit.* 12.
Abr. *ff. de sepulcr. viol.*

Du sépulcre violé. *Dig. liv.* 47, *tit.* 12.

12.

(De) Servis exportandis : vel si ita mancipium venierit, ut manumittatur vel contra. ff. *lib.* 18, *tit.* 7.
Abr. *ff. de serv. export.*

De la clause qui porte que l'Es-clave vendu sortira de l'en-droit de la vente, qu'il sera ou ne sera point affranchi par l'acheteur. *Dig. liv.* 18, *tit.* 7.

13.

(De) Servitute legatâ. ff. *lib.* 33, *tit.* 3.
Abr. *ff. de servit. leg.*

Du legs qui a pour objet une servitude. *Dig. liv.* 33, *tit.* 3.

14.

(De) Servitutibus. ff. *lib.* 8, *tit.* 1.
Abr. *ff. de servit.*

Des servitudes. *Dig. liv.* 8, *tit.* 1.

15.

(De) Servitutibus prædiorum rusticorum. ff. *lib.* 8, *tit.* 3.
Abr. *ff. de servit. præd. rust.*

Des servitudes rustiques. *Dig. liv.* 8, *tit.* 3.

16.

(De) Servitutibus prædiorum urbanorum. ff. *lib.* 8, *tit.* 2.
Abr. *ff. de servit. præd. urb.*

Des servitudes urbaines. *Dig. liv.* 8, *tit.* 2.

S

17.

(De) Servo corrupto. ff. *lib.* 11, *tit.* 3.

Abr. *ff. de serv. corrupt.*

17.

De l'Esclave qui a été corrompu. *Dig. liv.* 11, *tit.* 3.

18.

Si ager vectigalis, id est , emphyteuticarius, petatur. ff. *lib.* 6, *tit.* 3.

Abr. *ff. si ag. vectig.*

18.

De la revendication d'une terre que l'on tient à bail emphytéotique. *Dig. liv.* 6 , *tit.* 3.

19.

Si cui plus quam per legem Falcidiam licuerit, legatum esse dicetur ff. *lib.* 35 , *tit.* 3.

Abr. *ff. si cui plus quam p. leg.*

19.

De la stipulation que peut interposer l'héritier dans le cas où il y a lieu de croire que les legs excéderont les bornes fixées par la loi *Falcidia.* *Dig. liv.* 35 , *tit.* 3.

20.

Si ex noxali causâ agatur, que madmodum caveatur. ff. *lib.* 2 , *tit.* 9.

Abr. *ff. si ex nox. caus.*

20.

De la caution à fournir s'il s'agit d'une action noxale. *Dig. liv.* 2 , *tit.* 9.

21.

Si familia furtum fecisse dicetur. ff. *lib.* 47 , *tit.* 6.

Abr. *ff. si fam. furt. fec.*

21.

Des Esclaves du même Maître dits avoir volé. *Dig. liv.* 47 , *tit.* 6.

22.

Si ingenuus esse dicatur. ff. *lib.* 40 , *tit.* 14.

Abr. *ff. si ingen.*

22.

De celui qui a été déclaré ingénu. *Dig. liv.* 40 , *tit.* 14.

23.

Si is qui testamento liber esse jussus erit, post mortem Domini antè aditam hæreditatem subripuisse , aut corrupisse

23.

Si celui qui , ayant reçu la liberté par testament depuis la mort du Maître avant l'adition d'hérédité, est dit avoir

S

qui dicetur. ff. *lib.* 47 , *tit.* 4. — volé ou gâté quelque chose;
Abr. *ff. si is q. testam. lib.* *Dig. liv.* 47 , *tit.* 4.
esse juss.

24.

Si mulier ventris nomine in possessione calumniæ causâ esse dicetur. ff. *lib.* 25, *tit.* 6. Abr. *ff. si mul. ventr. nom.*

24.

De l'action qui a eu lieu contre la Femme qu'on prétend s'etre fait mettre en possession , en déclarant faussement qu'elle était enceinte. *Dig. liv.* 25 , *tit.* 6.

25.

Si pars hæreditatis petatur. ff. *lib.* 5 , *tit.* 4. Abr. *ff. si pars hœred. pet.*

25.

De la demande d'une portion de l'hérédité. *Dig. liv.* 5 , *tit.* 4.

26.

Si pendente appellatione mors intervenerit. ff. *lib.* 49 , *tit.* 13. Abr. *ff. si pend. appell. mors interv.*

26.

Si l'appel étant pendant , la mort de l'appellant est survenue. *Dig. liv.* 49 , *tit.* 13.

27.

Si quadrupes pauperiem fecisse dicatur. ff. *lib.* 9, *tit.* 1. Abr. *ff. si quadup. paup. fec. dic.*

27.

Du dommage prétendu avoir été fait par un Animal à quatre pieds. *Dig. liv.* 9 , *tit.* 1.

28.

Si quid in fraudem Patroni factum. sit. ff. *lib.* 38 , *tit.* 5. Abr *ff. si quid in fraud. patron.*

28.

Des aliénations faites par l'affranchi en fraude de son Patron. *Dig. liv.* 38 , *tit.* 5.

29.

Si quis aliquem testari prohibuerit , vel coëgerit. ff. *lib.* 29 , *tit.* 6. Abr. *ff. si quis aliq. test. pro.*

29.

De ceux qui empêchent un citoyen de tester , ou qui le forcent à le faire. *Dig. liv.* 29 , *tit.* 6.

S

3o.

Si à parente quis manumissus
sit. ff. *lib.* 37 , *tit.* 12.
Abr. *ff. si à par. quis manum.*

De la succession prétorienne
accordee au Père contre le
testament de son Fils émancipé. *Dig. liv.* 37, *tit.* 12.

31.

Si quis cautionibus in judicio
sistendi causâ factis, non ob-
temperaverit ff. *lib.* 2, *tit.* 11.
Abr. *ff. si quis caut. in jud.*
sist. caus.

Si quelqu'un n'a pas satisfait au
cautionnement par lui fourni,
à l'effet de comparaître en
justice. *Dig. liv.* 2 , *tit.* 11.

32.

Si quis in jus vocatus non ierit:
sive quis eum vocaverit ,
quem ex edicto non debuerit.
ff. *lib.* 2 , *tit.* 5.
Abr. *ff. si quis in jus voc. non.*
ier.

Si celui qui a été appelé en justice , ne paraît pas , ou si
quelqu'un a appelé celui que
l'edit dispense de paraître.
Dig. liv. 2 , *tit.* 5.

33.

Si quis jus dicenti non obtem-
peraverit. ff. *lib.* 2 , *tit.* 3.
Abr. *ff. si quis jus dic. non. obt.*

Si quelqu'un n'obéit pas à celui
qui rend la justice. *Dig. liv.*
2 , *tit.* 3.

34.

Si quis omissâ causâ testamenti,
ab intestato vel alio modo
possideat hæreditatem. ff. *lib.*
29 , *tit.* 4.
Abr. *ff. si quis omiss. caus.*
testam.

De celui qui renonce à l'institution testamentaire pour
prendre la succession *ab intestat* ou autrement *Dig. liv.*
29 , *tit.* 4.

35.

Si servitus vindicetur , vel ad
alium pertinere negetur. ff.
lib. 8 , *tit.* 5.
Abr. *ff. si servit. vend.*

Si l'on révendique une servitude , ou si l'on nie qu'elle
soit due. *Dig. liv.* 8, *tit.* 5.

S

36.

tabulæ testamenti extabunt.
ff. *lib.* 37 , *tit.* 2.
br. *ff. si tab. testam. ext.*

36.

De la succession prétorienne qui a lieu lorsque le défunt a fait un testament. *Dig. liv.* 37 , *tit.* 2.

37.

tabulæ testamenti nullæ ex-tabunt , undè liberi. ff. *lib.* 38 , *tit.* 6.
br. *ff. si tab. testam. null. extab.*

37.

Des successions prétoriennes *ab intestat* déférées aux enfans *Dig. liv.* 38 , *tit.* 6.

38.

Tutor vel Curator , vel Magistratus creatus appellaverit. ff. *lib.* 49 , *tit.* 10.
br. *ff. si tut. vel cur. vel magistr.*

38.

Si un Tuteur , un Curateur, un Magistrat , a appelé de sa nomination. *Dig. liv.* 49 , *tit.* 10.

39.

ventris nomine Mulière in possessionem missâ , eadem possessio dolo malo ad alium translata esse dicatur. ff. *lib.* 25 , *tit.* 5.
br. *ff. si vent. nom. mul. in possess. miss.*

39.

De l'action qui a lieu contre la Femme qui , après s'être fait mettre en possession des biens de son Mari au nom de l'Enfant dont elle est enceinte , transfère par mauvaise foi cette possession à un autre. *Dig. liv.* 25 , *tit.* 5.

40.

ususfructus petatur , vel ad alium pertinere negetur. ff. *lib.* 7 , *tit.* 6.
br. *ff. si ususfruct. pet.*

40.

Si l'on demandè l'usufruit, ou si l'on nie qu'il appartienne à un tiers. *Dig. liv.* 7 , *tit.* 6.

41.

De) Solutionibus et liberationibus. ff. *lib.* 46, *tit.* 3.
br. *ff, de solut. et liber.*

41.

Des paiemens et des libérations. *Dig. liv.* 46 , *tit.* 3.

S

42.

Soluto matrimonio quemadmodum dos petatur. ff. *lib.* 24,
tit. 3.
'Abr. *ff. solut. matrim. quemad.*

42.

Des actions par lesquelles on
peut redemander la dot lors
de la dissolution du mariage.
Dig. liv 24 , *tit.* 3.

43.

(De) Spousàlibus ff. *lib.* 23 ,
tit. 1.
Abr. *ff. de spous.*

43.

Des fiançailles. *Dig. liv.* 23 ,
tit. 1.

44.

(De) Statu Hominum. ff. *lib.* 1 ,
tit. 5.
Abr. *de stat. hom.*

44.

De l'état des Hommes. *Dig*
liv. 1 , *tit.* 5.

45.

(De) Statu liberis, ff. *lib.* 40.
tit. 7.
'Abr. *ff. de stat. liber.*

45.

Des statu libres. *Dig. liv.* 40
tit. 7.

46.

Stellionatus. ff. *lib.* 47 , *tit.* 20.
Abr. *ff. stellion.*

46.

Du stellionat. *Dig. liv.* 47
tit. 20.

47.

(De) Stipulatione Servorum. ff.
lib. 45 , *tit.* 3.
Abr. *ff. de stip. serv.*

47.

De la stipulation des Esclaves
Dig. liv. 45 , *tit.* 3.

48.

(De) Stipulationibus prætoriis. ff. *lib.* 46 , *tit.* 5.
Abr. *ff. de stipul. pœt.*

48.

Des stipulations prétoriennes
Dig. liv. 46 , *tit.* 5.

49.

(De) Successorio edicto. ff. *lib.*
38, *tit.* 9.
Abr. *ff. de success. edict.*

49.

De l'édit qui fixe l'ordre entre
ceux qui sont appelés à la
succession prétorienne. *Dig.*
liv. 38 , *tit.* 9.

S

5o.	5o.
(De) Suis et legitimis hære-dibus. ff. *lib.* 38 , *tit.* 16.	Des héritiers siens et légitimes. *Dig. liv.* 38, *tit.* 16.
Abr. *ff. de s. et legit. hœred.*	
51.	51.
(De) Suppellectile legatâ. ff. *lib.* 33. *tit.* 10.	Du legs des meubles meublans. *Dig. liv.* 33, *tit.* 10.
Abr. *ff. de suppellect. leg.*	
52.	52.
(De) Superficiebus. ff. *lib.* 43, *tit.* 18.	De l'interdit en matière de su-perficies. *Dig. liv.* 43, *tit.* 18.
Abr. ff. *de superfic.*	
53.	53.
(De) Suspectis Tutoribus et Curatoribus. ff. *lib.* 26, *tit.* 10.	Des Tuteurs et Curateurs sus-pects. *Dig. liv.* 26, *tit.* 10.
Abr. *ff. de suspect. tut.*	

~~~~~

Codicis.

Code Justinien.

N°. 1.	N°. 1.
(De) Summâ Trinitate, et fide caihólicâ, et ut nemo de eâ publicè contendere audeat. *Cod. lib.* 1 , *tit.* 1.	De la souveraine Trinité, de la foi catholique, et des de-fenses d'en disputer publi-quement. *Cod. liv.* 1, *tit.* 1.
Abr. *cod. de summâ Trin.*	
2.	2.
(De) Sacro sanctis ecclesis et de rebus et privilegiis earum. *Cod. lib.* 1, *tit.* 2.	Des églises, de leurs biens et de leurs privilèges. *Cod. liv.* 1, *tit.* 2.
Abr. *cod. de sac. sanct. eccles.*	
3.	3.
(De) Salgamo hospitibus non præstando. *Cod. lib.* 12, *tit.* 42.	Que les Soldats n'exigent de leurs hôtes que ce que les lois prescrivent. *Cod. liv.* 12, *tit.* 42.
Abr. *cod. de salg. hosp.*	

S

4.	**4.**
(De) Satisdando. *Cod. lib.* 2, *tit.* 57. Abr. *cod. de satisd.*	Du cautionnement. *Cod. liv.* 2, *tit.* 57.
5.	**5.**
(De) Secundis nuptiis. *Cod. lib.* 5, *tit.* 9. Abr. *cod. de sec. nupt.*	Des secondes nòces. *Cod. liv.* 5, *tit.* 9.
6.	**6.**
(De) Seditiosis, et de his qui plebem contra rempublicam audent colligere. *Cod. lib.* 9, *tit.* 30. Abr. *cod. de seditios.*	Des Séditieux, et de ceux qui ôsent soulever le peuple contre l'état. *Cod. liv.* 9, *tit.* 30.
7.	**7.**
(De) Senatus–Consultis. *Cod. lib.* 1, *tit.* 16. Abr. *cod. de s. cons.*	Des Sénatus-Consultes. *Cod. liv.* 1, *tit.* 16.
8.	**8.**
(De) Senatus-Consulto Claudiano tollendo. *Cod. lib.* 7, *tit.* 24. Abr. *cod. de s. c. Claud. toll.*	Abrogation du Sénatus-Consulte Claudien. *Cod. liv.* 7, *tit.* 24.
9.	**9.**
(De) Senatus-Consulto Tertulliano. *Cod. lib.* 6, *tit.* 56. Abr. *cod. de s. c. Tertull.*	Du Sénatus-Consulte Tertullien, *Cod. liv.* 6, *tit.* 56.
10.	**10.**
(Ad) Senatus-Consultum Orficianum. *Cod. lib.* 6, *tit.* 57. Abr. *cod. ad s. c. Orfic.*	Du Sénatus-Consulte Orficien, *Cod. liv.* 6, *tit.* 57.
11.	**11.**
(De) Senatus-Consulto Velleïano. *Cod. lib.* 4, *tit.* 29. Abr. *cod. de s. c. Velleïano.*	Du Sénatus-Consulte Velleïen, *Cod. liv.* 4, *tit.* 29.

S

12.

(De) Sententiis adversus fiscum latis retractandis. *Cod. lib.* 10, *tit.* 9.
Abr. *cod. de sent. adv. fisc.*

12.

Des sentences portées contre le fisc qui peuvent être rétractées. *Cod. liv.* 10, *tit.* 9.

13.

(De) Sententiis et interlocutionibus omnium Judicum. *Cod. lib.* 7, *tit.* 45.
Abr. *cod. de sent. et interl.*

13.

Des sentences définitives et interlocutoires de tous les Juges. *Cod. liv.* 7, *tit.* 45.

14.

(De) Sententiis ex libello recitandis. *Cod. lib.* 7, *tit.* 44.
Abr. *cod. de sent. ex libell. recit.*

14.

De l'obligation de prononcer les sentences sur une rédaction écrite. *Cod. liv.* 7, *tit.* 44.

15.

(De) Sententiam passis et restitutis. *Cod. lib.* 9, *tit.* 51.
Abr. *cod. de sent. pass. et rest.*

15.

De la réhabilitation de ceux qui ont supporté une condamnation. *Cod. liv.* 9, *tit.* 51.

16.

(De) Sententiis Præfectorum prætorio. *Cod. lib.* 7, *tit.* 42.
Abr. *cod. de sent. præf. præt.*

16.

Des sentences des Préfets du prétoire. *Cod. liv.* 7, *tit.* 42.

17.

(De) Sententiis quæ pro eo quod interest, proferuntur. *Cod. lib.* 7, *tit.* 47.
Abr. *cod. de sent. q. pro eo q. int.*

17.

Des sentences qui portent condamnation de dommages et intérêts. *Cod. liv.* 7, *tit.* 47.

18.

(De) Sententia quæ sine certâ quantitate profertur. *Cod. lib.* 7, *tit.* 46.
Abr. *cod. de sent. q. s. cert. quant.*

18.

Des sentences qui, condamnant quelqu'un à payer une certaine somme ou quantité, n'en donnent pas la détermination précise. *Cod. liv.* 7, *tit.* 46.

S

19.

Sententiam rescindi non posse.
Cod. lib. 7, tit. 50.
Abr. cod. sent. resc. n. poss.

19.

De l'irrévocabilité des sentences;
Cod. liv. 7, tit. 50.

20.

(De) Sepulchro violato. Cod.
lib. 9, tit. 19.
Abr. cod. de sep. viol.

20.

Du sépulcre violé. Cod. liv. 9,
tit. 19.

21.

(De) Servitutibus et aquâ. Cod.
lib. 3, tit. 34.
Abr. cod. de serv. et aq.

21.

Des servitudes en général, et
de celles en particulier qui
concernent l'eau. Cod. liv. 3,
tit. 34.

22.

(De) Servis fugitivis et Libertis,
mancipiisque civitatum Artificibus, et ad diversa opera
deputatis, et ad rem privatam,
vel Dominicam pertinentibus.
Cod. lib. 6, tit. 1.
Abr. cod. de serv. fug. et lib.

22.

Des Esclaves fugitifs, des Affranchis, et des Esclaves des
villes, et des Ouvriers de
differens arts au service des
Particuliers ou de l'Etat. Cod.
liv. 6, tit. 1.

23.

(De) Servo pignori dato manumisso. Cod. lib. 7, tit. 8.
Abr. cod. de serv. pig. dato.

23.

De l'affranchissement de l'Esclave donné en gage. Cod. liv.
7, tit. 8.

24.

(De) Servis reipublicæ manu-
mittendis. Cod. lib. 7, tit. 9.
Abr. cod. de serv. reip. manumitt.

24.

De l'affranchissement des Esclaves de la république. Cod.
liv. 7, tit. 9.

25.

Si adversus Creditorem. Cod.
lib. 2, tit. 38.
Abr. cod. si adv. cred.

25.

Du Mineur qui demande la
restitution contre un Créancier. Cod. liv. 2, tit. 38.

S

26.

i adversus Creditorem præscriptio opponatur. *Cod. lib.* 7, *tit.* 36.

br. *cod. si adv. præscrip. opp.*

26.

De la prescription opposée à un Créancier. *Cod. liv.* 7, *tit.* 36.

27.

i adversus delictum. *Cod. lib.* 2, *tit.* 35.

br. *cod. adv. delict.*

27.

Du Mineur qui demande la restitution contre son délit. *Cod. liv.* 2, *tit.* 35.

28.

i adversus donationem. *Cod. lib.* 2, *tit.* 30.

br. *cod. si adv. donat.*

28.

De la restitution qui est demandée contre une donation. *Cod. liv.* 2, *tit.* 30.

29.

i adversus dotem. *Cod. lib.* 2, *tit.* 34.

br. *cod. si adv. dot.*

29.

De la restitution qui est demandée contre une dot. *Cod. liv.* 2, *tit.* 34.

30.

i adversus fiscum. *Cod. lib.* 2, *tit.* 37.

Abr. *cod. si adv. fisc.*

30.

Du Mineur qui demande la restitution contre le fisc. *Cod. liv.* 2, *tit.* 37.

31.

Si adversus libertatem. *Cod. lib.* 2, *tit.* 31.

Abr. *cod. si adv. lib.*

31.

De la restitution qui est demandée contre la liberté. *Cod. liv.* 2, *tit.* 31.

32.

Si adversus rem judicatam restitutio postuletur. *Cod. lib.* 2, *tit.* 27.

Abr. *cod. si adv. rem jud.*

32.

De la restitution demandée contre la liberté. *Cod. liv.* 2, *tit.* 27.

33.

Si adversus solutionem à Tutore vel à se factam. *Cod. lib* 2, *tit.* 33.

Abr. *cod. si adv. solut.*

33.

Du Mineur qui demande la restitution contre un paiement qu'il a fait lui-même ou qui a été fait par son Tuteur. *Cod. liv.* 2, *tit.* 33.

S

34.

Si adversus transactionem vel divisionem in integrum Minor restitui velit. *Cod. lib.* 2 *, tit.* 32.
'Abr. *cod. si adv. trans.*

34.

Du Mineur qui veut être restitué contre une transaction ou un partage. *Cod. liv.* 2, *tit.* 32.

35.

Si adversus venditionem. *Cod. lib.* 2*, tit.* 28.
Abr. *cod. si adv. vend.*

35.

De la restitution qui est demandée contre une vente. *Cod. liv.* 2 *, tit.* 28.

36.

Si adversus venditionem pignorum. *Cod. lib.* 2 *, tit.* 29.
Abr. *cod. si adv. vend. pign.*

36.

De la restitution qui est demandée contre la vente d'un gage. *Cod. liv.* 2, *tit.* 29.

37.

Si adversus usucapionem. *Cod. lib.* 2 *, tit.* 36.
Abr. *cod. si adv. usucap.*

37.

Du Mineur qui demande la restitution contre l'usucapion. *Cod. liv.* 2, *tit.* 36.

38.

Si aliena res pignori data sit. *Cod. lib.* 8*, tit.* 16.
Abr. *cod. si alien. pign.*

38.

Du cas où la chose d'autrui est donnée en gage. *Cod. liv.* 8, *tit.* 16.

39.

'Si à non competente Judice judicatum esse dicatur. *Cod. lib.* 7*, tit.* 48.
Abr. *cod. si à non comp. jud.*

39.

Des sentences des juges incompétens. *Cod. liv.* 7, *tit.* 48.

40.

Si antiquior Creditor pignus vendiderit. *Cod. lib.* 8*, tit.* 20.
Abr. *cod. si antiq. cred. pig.*

40.

Du cas où le premier Créancier a vendu le gage. *Cod. liv.* 8, *tit.* 20.

S

41.

Si certum petatur. *Cod. lib.* 4, *tit.* 2.

Abr. *cod. si cert. pet.*

41.

De la demande d'une chose particulière. *Cod. liv.* 4, *tit.* 2.

42.

Si communis res pignori data sit. *Cod. lib.* 8, *tit.* 21.

Abr. *cod. si commun. res pig.*

42.

Du cas où une chose commune a été donnée en gage. *Cod. liv.* 8, *tit.* 21.

43.

Si contra jus, vel utilitatem publicam, vel per mendacium fuerit aliquid postulatum, vel impetratum. *Cod. lib.* 1, *tit.* 22.

Abr. *cod. si cont. jus. vel util. pub.*

43.

De ce qui a été demandé ou obtenu de contraire au droit, à l'utilité publique, ou par l'effet d'une fausse assertion. *Cod. liv.* 1, *tit.* 22.

44.

Si contra Matris voluntatem Tutor datus sit. *Cod. lib.* 5, *tit.* 47.

Abr. *cod. si cont. mat. vol. tut.*

44.

Du Tuteur qui a été donné contre la volonté de la mère. *Cod. liv.* 5, *tit.* 47.

45.

Si curialis relictà civitate rus habitare maluerit. *Cod. lib.* 10, *tit.* 37.

Abr. *cod. si cur. relict. civit.*

45.

Si un Décurion abandonne la ville pour habiter la campagne. *Cod. liv.* 10, *tit.* 37.

46.

Si de momentaneâ possessione fuerit appellatum. *Cod. lib.* 7, *tit.* 69.

Abr. *cod. si de moment. possess.*

46.

De l'appel interjeté contre une possession provisoire. *Cod. liv.* 7, *tit.* 69.

47.

Si dos constante matrimonio soluta fuerit. *Cod. lib.* 5, *tit.* 19.

Abr. *cod. si dos const. matrim.*

47.

De la dot qui a été payée pendant le mariage. *Cod. liv.* 5, *tit.* 19.

22

S

48.

Si ex falsis instrumentis vel testimoniis judicatum sit. *Cod. lib.* 7, *tit.* 58.
Abr. *cod. si ex fals. instrum. vel test.*

48.

De ce qui a été jugé d'après de fausses pièces et de faux témoignages. *Cod. liv.* 7, *tit.* 58.

49.

Si ex pluribus Tutoribus vel Curatoribus omnes vel unus agere pro Minore vel conveniri possint. *Cod. lib.* 5, *tit.* 40.
Abr. *cod. si ex plur. tut. vel curat.*

49.

Si, existant plusieurs Tuteurs ou Curateurs, tous, ou l'un d'entr'eux seulement, peuvent actionner ou être actionnés au nom du Mineur. *Cod. liv.* 5, *tit.* 40.

50.

Si in causa judicati pignus captum sit. *Cod. lib.* 8, *tit.* 23.
Abr. *cod. si in caus. jud. pign. capt.*

50.

Des saisies. *Cod. liv.* 8, *tit.* 23.

51.

Si in communi eâdemque causâ in integrum restitutio postuletur. *Cod. lib.* 2, *tit.* 26.
Abr. *cod. si in comm. eád. caus. in int.*

51.

De la restitution qui est demandée pour une chose commune. *Cod. liv.* 2, *tit.* 26.

52.

Si in fraudem Patroni à Libertis alienatio facta sit. *Cod. lib.* 6, *tit.* 5.
Abr. *cod. si in fraud. patr. à lib.*

52.

Du cas où une aliénation a été faite par des Affranchis en fraude de leurs Patrons. *Cod. liv.* 6, *tit.* 5.

53.

(De) Silentiariis et Decurionibus eorum. *Ccd. lib.* 12, *tit.* 16.
Abr. *cod. de silent. et decur.*

53.

De ceux qui sont chargés de veiller dans l'antichambre du Prince, et de leurs Décurions. *Cod. liv.* 12, *tit.* 16.

S

54.

Si liberalitatis imperialis socius sine hærede decesserit. *Cod. lib.* 10, *tit.* 14.
Abr. *cod. si liberal. imperial. soc.*

54.

Si l'un de deux Associés à qui le Prince a fait quelque libéralité meurt sans Enfans, sa portion est acquise à l'Associé survivant. *Cod. liv.* 10, *tit.* 14.

55.

Si Major factus alienationem factam sine decreto ratam habuerit. *Cod. lib.* 5, *tit.* 74.
Abr. *cod. si maj. fact. alien. fact.*

55.

Du Mineur qui, après sa majorité, a ratifié l'aliénation faite sans décret. *Cod. liv.* 5, *tit.* 74.

56.

Si Major factus ratum habuerit. *Cod. lib.* 2, *tit.* 46.
Abr. *cod. si maj. fact. rat. hab.*

56.

Du Mineur qui a ratifié en majorité. *Cod. liv.* 2, *tit.* 46.

57.

Si Mancipium ita fuerit alienatum, ut manumittatur, vel contra. *Cod. lib.* 4, *tit.* 57.
Abr. *cod. si manc. ita fuert. alien.*

57.

De l'Esclave qui a été aliéné sous la condition qu'il serait affranchi, ou sous celle qu'il ne le serait pas. *Cod. liv.* 4, *tit.* 57.

58.

Si Mancipium ita venierit, ne prostituatur. *Cod. lib.* 4, *tit.* 56.
Abr. *cod. si manc. ita ven. ne prost.*

58.

De l'Esclave qui a été vendu sous la condition qu'il ne serait pas prostitué. *Cod. liv.* 4, *tit.* 56.

59.

Si Mater indemnitatem promisit. *Cod. lib.* 5, *tit.* 46.
Abr. *cod. si mat. indemn.*

59.

De la Mère qui a promis, en cas de mauvaise administration de la tutelle, d'indemniser les Tuteurs ou les Pupilles. *Cod. liv.* 5, *tit.* 46,

S

60.

Si Minor ab hæreditate se abs-tineat. *Cod. lib.* 2, *tit.* 39. Abr. *cod. si min. ab hæred. se abst.*

Du Mineur qui a renoncé à une hérédité. *Cod. liv.* 2, *tit.* 39.

61.

Si Minor se Majorem dixerit. *Cod. lib.* 2, *tit.* 43. Abr.*cod. si min. se major. dixer.*

Du Mineur qui s'est dit Majeur. *Cod. liv.* 2, *tit.* 43.

62.

Sine censu vel reliquis fundum comparari non posse. *Cod. lib.* 4, *tit.* 47. Abr. *cod. sin. cens. vel reliq.*

Défenses qu'un fonds ne puisse être acheté sans charge de cens et arrérages. *Cod. liv.* 4, *tit.* 47.

63.

Si nuptiæ ex rescripto petantur. *Cod. lib.* 5, *tit.* 8. Abr. *cod. si nupt. ex rescript.*

Du mariage contracté en vertu d'un rescrit. *Cod. liv.* 5, *tit.* 8.

64.

Si omissa sit causa testamenti. *Cod. lib.* 6, *tit.* 39. Abr.*cod. si omiss. caus. testam.*

Du cas où la succession n'est pas acceptée comme testa-mentaire. *Cod. liv.* 6, *tit.* 39.

65.

Si pendente appellatione mors intervenerit. *Cod. lib.* 7, *tit.* 66. Abr. *cod. si pendent. appell. mors interv.*

Du cas où l'Appelant vient à mourir, tandis que la cause d'appel est pendante. *Cod. liv.* 7, *tit.* 66.

66.

Si per vim vel alio modo absentis perturbata sit possessio. *Cod. lib.* 8, *tit.* 5. Abr. *cod. si per vim vel al. mod. absent.*

De celui qui, par la violence ou autrement, a troublé la possession d'un absent. *Cod. liv.* 8, *tit.* 5.

S

67.

i pignoris conventionem numeratio pecuniæ secuta non fuerit. *Cod. lib.* 8 , *tit.* 33.
Abr. *cod. si pign. convent. num. pec.*

67.

Du cas où quelqu'un espérant recevoir une somme d'argent, a donné, pour cette somme, des gages à celui qui devait la lui prêter, et qui ne la lui a pas prêtée. *Cod. liv.* 8 , *tit.* 33.

68.

Si pignus pignori datum sit. *Cod. lib.* 8 , *tit.* 24.
Abr. *cod. si pign. pign. dat.*

68.

Du gage donné une seconde fois à titre de gage par le Créancier qui l'a reçu. *Cod. liv.* 8 , *tit.* 24.

69.

Si plures unâ sententiâ condemnati sunt. *Cod. lib.* 7 , *tit.* 55.
Abr. *cod. si plur. un. sent.*

69.

Du cas où plusieurs personnes sont condamnées par la même sentence. *Cod. liv.* 7 , *tit.* 55.

70.

Si post creationem quis decesserit. *Cod. lib.* 10 , *tit.* 68.
Abr. *cod. si post creat. quis dec.*

70.

Si quelqu'un meurt après sa nomination à quelque charge. *Cod. liv.* 10, *tit.* 68.

71.

Si propter inimicitias creatio facta sit. *Cod. lib.* 10 , *tit.* 66.
Abr. *cod. si propt. inimic. creat. fact.*

71.

Si quelqu'un est élevé à quelque charge par suite de la haine qu'on lui porte. *Cod. liv.* 10, *tit.* 66.

72.

Si propter publicas pensitationes venditio celebrata sit. *Cod. lib.* 4 , *tit.* 46.
Abr. *cod. si propt. publ. pensit.*

72.

De la vente faite pour cause des contributions publiques. *Cod. liv.* 4 , *tit.* 46.

73.

Si quacumque præditus potestate, vel ad cum pertinentes, ad suppositarum jurisdictionis

73.

De celui qui, étant revêtu de quelque dignité, et de ses officiers qui ont tenté de se

S

suæ aspirare tentaverint nuptias. *Cod. liv.* 5, *tit.* 7.
Abr. *cod. si quacumq. præd. potest.*

marier avec une personne soumise à leur juridiction. *Cod. liv.* 5, *tit.* 7.

74.

Si quis aliquem testari prohibuerit , vel coegerit. *Cod. lib.* 6 , *tit.* 34.
Abr. *cod. si quis aliq. test. prohib.*

74.

De celui qui a empêché ou forcé quelqu'un de tester. *Cod. liv.* 6 , *tit.* 34.

75.

Si quis alteri vel sibi sub alterius nomine vel alienâ pecuniâ emerit. *Cod. lib.* 4 , *tit.* 50.
Abr. *cod. si quis alt. vel. sib sub alt. nom.*

75.

De celui qui a acheté pour un autre , ou pour soi sous le nom d'un autre , ou avec l'argent d'autrui. *Cod. liv.* 4 , *tit.* 50.

76.

Si quis eam cujus Tutor fuerit , corruperit. *Cod. lib.* 9 , *tit.* 10.
Abr. *cod. si quis eam cuj. tut. fuer.*

76.

Si un Tuteur a corrompu celle qui a été autrefois sa Pupille. *Cod. liv.* 9 , *tit.* 10.

77.

Si quis ignorans rem minoris esse , sine decreto comparaverit. *Cod. lib.* 5 , *tit* 73.
Abr. *cod. si quis ign. rem minor. ess.*

77.

De celui qui , ignorant la nature du bien , a acheté un bien de Mineur , sans qu'il y eut un décret qui en permit la vente. *Cod. liv.* 5 , *tit.* 73.

78.

Si quis imperatori maledixerit. *Cod. lib.* 9 , *tit.* 7.
Abr. *cod. si quis imperat. mal.*

78.

Si quelqu'un médit de l'Empereur. *Cod. liv.* 9 , *tit.* 7.

79.

Si Rector provinciæ , vel ad eum pertinentes , sponsalitias

79.

Du Gouverneur de la province ou de ceux attachés à lui qui

S

, dederint arrhas. *Cod. lib.* 5 , tit. 2 ,
Abr. *cod. si rect. provinc. vel cum pertin.*

ont donné des arrhes à cause de fiançailles. *Cod. liv.* 5 ; tit. 2.

80.

Si reus vel accusator mortuus fuerit. *Cod. lib.* 9 , tit. 6.
Abr. *cod. si reus vel accus. mort.*

80.

Si l'accusé ou l'accusateur vient à mourir. *Cod. liv.* 9 , tit. 6,

81.

Si sæpius in integrum restitutio postuletur. *Cod. lib.* 2 , tit. 44.
Abr. *cod. si sæp. in integ. rest. post,*

81.

De la restitution qui est demandée plusieurs fois. *Cod. liv.* 2 , tit. 44.

82.

Si secundo nupserit Mulier, cui Maritus usumfructum reliquit. *Cod. lib.* 5 , tit. 10.
Abr. *cod. si secund. nups. mul.*

82.

De la Femme qui , ayant reçu de son premier Mari un usufruit, a convolé à de secondes nôces. *Cod. liv.* 5 , tit. 10.

83.

Si Servus aut Libertus ad Decurionatum aspiraverit. *Cod. lib.* 10 , tit. 32.
Abr. *cod. si serv. aut lib. ad decurion.*

83.

Si un Esclave ou un Affranchi aspire à l'honneur de Décurion. *Cod. liv.* 10 , tit. 32,

84.

Si Servus exportandus? veneat. *Cod. lib.* 4 , tit. 55.
Abr. *cod. si serv. export. ven.*

84.

De l'Esclave qui est vendu pour être expatrié. *Cod. liv.* 4 ; tit. 55.

85.

Si Servus extero se emi mandaverit *Cod. lib.* 4 , tit. 36.
Abr. *cod. si serv. ext. se em. mandav.*

85.

De l'Esclave qui a mandé à un Étranger de l'acheter. *Cod. liv.* 4 , tit. 36.

86.

Si Tutor vel Curator falsis allegationibus, excusatus sit.
Cod. lib. 5, *tit.* 63.
Abr. *cod. si tut. vel cur. fals.
allegat. excus.*

86.

Du cas où un Tuteur ou un
Curateur a été excusé sous de
fausses allégations. *Cod. liv.*
5, *tit.* 63.

87.

Si Tutor vel Curator intervenerit. *Cod. lib.* 2, *tit.* 25.
Abr. *cod. si tut. vel cur. interv.*

87.

De la restitution du Mineur
qui a agi sous l'assistance de
son Tuteur ou de son Curateur.
Cod. liv. 2, *tit.* 25.

88.

Si Tutor vel Curator non ges-
serit. *Cod. lib.* 5, *tit.* 55.
Abr. *cod. si tut. vel cur. non gess.*

88.

Du Tuteur ou du Curateur qui
n'ont point administré. *Cod.
liv.* 5, *tit.* 55.

89.

Si Tutor vel Curator reipublicæ
causâ aberit. *Cod. lib.* 5, *tit.*
64.
Abr. *cod. si tut. vel cur. reip.
caus. aber.*

89.

Du Tuteur ou du Curateur qui
est absent pour cause de la
république. *Cod. liv.* 5, *tit.* 64.

90.

Si vendito pignore agatur. *Cod.
lib.* 8, *tit.* 30.
Abr. *cod. si vendit. pign. agat.*

90.

Du cas où la vente du gage est
attaquée. *Cod. liv.* 8, *tit.* 30.

91.

Si unus ex pluribus appellaverit.
Cod. lib. 7, *tit.* 68.
Abr. *cod. si un. ex plur. appell.*

91.

Du cas où l'un des condamnés
seulement interjette appel.
Cod. liv. 7, *tit.* 68.

92.

Si ex pluribus Hæredibus Cre-
ditoris vel Debitoris partem
suam debiti solverit, vel acce-
perit. *Cod. lib.* 8, *tit.* 32.
Abr. *cod. si un. ex plur. hæred.
cred. vel deb.*

92.

Du cas où, sur plusieurs Héritiers du Créancier, un seul
accepte le payement de la
portion qui lui est due; et de
celui où, sur plusieurs Héritiers du Débiteur, un seul
paye la portion de la dette.
Cod. liv. 8, *tit.* 32.

S

93.

Si ut omissam hæreditatem vel bonorum possessionem, vel quid aliud acquirat. *Cod. lib.* 2, *tit.* 40.

Abr. *cod. si ut omiss. hæred. vel bon. possess.*

93.

Du Mineur qui demande la restitution pour acquérir une hérédité qu'il n'a pas acceptée, ou une possession de biens ou quelqu'autre chose. *Cod. liv.* 2, *tit.* 40.

94.

(De) Solutionibus et libera-tionibus. *Cod. lib.* 8, *tit.* 43.

Abr. *cod. de solut. et liberat.*

94.

Des paiemens et des libérations. *Cod. liv.* 8, *tit.* 43.

95.

(De) Solutionibus et libera-tionibus Debitorum civitatis. *Cod. lib.* 11, *tit.* 39.

Abr. *cod. de solut. et liber. deb. civ.*

95.

Du paiement et de la libération des Débiteurs d'une ville. *Cod. liv.* 11, *tit.* 39.

96.

Soluto matrimonio quemadmo-dum dos petatur. *Cod. lib.* 5, *tit.* 18.

Abr. *cod. sol. mat. quemad. dos.*

96.

De la demande de la dot dans le cas de la dissolution du mariage. *Cod. liv.* 5, *tit.* 18.

97.

(De) Spectaculis, et Scenicis, et Lenonibus. *Cod. lib.* 11, *tit.* 40.

Abr. *cod. de spect. et scen. et len.*

97.

Des spectacles, des Comédiens, et de ceux qui font un trafic infâme. *Cod. liv.* 11, *tit.* 40.

98.

(De) Sponsalibus, et arris spon-salitiis, et Proxeneticis. *Cod. lib.* 5, *tit.* 1.

Abr. *cod. de spons. et ar. spons.*

98.

Des fiançailles, des arrhes à cause des fiançailles et du salaire des Proxénètes. *Cod. liv.* 5, *tit.* 1.

S

99.

(De) Sportulis et sumptibus in diversis judiciis faciendis, et de Executoribus litium. *Cod. lib.* 3, *tit.* 2.
Abr. *cod. de sport. et sumpt.*

99.

Des frais et dépenses de diverses sortes de procès, et des Exécuteurs de justice. *Cod. liv.* 3, *tit.* 2.

100.

(De) Statuis et imaginibus. *Cod. lib.* 1, *tit.* 24.
Abr. *cod. de stat. et imag.*

100.

Des statues et des tableaux. *Cod. liv.* 1, *tit.* 24.

101.

(De) Stratoribus. *Cod. lib.* 12, *tit.* 25.
Abr. *cod. de strat.*

101.

De ceux qui essayent et inspectent les chevaux. *Cod. liv.* 12, *tit.* 25.

102.

(De) Studiis liberalibus urbis Romæ, et Constantinopolitanæ. *Cod. lib.* 11, *tit.* 18.
Abr. *cod. de stud. lib.*

102.

Des études libérales et des étudians de la ville de Rome et de Constantinople. *Cod. liv.* 11, *tit.* 18.

103.

(De) Suariis, et Susceptoribus vini et cæteris Corporatis. *Cod. lib.* 11, *tit.* 16.
Abr. *cod. de suar. et suscept.*

103.

Des Gardeurs de cochons, des Revendeurs de vin, et des autres Membres de corporations. *Cod. liv.* 11, *tit.* 16.

104.

(De) Successorio edicto. *Cod. lib.* 6, *tit.* 16.
Abr. *cod. de success. edict.*

104.

De l'édit qui fixe l'ordre entre ceux qui sont appelés à la succession prétorienne. *Cod. liv.* 6, *tit.* 16.

105.

De) Suffragio. *Cod. lib.* 4, *tit.* 3.
Abr. *cod. de suffrag.*

105.

De ce qui est promis à quelqu'un pour avoir son suffrage. *Cod. liv.* 4, *tit.* 3.

S

106.

(De) Suis et legitimis Liberis, et ex Filiâ nepotibus ab intestato venientibus. *Cod. lib. 6, tit.* 55.
Abr. *cod. de suis et leg. lib.*

Des Enfans siens et légitimes; et des Petits-Enfans nés d'une Fille appelés à la succession *ab intestat. Cod. liv.* 6 , *tit.* 55.

107.

Sumptus injuncti muneris ad omnes collegas pertinere. *Cod. lib.* 11, *tit.* 37.
Abr. *cod. sumpt. injunct.*

Les dépenses faites par un membre de collège pour exiger un tribut, regardent aussi ses collègues. *Cod. liv.* 11 , *tit.* 37.

108.

(De) Sumptuum recuperatione. *Cod. lib.* 10, *tit.* 67.
Abr. *cod. de sumpt. recup.*

Du recouvrement des frais faits par celui qui a appelé de sa nomination. *Cod. liv.* 10, *tit.* 67.

109.

(De) Superexactionibus. *Cod. lib.* 10, *tit.* 20.
Abr. *cod. de superexact.*

Des Collecteurs qui exigent plus qu'il n'est dû. *Cod. liv.* 10, *tit.* 20.

110.

(De) Superindicto *Cod. lib.* 10, *tit.* 18.
Abr. *cod. de superind.*

De ce qui est ajouté aux impôts. *Cod. liv.* 10, *tit.* 18.

111.

(De) Susceptoribus, Præpositis, et Arcariis. *Cod. lib.* 10, *tit.* 70.
Abr. *cod. de suscept. præp.*

Des Receveurs des tributs, de leurs Préposés, et des Trésoriers. *Cod. liv.* 10, *tit.* 70.

112.

(De) Suspectis Tutoribus vel Curatoribus. *Cod. lib.* 5, *tit.* 43.
Abr. *cod. de suspect. tut.*

Des Tuteurs et des Curateurs suspects. *Cod. liv.* 5, *tit.* 43.

T

<table>
<tr><td>

Institutionum.

N°. 1.

(De) Testamentis ordinandis. *Inst. lib.* 2, *tit.* 10.
Abr. *inst. de test. ord.*

2.

(De) Testamento militari. *Inst. lib.* 2, *tit.* 11.
Abr. *inst. de test. mil.*

3.

(De) Tutelis *Inst. lib.* 1, *tit.* 13.
Abr. *inst. de tutel.*

</td><td>

Des Institutes.

N°. 1.

De la forme des testamens. *Inst. liv.* 2, *tit.* 10.

2.

Du testament militaire. *Inst. liv.* 2, *tit.* 11.

3.

Des tutelles. *Inst. liv.* 1, *tit.* 13.

</td></tr>
</table>

~~~~~

<table>
<tr><td>

Digestorum.

N°. 1.

(De) Tabulis exhibendis. ff. *lib.* 43, *tit.* 5.
Abr. *ff. de tab. exhib.*

2.

(De) Termino moto. ff. *lib.* 47, *tit.* 21.
Abr. *ff. de term. mot.*

3.

(De) Testamentariâ tutelâ. ff. *lib.* 26, *tit.* 2.
Abr. *ff. de testam. tut.*

</td><td>

Digeste.

N°. 1.

De l'interdit pour se faire représenter des pièces relatives à un testament. *Dig. liv.* 43, *tit.* 5.

2.

Des bornes déplacées. *Dig. liv.* 47, *tit.* 21.

3.

De la tutelle testamentaire. *Dig. liv.* 26, *tit.* 2.

</td></tr>
</table>

T

4.

(De) Testamento militis. ff.
lib. 29, tit. 1.
Abr. ff. de testam. mil.

4.

Des testamens militaires. Dig.
liv. 29, tit. 1.

5.

Testamenta quemadmodum aperiantur, inspiciantur, et describantur. ff. lib. 29, tit. 3.
Abr. ff. testam. quemad. aper.

5.

De l'ouverture des testamens,
et de la liberté qu'on doit
laisser d'en prendre commu-
nication et d'en tirer des
copies. Dig. liv. 29, tit. 3.

6.

(De) Testibus. ff. lib. 22, tit. 5.
Abr. ff. de test.

6.

Des Témoins. Dig. liv. 22, liv. 5.

7.

(De) Tigno juncto. ff. lib. 47,
tit. 3.
Abr. ff. de tign. junct.

7.

Du vol des matériaux, etc. Dig.
liv. 47, tit. 3.

8.

(De) Transactionibus. ff. lib.
2, tit. 15.
Abr. ff. de transact.

8.

Des transactions. Dig. liv. 2,
tit. 15.

9.

(De) Tributoriâ actione. ff. lib.
14, tit. 4.
Abr. ff. de tribut. act.

9.

De l'action par laquelle on demande à venir par contribution avec le Père et le Maître
sur les fonds du commerce,
et du Fils et de l'Esclave
avec lequel on a contracté.
Dig. liv. 14, tit. 4.

10.

(De) Tritico, vino, vel oleo
legato. ff. lib. 33, tit. 6.
Abr. ff. de tritic. vin. vel ol. leg.

10.

Du legs qui a pour objet du
blé, du vin ou de l'huile.
Dig. liv. 33, tit. 6.

11.

(De) Tutelâ testamentariâ. ff. lib. 26 , tit. 2.

Abr. ff. de tut. testam.

11.

De la tutelle testamentaire, Dig. liv. 26, tit. 2.

12.

(De) Tutelæ et rationibus distrahendis , et utili curationis causâ actione. ff. lib. 27, tit. 3.

Abr. ff. de tut. et rat. distrah.

12.

De l'action à laquelle la tutelle donne lieu, de celle contre le Tuteur qui a dissipé les biens du Pupille, et enfin de l'action utile qui a lieu en matière de curatelle. Dig. liv. 27 , tit. 3.

13.

(De) Tutelis. ff. lib. 26, tit. 1.

Abr. ff. de tut.

13.

Des tutelles. Dig. liv. 26, tit. 1.

14.

(De) Tutoribus et Curatoribus datis ab his qui jus dandi : (et qui) et (in) quibus causis specialiter dari possunt. ff. lib. 26, tit. 5.

Abr. ff. de tut. et curat. dat.

14.

Des Tuteurs et des Curateurs donnés par les Magistrats qui en ont le droit, et des cas où ces Tuteurs peuvent être donnés. Dig. liv. 26, tit. 5.

~~~~

Codicis.

N°. 1.

(De) Tabulariis, Scribis, Logographis et Censualibus. Cod. lib. 10, tit. 69.

Abr. cod. de tabul. scrib. logog.

Code Justinien.

N°. 1.

De ceux qui sont attachés à la comptabilité des deniers publics, des Greffiers, de ceux qui dressent les rôles des tailles, et de ceux qui font la répartition des cens. Cod. liv. 10, tit. 69.

T

2.	2.
De) Tabulis exhibendis. *Cod. lib.* 8, *tit.* 7.	De la représentation des tes- tamens. *Cod. liv.* 8, *tit.* 7.
Abr. *cod. de tab. exhib.*	

3.	3.
De) Temporibus et reparatio- nibus appellationum, seu con- sultationum. *Cod. lib.* 7, *tit.* 63.	Des délais concernant les ap- pels, et des réintégrations d'appel. *Cod. liv.* 7, *tit.* 63.
Abr. *cod. de temp. et reparat. appell.*	

4.	4.
De) Temporibus in integrum restitutionis tam Minorum, et aliarum Personarum quæ restitui possunt, quam Hæ- redum eorum. *Cod. lib.* 2, *tit.* 53.	Du tems utile pendant lequel les Mineurs et les autres Personnes qui peuvent etre restituées, ainsi que leurs Héritiers, peuvent demander la restitution en entier. *Cod. liv.* 2, *tit.* 53.
Abr. *cod. de temp. in integ. rest.*	

5.	5.
De) Testamentariâ manumis- sione. *Cod. lib.* 7, *tit.* 2.	Des Affranchissemens testamen- taires. *Cod. liv.* 7, *tit.* 2.
Abr. *cod. de testam. manumiss.*	

6.	6.
De) Testamentariâ tutelâ. *Cod. lib.* 5, *tit.* 28.	De la tutelle testamentaire. *Cod. liv.* 5, *tit.* 28.
Abr. *cod. de testam. tut.*	

7.	7.
De) Testamentis et quemad- modum testamenta ordinen- tur. *Cod. lib.* 6, *tit.* 23.	Des testamens et de leurs for- malités. *Cod. liv.* 6, *tit.* 23.
Abr. *cod. de testam. et quemad.*	

T

<table>
<tr><td>8.</td><td>8.</td></tr>
</table>

(De) Testamento militis. *Cod. lib.* 6 , *tit.* 21.
Abr. *cod. de testam. mil.*

Des testamens militaires. *Cod. liv.* 6, *tit.* 21.

9.

(De) Testibus. *Cod. lib.* 4, *tit.* 20.
Abr. *cod. de test.*

9.

Des Témoins. *Cod. liv.* 4, *tit.* 20.

10.

(De) Thesauris. *Cod. lib.* 10, *tit.* 15.
Abr. *cod. de thesaur.*

10.

Des trésors. *Cod. liv.* 10 , *tit.* 15.

11.

(De) Tractatoriis et stativis. *Cod. lib.* 12, *tit.* 52.
Abr. *cod. de tractator. et stativ.*

11.

Des lettres données par le Prince pour se servir des postes et relais. *Cod. liv.* 12 , *tit.* 52.

12.

(De) Transactionibus. *Cod. lib.* 2, *tit.* 4.
Abr. *cod. de transact.*

12.

Des transactions. *Cod. liv.* 2, *tit.* 4.

13.

(De) Tutoribus vel Curatoribus illustrium vel clarissimarum Personarum. *Cod. lib.* 5 , *tit.* 33.
Abr. *cod. de tut. vel cur. illust.*

13.

Des Tuteurs et des Curateurs des Personnes illustres ou nobles. *Cod. liv.* 5, *tit.* 33.

14.

(De) Tutore vel Curatore qui satis non dedit. *Cod. lib.* 5, *tit.* 42.
Abr. *cod. de tut. vel cur. qui sat. n. ded.*

14.

Du Tuteur et du Curateur qui n'ont point fourni caution. *Cod. liv.* 5, *tit.* 42.

T

15.

(De) Tyronibus. *Cod. lib.* 12, *tit.* 44.

Abr. *cod. de tyron.*

15.

Des Élèves des écoles mili-taires. *Cod. liv.* 12, *tit.* 44.

~~~~~~

U V

Institutionum.

Des Institutes.

N°. 1.

(De) Verborum obligationibus. *Inst. lib.* 3, *tit.* 16.

Abr. *inst. de verb. oblig.*

N°. 1.

Des obligations qui se forment par les paroles. *Inst. liv.* 3, *tit.* 16.

2.

(De) Vi bonorum raptorum. *Inst. lib.* 4, *tit.* 2.

Abr. *inst. de vi bon. rapt.*

2.

De l'action qui est donnée pour raison des biens pris par force. *Inst. liv.* 4, *tit.* 2.

3.

(De) Usucapionibus et longi temporis præscriptionibus. *Inst. lib.* 2, *tit.* 6.

Abr. *inst. de usuc. et long. temp.*

3.

Des usucapions et des prescriptions. *Inst. liv.* 2, *tit.* 6.

4.

(De) Usu et habitatione. *Inst. lib.* 2, *tit.* 5.

Abr. *inst. de us. et hab.*

4.

De l'usage et de l'habitation. *Inst. liv.* 2, *tit.* 5.

5.

(De) Usufructu. *Inst. lib.* 2, *tit.* 4.

Abr. *inst. de usufr.*

5.

De l'usufruit. *Inst. liv.* 2, *tit.* 4.

6.

(De) Vulgari substitutione. *Inst. lib.* 2, *tit.* 15.

Abr. *inst. de vulg. substit.*

6.

De la substitution vulgaire. *Inst. liv.* 2, *tit.* 15.

U V

| Digestorum. | Du Digeste. |

N°. 1.

(De) Vacatione et excusatione munerum. ff. *lib.* 5o, *tit.* 5. Abr. *ff. de vacat. et excus. mun.*

De la vacance des emplois, et des excuses que l'on peut proposer pour être exempt de les remplir. *Dig. liv.* 5o, *tit.* 5.

2.

Ubi Pupillus educari vel morari debeat : et de alimentis ei præstandis. ff. *lib.* 27, *tit.* 2. Abr. *ff. ubi pup. educ.*

De l'endroit où le Pupille doit demeurer et être instruit, et de l'obligation où est le Tuteur de lui fournir des alimens. *Dig. liv.* 27, *tit.* 2.

3.

(De) Ventre in possessionem mittendo, et Curatore ejus. ff. *lib.* 37, *tit.* 9. Abr. *ff. de vent. in poss. mitt.*

De l'Enfant qui, étant encore dans le sein de sa Mère, reçoit une provision alimentaire sur les biens du Défunt, et du Curateur qu'on lui donne. *Dig. liv.* 37, *tit.* 9.

4.

(De) Verborum obligationibus. ff. *lib.* 45, *tit.* 1. Abr. *ff. de verb. oblig.*

Des obligations par les paroles. *Dig. liv.* 45, *tit.* 1.

5.

(De) Verborum significatione. ff. *lib.* 5o, *tit.* 16. Abr. *ff. de verb. signif.*

De la signification des termes. *Dig. liv.* 5o, *tit.* 16.

6.

(De) Veteranis. ff. *lib.* 49, *tit.* 18. Abr. *ff. de veter.*

Des Vétérans. *Dig. liv.* 49, *tit.* 18.

U V

7.
De) Veteranorum et Militum successione. ff. *lib.* 38, *tit.* 12.
Abr. *ff. de vet. et mil. success.*

De la succession des Militaires et des Vétérans. *Dig. liv.* 38, *tit.* 12.

8.
(De) Viâ publicâ, et itinere publico reficiendo. ff. *lib.* 43, *tit.* 11.
Abr. *ff. de viá pub. et itin. pub.*

De l'interdit sur la réparation des rues et des chemins publics. *Dig. liv.* 43, *tit.* 11.

9.
(De) Viâ publicâ, et si quid in câ factum esse dicatur. ff. *lib.* 43, *tit.* 10.
Abr. *ff. de viá pub. et si q. in ea.*

De l'édit concernant les rues et les ouvrages qui y seraient faits. *Dig. liv.* 43, *tit.* 10.

10.
Vi bonorum raptorum et de turbâ. ff. *lib.* 47, *tit.* 8.
Abr. *ff. vi bon. rapt.*

Des biens ravis par force, et de l'attroupement. *Dig. liv.* 47, *tit.* 8.

11.
(De) Vi et de vi armatâ. ff. *lib.* 43, *tit.* 16.
Abr. *ff. de vi et de vi arm.*

De l'interdit contre la violence simple, et contre la violence à main armée. *Dig. liv.* 43, *tit.* 16.

12.
(De) Vino, tritico, vel oleo legato. ff. *lib.* 33, *tit.* 6.
Abr. *ff. de vin. trit. v. ol. leg.*

Du legs qui a pour objet du blé, du vin ou de l'huile. *Dig. liv.* 33, *tit.* 6.

13.
Unde Cognati. ff. *lib.* 38, *tit.* 8.
Abr. *ff. und. cogn.*

De la succession prétorienne déférée *ab intestat* aux Cognats. *Dig. liv.* 38, *tit.* 8.

14.
Unde Liberi. ff. *lib.* 38, *tit.* 6.
Abr. *ff. und. lib.*

Des successions prétoriennes *ab intestat* déférées aux Enfans. *Dig. liv.* 38, *tit.* 6.

U V

15.

Unde Legitimi. ff. *lib.* 38, *tit.* 7.
Abr. *ff. und. legit.*

De la succession prétorienne
déférée *ab intestat* aux Agnats.
Dig. liv. 38, *tit.* 7.

16.

Unde Vir et Uxor. ff. *lib.* 38,
tit. 11,
Abr. *ff. und. vir et ux.*

De la succession prétorienne
déférée *ab intestat* au Mari ou
à la Femme. *Dig. liv.* 38,
tit. 11.

17.

(De) Usucapionibus et usurpationibus et pro soluto. ff. *lib.*
41, *tit.* 3.
Abr. *ff. de usucap. et usurp.*

De l'interruption de la prescription et de la prescription
ordinaire. *Dig. liv.* 41, *tit.* 3.

18.

(De) Usu et habitatione. ff.
lib. 7, *tit.* 8.
Abr. *ff. de us. et hab.*

De l'usage et de l'habitation.
Dig. liv. 7, *tit.* 8.

19.

(De) Usu et usufructu, et
reditu, et habitatione et
operis per legatum fideicommissum datis. ff. *lib.* 33, *tit.* 2.
Abr. *ff. de us. et usuf.*

Des legs ou fideicommis qui
ont pour objet l'usage, l'usufruit, le revenu d'un fonds,
l'habitation et les travaux des
hommes. *Dig. liv.* 33, *tit.* 2.

20.

(De) Usufructu accrescendo. ff.
lib. 7, *tit.* 2.
Abr. *ff. de usuf. accr.*

De l'accroissement de l'usufruit.
Dig. liv. 7, *tit.* 2.

21.

(De) Usufructu earum rerum
quæ usu consumuntur vel
minuuntur. ff. *lib.* 7, *tit.* 5.
Abr. *de usuf. ear. rer.*

De l'usufruit des choses qui se
consument par l'usage, ou
que l'usage altère ou diminue.
Dig. liv. 7, *tit.* 5.

U V

22.

(De) Usufructu, et quemadmodum quis utatur fruatur. ff. *lib.* 7, *tit.* 1.

Abr. *ff. de usuf. et quemad. q. ut.*

22.

De l'usufruit, et de la manière d'en jouir. *Dig. liv.* 7, *tit.* 1

23.

Usufructuarius quemadmodum caveat. ff. *lib.* 7, *tit.* 9.

Abr. *ff. usuf. quemad. cav.*

23.

De la manière dont l'usufruitier doit donner caution. *Dig. liv.* 7, *tit.* 9.

24.

(De) Usuris et fructibus et causis et omnibus accessionibus et morà. *lib.* 22, *tit.* 1.

Abr. *ff. de usur. et fruct.*

24.

Des intérêts d'une somme, des fruits, des qualités et de tous les accessoires d'une chose, et de la demeure où est une partie de satisfaire à l'autre. *Dig. liv.* 22, *tit.* 1.

25.

Ut ex legibus Senatusve Consultis bonorum possessio detur. ff. *lib.* 38, *tit.* 14.

Abr. *ff. ut ex leg. s. c. bon. poss.*

25.

De la succession prétorienne accordée par des Sénatus-Consultes ou par des lois particulières. *Dig. liv.* 38, *tit.* 14

26.

Ut in flumine publico navigare liceat. ff. *lib.* 43, *tit.* 14.

Abr. *ff. ut in flum. pub. nav.*

26.

De l'interdit par lequel on réclame le droit de naviguer sur une rivière publique. *Dig. liv.* 43, *tit.* 14.

27.

Ut in possessionem legatorum vel Fideicommissorum servandorum causâ esse liceat. ff. *lib.* 36, *tit.* 4.

Abr. *ff. ut in poss. leg.*

27.

De la permission qui est accordée au Légataire et au Fidéicommissaire de se mettre en possession des effets de la succession, faute par les Héritiers de donner caution. *Dig. liv.* 36, *tit.* 4.

U V

28.

Ut legatorum seu Fideicommissorum servandorum causâ
caveatur. ff. *lib.* 36, *tit.* 3.
Abr. *ff. ut leg. seu fideic. serv.*

28.

De la caution que doit donner
l'Héritier au Légataire pour
lui assurer le payement de
son legs. *Dig. liv.* 36, *tit.* 3.

29.

Uti possidetis. ff. *lib.* 43, *tit.* 17.
Abr. *ff. uti poss.*

29.

De l'interdit *uti possidetis*, à
l'effet de se maintenir en
possession. *Dig. liv.* 43, *tit.*
17.

30.

(De) Vulgari et pupillari substitutione. ff. *lib.* 28, *tit.* 6.
Abr. *ff. de vulg. et pup. subst.*

30.

Des substitutions vulgaire et
pupillaire. *Dig. liv.* 28, *tit.* 6.

~~~~~~~

Codicis.

Code Justinien.

Nº. 1.

(De) Vacatione publici muneris. *Cod. lib.* 10, *tit.* 45.
Abr. *cod. de vac. pub. mun.*

Nº. 1.

De l'exemption des charges
publiques. *Cod. liv.* 10, *tit.*
45.

2.

Ubi causæ fiscales vel divinæ
domus hominumque ejus agantur. *Cod. lib.* 3, *tit.* 26.
Abr. *cod. ubi caus. fiscal.*

2.

Du lieu où doivent se juger les
causes qui concernent le fisc,
ou les propriétés de l'Empereur, ou les personnes qui
y sont attachées. *Cod. liv.* 3,
tit. 26.

3.

Ubi causa status agi debeat,
Cod. lib. 3, *tit.* 22.
Abr. *cod. ubi caus. sta.*

3.

Du lieu où l'on doit intenter
les actions d'état. *Cod. liv.* 3,
tit. 22.

U V

4.

Ubi conveniatur qui certo loco dare promisit. *Cod. lib. 3, tit.* 18.

Abr. *cod. ubi conv.*

Du lieu de l'assignation de celui qui a promis de payer ou de livrer dans un lieu déterminé. *Cod. liv. 3, tit.* 18.

5.

Ubi de criminibus agi oporteat. *Cod. lib. 3, tit.* 15.

Abr. *cod. ubi de crim.*

Des lieux où l'on doit poursuivre les crimes. *Cod. liv. 3, tit.* 15.

6.

Ubi de hæreditate agatur vel ubi Heredes scripti in possessionem mitti postulare debeant. *Cod. lib. 3, tit.* 20.

Abr. *cod. ubi. de hered. ag.*

Du lieu où on doit demander l'hérédité, ou de celui où les Héritiers écrits doivent demander à être envoyés en possession. *Cod. liv. 3, tit.* 20.

7.

Ubi de possessione agi oporteat. *Cod. lib. 3, tit.* 16.

Abr. *cod. ubi. de poss. ag. op.*

Du lieu où l'on doit intenter l'action de possession. *Cod. 3, tit.* 16.

8.

Ubi de ratiociniis tam publicis, quàm privatis, agi oportet. *Cod. lib. 3, tit.* 21.

Abr. *cod. ubi de ratioc.*

Du lieu où il faut actionner pour rendre des comptes, tant publics que privés. *Cod. liv. 3, tit.* 21.

9.

Ubi et apud quem cognitio in integrum restitutionis agitanda sit. *Cod. lib. 2, tit.* 47.

Abr. *cod. ubi et ap. q. cog. in int. rest.*

Où et devant quel juge on doit poursuivre la demande en restitution en entier. *Cod. liv. 2, tit.* 47.

10.

Ubi fideicommissum peti oporteat. *Cod. lib. 3, tit.* 17.

Abr. *cod. ubi fideicomm.*

Du lieu où il convient de demander le fidéicommis. *Cod. liv. 3, tit.* 17.

U V

11.

Ubi in rem actio exerceri debeat. *Cod. lib.* 3, *tit.* 19.
Abr. *cod. ubi in rem act.*

Du lieu où l'on doit exercer
l'action *in rem. Cod. liv.* 3,
tit. 19.

12.

Ubi petantur Tutores vel Curatores. *Cod. lib.* 5, *tit.* 32.
Abr. *cod. ubi pet. tut.*

Du lieu où l'on doit demander
les Tuteurs ou Curateurs.
Cod. liv. 5, *tit.* 32.

13.

Ubi Pupilli educari debeant.
Cod. lib. 5, *tit.* 49.
Abr. *cod. ubi. pup. educ.*

Chez qui les Pupilles doivent
être élevés. *Cod. liv.* 5, *tit.*
49.

14.

Ubi quis de Curiale vel cohortali, aliavè conditione conveniatur. *Cod. lib.* 3, *tit.*
23.
Abr. *cod. ubi q. de cur. coh.*

Du lieu qui, lorsqu'il s'agit de
citation en justice, doit être
considéré comme le domicile
des Décurions, des Cohor-
taux et autres Personnes. *Cod.
liv.* 3, *tit.* 23.

15.

Ubi Senatores vel clarissimi civiliter vel criminaliter conveniantur. *Cod. lib.* 3, *tit.*
24.
Abr. *cod. ubi senat. vel clariss.*

Du lieu où doivent être assignés civilement ou criminellement les Sénateurs et autres Personnes nobles. *Cod.
liv.* 3, *tit.* 24.

16.

(De) Vectigalibus et commissis
Cod. lib. 4, *tit.* 61.
Abr. *cod. de Vectig. et comm.*

Des droits sur les marchandises, et des contre-bandes.
Cod. liv. 4, *tit.* 61.

17.

Vectigalia nova institui non
posse *Cod. lib.* 4, *tit.* 62.
Abr. *cod. vectig. nov. inst. n. p.*

Défense d'établir de nouveaux
droits sur les marchandises,
Cod. liv. 4, *tit.* 62.

U V

18.

(De) Venatione ferarum.
Cod. *lib.* 11, *tit.* 44.
Abr. *cod. de ven. fer.*

De la chasse des bêtes féroces.
Cod. *liv.* 11, *tit.* 44.

19.

(De) Vendendis rebus civitatis.
Cod. *lib.* 11, *tit.* 31.
Abr. *cod. de vendend. reb. civ.*

De la vente des choses appartenant à la ville. Cod. *liv.* 11, *tit.* 31.

20.

(De) Venditione rerum fiscalium cum privatis communium. Cod. *lib.* 10, *tit.* 4.
Abr. *cod. de vend. rer. fisc.*

De la vente des choses appartenant en commun au fisc et à des particuliers. Cod. *liv.* 10, *tit.* 4.

21.

(De) Verborum et rerum significatione. Cod. *lib.* 6, *tit.* 38.
Abr. *cod. de verb. et rer. signif.*

De la signification des mots et des choses. Cod. *liv.* 6, *tit.* 38.

22.

(De) Vestibus holoberis et auratis et de intinctione sacri muricis. Cod. *lib.* 11, *tit.* 8.
Abr. *cod. de vest. holob. et aur.*

Des habits tissus de soie et d'or, et de la teinture de pourpre. Cod. *liv.* 11, *tit.* 8.

23.

(De) Veteranis. Cod. *lib.* 12, *tit.* 47.
Abr. *cod. de veter.*

Des Vétérans. Cod. *liv.* 12, *tit.* 47.

U   V

24.

(De) Veteri jure enucleando, et de auctoritate Jurisprudentium qui in digestis referuntur. *Cod. lib.* 1, *tit.* 17.
'Abr. *cod. de veter. jur. enucl.*

Du projet de débrouiller l'ancien droit, et de l'autorité des Jurisconsultes cités dans le digeste. *Cod. liv.* 1, *tit.* 17.

25.

(De) Veteris numismatis potestate. *Cod. lib.* 11, *tit.* 10.
Abr. *cod. de veter. numism.*

De la valeur de l'ancienne monnaie. *Cod. liv.* 11, *tit.* 10.

26.

(De) Vi bonorum raptorum. *Cod. lib.* 9, *tit.* 33.
'Abr. *cod. de vi bon. rapt.*

Des biens ravis par force. *Cod. liv.* 9, *tit.* 33.

27.

(De) Vindictâ (libertate) et apud concilium manumissione. *Cod. lib.* 7, *tit.* 1.
Abr. *cod. de vindict. libert.*

Des affranchissemens par la vindicte, et de ceux faits dans le conseil. *Cod. liv.* 7, *tit.* 1.

28.

Undè Legitimi et undè Cognati. *Cod. lib.* 6, *tit.* 15.
Abr. *cod. undè leg. und. cogn.*

De la succession prétorienne déférée aux Agnats et aux Cognats. *Cod. liv.* 6, *tit.* 15.

29.

Undè Liberi. *Cod. lib.* 6, *tit.* 14.
Abr. *cod. und. liber.*

De la possession des biens déférée aux Enfans par le Préteur. *Cod. liv.* 6, *tit.* 14.

30.

Undè vi. *Cod. lib.* 8, *tit.* 4.
Abr. *cod. und. vi.*

De l'interdit *unde vi. Cod. liv.* 8, *tit.* 4.

U   V

31.

Undè Vir et Uxor. *Cod. lib.* 6, *tit.* 18.
Abr. *cod. und. vir et ux.*

31.

De la succession prétorienne déférée *ab intestat* au Mari ou à la Femme. *Cod. lib.* 6, *tit.* 18.

32.

(De) Usucapione pro donato. *Cod. lib.* 7, *tit.* 27.
Abr. *cod. de usuc. pro donat.*

32.

De la prescription des choses données. *Cod. liv.* 7, *tit.* 27.

33.

(De) Usucapione pro dote. *Cod. lib.* 7, *tit.* 28.
Abr. *cod. de usuc. pro dot.*

33.

De la prescription de la dot. *Cod. liv.* 7, *tit.* 28.

34.

(De) Usucapione pro Emptore, vel transactione. *Cod. lib.* 7, *tit.* 26.
Abr. *cod. de usuc. pro empt.*

34.

De la prescription des meubles invoquée par le Possesseur à titre d'achat ou de transaction. *Cod. liv.* 7, *tit.* 26.

35.

(De) Usucapione pro Hærede. *Cod. lib.* 7, *tit.* 29.
Abr. *cod. de usuc. pro hæred.*

35.

De la prescription à l'égard de l'Héritier. *Cod. liv.* 7, *tit.* 29.

36.

(De) Usucapione transformandâ, et de sublatâ differentiâ rerum mancipi et nec mancipi. *Cod. lib.* 7, *tit.* 31.
Abr. *cod. de usuc. transform.*

36.

Du remplacement de l'usucapion par une nouvelle prescription et abolition de la distinction des choses en *mancipi et nec mancipi. Cod. liv.* 7, *tit.* 31.

U V

37.

(De) Usufructu , et habitatione et ministerio Servorum. *Cod. lib.* 3 , *tit.* 33.
Abr. *cod. de usuf. et habit. et minist.*

De l'usufruit, de l'habitation et du service des Esclaves. *Cod. liv.* 3 , *tit.* 33.

38.

(De) Usuris. *Cod. lib.* 4, *tit.* 32.
Abr. *cod. de usur.*

Des intérêts. *Cod. liv.* 4, *tit.* 32.

39.

(De) Usuris et fructibus legatorum seu fideicommissorum. *Cod. lib.* 6, *tit.* 47.
Abr. *cod. de usur. et fruct. leg.*

Des intérêts et des fruits des legs et des fidéicommis. *Cod. liv.* 6, *tit.* 47.

40.

(De) Usuris rei judicatæ. *Cod. lib.* 7, *tit.* 54.
Abr. *cod. de usur. rei jud.*

Des intérêts de la chose jugée. *Cod. liv.* 7, *tit.* 54.

41.

(De) Usuris pupillaribus. *Cod. lib.* 5, *tit.* 56.
Abr. *cod. de usur. pup.*

De l'intérêt de l'argent des Pupilles. *Cod. liv.* 5, *tit.* 56.

42.

Ut actiones et ab Hæredibus et contra Hæredes. *Cod. lib.* 4, *tit.* 11.
Abr. *cod. ut act. et ab hœred. et contr. hœred.*

Que les actions puissent commencer par les Héritiers ou contre les Héritiers. *Cod. liv.* 4, *tit.* 11.

U V

43.

armorum usus inscio Principe interdictus sit. *Cod. lib.* 11, *tit.* 46.

br. *cod. ut arm. us. insc. princ.*

43.

Défense de porter des armes sans la permission du Prince. *Cod. liv.* 11, *tit.* 46.

44.

causæ post pubertatem adsit Tutor. *Cod. lib.* 5, *tit.* 48.

br. *cod. ut caus. post pubert.*

44.

Que les Tuteurs sont tenus d'assister, dans leurs procès, leurs Pupilles devenus pubères. *Cod. liv.* 5, *tit.* 48.

45.

t dignitatum ordo servetur. *Cod. lib.* 12, *tit.* 8.

br. *cod. ut dign. ord. serv.*

45.

Que l'ordre des dignités soit gardé. *Cod. liv.* 12, *tit.* 8.

46.

t in possessionem legatorum vel Fideicommissorum servandorum causâ mittatur, et quando satisdari debeat. *Cod. lib.* 6, *tit.* 54.

br. *cod. ut in possess. leg. vel fid. serv.*

46.

Du cas où l'Héritier est tenu de donner caution aux Légataires ou aux Fidéicommissaires de leur restituer, au tems déterminé, le legs ou fidéicommis, et de ceux où les Légataires et Fidéicommissaires doivent être envoyés en possession des choses léguées ou laissées à titre de fidéicommis. *Cod. liv.* 6, *tit.* 54.

47.

t intra certum tempus criminalis quæstio terminetur. *Cod. lib.* 9, *tit.* 44.

br. *cod. ut intr. cert. temp. crim. quæst.*

47.

Que le procès des Criminels soit terminé dans le tems fixé. *Cod. liv.* 9, *tit.* 44.

U V

48.

Uti possidetis. *Cod. lib.* 8, *tit.* 6.
Abr. *cod. uti possid.*

De l'interdit *uti possidetis.*
Cod. liv. 8, *tit.* 6.

49.

Ut lite pendente, vel post provocationem, aut definitivam
sententiam, nulli liceat Imperatori supplicare. *Cod. lib.*
1, *tit.* 21.
Abr. *cod. ut lit. pend. vel post.
provoc.*

Qu'il ne soit permis à personne
de présenter requête à l'Empereur lorsque le procès est
pendant, ou après l'introduction d'instance ou le jugement définitif *Cod. liv.* 1;
tit. 21.

50.

Ut nemini liceat in emptione
specierum se excusare, et de
munere sitocomiæ. *Cod. lib.*
10, *tit.* 27.
Abr. *cod. ut nemin. lic. in
empt. spec.*

Qu'il ne soit permis à personne
de s'excuser dans les achats
des vivres faits pour subve-
nir aux nécessités publiques.
Cod. liv. 10, *tit.* 27.

51.

Ut nemini liceat sine judicis
auctoritate signa rebus im-
ponere alienis. *Cod. lib.* 2,
tit. 17.
Abr. *cod. ut nem. lic. sin. jud.
auctor.*

Qu'il ne soit permis à personne
d'apposer un scellé sur les
propriétés d'autrui, sans une
autorisation de juge. *Cod. liv.*
2, *tit.* 17.

52.

Ut nemo ad suum Patroci-
nium suscipiat Rusticanos,
vel vicos eorum. *Cod. lib.*
11, *tit.* 53.
Abr. *cod. ut nem. ad suum
patroc.*

Défenses aux Personnes puis-
santes de protéger les Paysans
au détriment de l'état. *Cod.
liv.* 11, *tit.* 53.

U V

53.

Ut nemo invitus agere vel accusare cogatur. *Cod. lib.* 3,
tit. 7.
Abr. *cod. ut nem. invit. ag.*

53.

Que personne ne soit forcé
d'intenter une action ni d'accuser quelqu'un malgré lui.
Cod. liv. 3, *tit.* 7.

54.

Ut nemo privatus titulos prædiis suis vel alienis imponat,
vel vela regia suspendat. *Cod.
lib.* 2, *tit.* 16.
Abr. *cod. ut nem. priv. tit.
præd.*

54.

Qu'aucun particulier ne place
sur ses fonds ou ceux d'autrui, les marques distinctives
des propriétés du Prince, et
qu'il ne se permette pas d'y
faire flotter les enseignes impériales. *Cod. liv.* 2, *tit.* 16.

55.

Ut nullus ex vicaneis pro alienis vicaneorum debitis teneatur. *Cod. lib.* 11, *tit.* 56.
Abr. *eod. ut null. ex vic. pro
alien. vic.*

55.

Qu'un Habitant d'un bourg ne
soit pas tenu des dettes d'un
autre. *Cod. liv.* 11, *tit.* 56.

56.

Ut omnes Judices tam civiles
quam militares post adminis-
trationem depositam, quin-
quaguita dies in civitatibus
vel certis locis permaneant.
Cod. lib. 1, *tit.* 49.
Abr. *cod. ut amn. jud. tam
civ. quam mil.*

56.

Que tous les Juges civils ou militaires restent encore cinquante jours après l'époque
où ils doivent être remplacés
dans les villes où les lieux
où ils exerçaient leurs fonctions. *Cod. liv.* 1, *tit.* 49.

57.

Ut quæ desunt Advocatis par-
tium Judex suppleat. *Cod.
lib.* 2, *tit.* 11.
Abr. *cod. ut que quæ des. adv.
part.*

57.

Que le Juge supplée les moyens
de droit omis par les Avocats des parties. *Cod. liv.* 2,
tit. 11.

U V

58. 58.

(De) Uxoribus Militum, et
eorum qui reipublicæ causà
absunt. *Cod. lib.* 2, *tit.* 52.
Abr. *cod. de uxor. milit. et
cor.*

Des Femmes des Soldats, et
de ceux qui sont absens pour
cause de la république. *Cod.
liv.* 2, *tit.* 52.

TABLES CHRONOLOGIQUES

INSTITUTIONUM. DES INSTITUTES,

Liber primus.	*Livre premier.*
Tit.	Tit.
1. De justitiâ et jure.	1. De la justice et du droit,
2. De jure naturali gentium, et civili.	2. Du droit naturel, du droit des gens, et du droit civil.
3. De jure Personarum.	3. Du droit des Personnes.
4. De Ingenuis.	4. De ceux qui sont libres de naissance.
5. De Libertinis.	5. Des Affranchis.
6. Quibus ex causis manumittere non licet.	6. De ceux à qui il n'est pas permis d'affranchir.
7. De lege Fusiâ Caniniâ tollendâ.	7. De l'abolition de la loi *Fusiâ Caniniâ*
8. De his, qui sui, vel alieni juri sunt.	8. De ceux qui sont leurs maîtres, et de ceux qui sont sous la puissance d'autrui.
9. De patriâ potestate.	9. De la puissance paternelle.
10. De nuptiis.	10. Des nôces.
11. De adoptionibus.	11. Des adoptions.
12. Quibus modis jus patriæ potestatis solvitur.	12. De quelles manières les Enfans sont délivrés de la puissance paternelle.
13. De tutelis.	13. Des tutelles.
14. Qui testamento Tutores dari possunt.	14. De ceux qui peuvent être nommés Tuteurs par testament.

26

Liber secundus.   Livre deuxième.

Liber Tertius.

Livre troisième.

~~~~

INDEX TITUTORUM

·DIGESTORUM.

TABLES DES TITRES

DU DIGESTE.

Digestorum. lib. ɪ *et* 2.	*Du Digeste. liv.* ɪ *et* 2.
Tit.	Tit.
ɪ5. De officio Præfecti vigilum.	ɪ5. Des fonctions du Préfet des gardes de nuit.
ɪ6. De officio Proconsulis et Legati.	ɪ6. Des fonctions du Proconsul et de son Lieutenant.
ɪ7. De officio Præfecti augustalis.	ɪ7. Des fonctions du Préfet augustal.
ɪ8. De officio Præsidis.	ɪ8. Des fonctions du Président
ɪ9 De officio Procuratoris Cæsaris, vel rationalis.	ɪ9. Des fonctions du Procureur de l'Empereur.
20. De officio Juridici.	20. Des fonctions du Juridic.
2ɪ. De officio ejus, cui mandata est jurisdictio.	2ɪ. Des fonctions de celui qui a une juridiction déléguée.
22. De officio Assessorum.	22. Des fonctions des Assesseurs.

—〜〜〜—

Liber secundus.	*Livre deuxième.*
ɪ. De jurisdictione.	ɪ. De la juridiction.
2. Quod quisque juris in alterum statuerit, ut ipse eodem jure utatur.	2. Que chacun se serve pour lui du droit qu'il a établi pour les autres.
3. Si quis jus dicenti non obtemperaverit.	3. De ceux qui refusent d'obeir au Magistrat.
4. De in jus vocando.	4. De l'assignation en justice.
5. Si quis in jus vocatus non ierit : sive quis eum vocaverit, quem ex edicto non debuerit.	5. De ceux qui étant assignés ne comparaissent pas, et de ceux qui ont assigné les Personnes exceptées par l'édit.
6. In jus vocati ut eant, aut satis, vel cautum dent.	6. Que ceux qui sont appelés en justice s'y présentent, ou promettent de s'y rendre, en donnant une caution.

Digestorum. lib. 2 et 3.	Du Digeste. liv. 2 et 3.
Tit.	Tit.

Liber tertius.

Livre troisième.

Digestorum. lib. 5, 6 *et* 7. *Du Digeste. liv.* 5, 6 *et* 7.

Liber quintus.	*Livre cinquième.*
Tit.	Tit.
1. De judiciis, et ubi quisque agere vel conveniri debeat.	1. Des jugemens, et devant quels juges on doit actionner et se defendre.
2. De inofficioso testamento.	2. Du testament inofficieux.
3. De hæreditatis petitione.	3. De la demande, afin de se faire rendre une succession.
4. Si pars hæreditatis petatur.	4. De la demande d'une portion de l'hérédité.
5. De possessoriâ hæreditatis petitione.	5. De la demande de l'hérédité formée par ceux qui sont appelés à la succession prétorienne.
6. De fideicommissoriâ hæreditatis petitione.	6. De la demande de l'hérédité formée par ceux à qui la succession doit être rendue en vertu d'un fidéicommis.

Liber sextus.	*Livre sixième.*
1. De rei vindicatione.	1. De la révendication.
2. De publicianâ in rem actione.	2. De la révendication publicienne.
3. Si ager vectigalis, id est, emphyteuticarius, petatur.	3. De la révendication d'une terre qu'on tient à bail emphytéotique.

Liber septimus.	*Livre septième.*
1. De usufructu et quemadmodum quis utatur fruatur.	1. De l'usufruit, et de la manière d'en jouir.
2. De usufructu accrescendo.	2. De l'accroissement de l'usufruit.

Digestorum. lib. 9, 10 et 11.   Du Digeste. liv. 9, 10 et 11.

Liber nonus.	Livre neuvième.
Tit.	Tit.
1. Si quadrupes pauperiem fe-cisse dicatur.	1. De l'action en réparation du dommage causé par une bête à quatre pieds.
2. Ad legem Aquiliam.	2. De la loi *Aquilia*.
3. De his qui effuderint, vel dejecerint.	3. De l'action qui a lieu contre ceux qui répandent ou jet-tent quelque chose sur les passans.
4. De noxalibus actionibus.	4. Des actions noxales.

~~~~

Liber decimus.	Livre dixième.
1. Finium regundorum.	1. De l'action en bornage de terres.
2. Familiæ erciscundæ.	2. De l'action en partage d'hé-ré lité.
3. Communi dividundo.	3. De l'action en division d'une chose commune.
4. Ad exhibendum.	4. De l'action qu'on a pour se faire représenter une chose.

~~~~

Liber undecimus.	Livre onzième.
1. De interrogationibus in jure faciendis, et interrogatoriis actionibus.	1. Des interrogatoires qui doi-vent se faire en justice et des actions qui ont lieu en cette matière.
2. De quibus rebus ad eun-dem judicem eatur.	2. Des matières qui peuvent être traitées devant le même juge.

Digestorum. lib. 11 *et* 12. Tit.	*Du Digeste. liv.* 11 *et* 12. Tit.
3. De servo corrupto.	3. De l'action qui a lieu contre celui qui a corrompu un Esclave.
4. De Fugitivis.	4. Des Esclaves fugitifs.
5. De aleatoribus.	5. Des jeux de hazard.
6. Si mensor falsum modum dixerit.	6. De l'arpenteur qui fait un faux rapport.
7. De religiosis et sumptibus funerum, et ut funus ducere liceat.	7. Des lieux consacrés à la sépulture, des frais funéraires et de la liberté des sépultures.
8. De mortuo inferendo, et sepulchro ædificando.	8. De l'action qu'on a contre ceux qui s'opposent à l'inhumation d'un mort, et à la construction d'un tombeau.

~~~~~~~~

Liber duodecim.	*Livre douzième.*
1. De rebus creditis, si certum petetur, et de condictione.	1. De l'action générale par laquelle on demande le paiement d'une chose qui est due, et de l'action particulière qui a lieu dans le cas du prêt.
2. De jurejurando, sivè voluntario, sivè necessario, sivè judiciali.	2. Du serment, soit volontaire, soit nécessaire, soit judiciaire.
3. De in litem jurando.	3. De l'affirmation faite en justice pour fixer l'estimation de la chose qui forme l'objet de la demande.
4. De condictione causa data causa non secuta.	4. De l'action par laquelle on redemande une chose qu'on a donnée pour une cause qui n'a point eu lieu.

Digestorum. lib. 12 et 13.	Du Digeste. liv. 12 et 13.
Tit.	Tit.
5. De condictione ob turpem, vel injustam causam.	5. De l'action qu'on a pour redemander une chose donnée pour une cause deshonnète ou illicite.
6. De condictione indebiti.	6. De l'action qu'on a pour se faire rendre une chose payée sans la devoir.
7. De condictione sine causâ.	7. De l'action qu'a celui qui s'est obligé ou qui a payé sans fondement.

<hr>

Liber tertius decimus.	Livre treizième.
1. De condictione furtivâ.	1. De l'action par laquelle on demande la restitution d'une chose volée.
2. De condictione ex lege.	2. Des actions qui descendent de quelque loi particulière.
3. De condictione triticariâ.	3. De l'action qui a lieu quand on demande toute autre chose que de l'argent.
4. De eo quod certo loco dari oportet.	4. Des dettes qui doivent être payées dans un endroit déterminé.
5. De pecuniâ constitutâ.	5. De l'action qu'on a contre quelqu'un en vertu d'un constitut, c'est-à-dire, de la promesse qu'il a faite de payer une somme due.
6. Commodati vel contra.	6. Des actions directe et contraire qui naissent du prêt à usage.
7. De pigneratitiâ actione, vel contra.	7. Des actions directes et contraire qui naissent du gage.

<table>
<tr><td>

Digestorum. lib. 14 *et* 15.

Liber quartus decimus.

Tit.

1. De exercitoriâ actione.

2. De lege Rhodiâ de jactu.

3. De institoriâ actione.

4. De tributoriâ actione.

5. Quod cum eo qui in alienâ potestate est , negotium gestum esse dicetur.

6. De Senatus-Consulto Macedoniano.

</td><td>

Du Digeste. liv. 14 *et* 15.

Livre quatorzième.

Tit.

1. De l'action qu'on a droit d'intenter contre le Patron d'un navire , en conséquence d'une convention faite avec celui qu'il a proposé.

2. De la loi Rhodienne , concernant les marchandises d'un vaisseau jetées dans la mer.

3. De l'action institutoire qu'on a droit d'intenter contre celui qui en a proposé un autre à quelque affaire , en conséquence d'une convention faite avec son commis.

4. De l'action par laquelle on demande à venir par contribution avec le Père et le Maître , sur les fonds du commerce du Fils et de l'Esclave avec lesquels on a contracté.

5. Des actions qui descendent des contrats passés avec ceux qui sont sous la puissance d'autrui.

6. Du Sénatus-Consulte Macédonien.

</td></tr>
</table>

***

<table>
<tr><td>

Liber quintus decimus.

1. De peculio.

</td><td>

Livre quinzième.

1. De l'action sur le pécule.

</td></tr>
</table>

Digestorum. lib. 18 et 19. Tit.	Du Digeste. liv. 18 et 19. Tit.
2. De in diem addictione.	2. De la clause par laquelle le Vendeur se réserve la faculté de résoudre la vente, s'il trouve, dans un tems fixé, une condition plus avantageuse.
3. De lege commissoriâ.	3. De la clause résolutoire de la vente en cas de non paiement du prix.
4. De hæreditate vel actione venditâ.	4. De la vente des droits successifs ou d'une créance.
5. De rescindendâ venditione, et quando licet ab emptione discedere.	5. De la rescision de la vente, et des cas où il est permis de se désister du contrat.
6. De periculo et commodo rei venditæ.	6. De celui qui doit courir les risques et profiter des avantages de la chose vendue.
7. De Servis exportandis, vel si ita Mancipium venerit, ut manumittatur, vel contra.	7. De la clause qui porte que l'Esclave vendu sortira de l'endroit de la vente, qu'il sera ou ne sera point affranchi par l'Acheteur.

~~~~~~

Liber nonus decimus.	Livre dix-neuvième.
1. De actionibus Empti et Venditi.	1. Des actions que le contrat de vente donne au Vendeur et à l'Acheteur.
2. Locati conducti.	2. Des actions que procure le contrat du loyer, tant au Propriétaire qu'au Locataire.
3. De æstimatoriâ.	3. De l'action estimatoire.
4. De rerum permutatione.	4. De l'échange.

Digestorum. lib. 21, 22 *et* 23.	*Du Digeste. liv.* 21, 22 *et* 23.
Tit.	Tit.
2. De evictionibus, et duplæ stipulatione.	2. Des évictions et de la stipulation par laquelle le Vendeur s'oblige à rendre à l'Acheteur le double du prix s'il est évincé de la chose.
3. De exceptione rei venditæ et traditæ.	3. Des cas où l'Acheteur peut opposer l'exception fondée sur ce que la chose lui a été vendue et livrée.

✿✿✿

Liber vicesimus secundus.	*Livre vingt-deuxième.*
1. De usuris et fructibus, et causis, et omnibus accessionibus, et morâ.	1. Des intérêts d'une somme, des fruits, des qualités et de tous les accessoires d'une chose, et de la demeure où est une partie de satisfaire à l'autre.
2. De nautico fenore.	2. Des intérêts maritimes.
3. De probationibus et præsumptionibus.	3. Des preuves et des présomptions.
4. De fide instrumentorum, et amissione eorum.	4. De l'authenticité des actes, et de ce qui arrive lorsqu'ils sont perdus.
5. De Testibus.	5. Des Témoins.
6. De juris et facti ignorantiâ.	6. De l'ignorance du droit et du fait.

✿✿✿

Liber vicesimus tertius.	*Livre vingt-troisième.*
1. De sponsalibus.	1. Des fiançailles.
2. De ritu nuptiarum.	2. Des solemnités du mariage.

Digestorum. lib. 23, 24 et 25.	Du Digeste. liv. 23, 24 et 25.
Tit.	Tit.
3. De jure dotium.	3. Des droits attachés aux dots.
4. De pactis dotalibus.	4. Des conventions relatives à la dot.
5. De fundo dotali.	5. De la dot qui consiste dans un immeuble.

~~~~~~~

Liber vicesimus quartus.	Livre vingt-quatrième.
1. De donationibus inter Virum et Uxorem.	1. Des donations entre le Mari et la Femme.
2. De divortiis et repudiis.	2. Des divorses et des répudiations.
3. Soluto matrimonio, dos quemadmodum petatur.	3. Des actions par lesquelles on peut redemander la dot lors de la dissolution du mariage.

~~~~~~~

Liber vicesimus quintus.	Livre vingt-cinquième.
1. De impensis in res dotales factis.	1. Des dépenses faites sur les choses dotales.
2. De actione rerum amotarum.	2. De l'action en répétition des choses soustraites, cachées ou recélées.
3. De agnoscendis, et alendis Liberis, vel Parentibus, vel Patronis, vel Libertis.	3. De l'obligation de reconnaître et nourrir les Enfans, ou les Parens, ou les Patrons, ou les Affranchis.
4. De inspiciendo ventre, custodiendoque partu.	4. De la visite des Femmes enceintes, et des précautions qu'on doit apporter pour s'assurer de leur accouchement.

Digestorum. lib. 25 et 26.	Du Digeste. liv. 25 et 26.

Tit.

5. Si ventris nomine Muliere in possessionem missa, cadem possessio dolo malo ad alium translata esse dicatur.

6. Si Mulier ventris nomine in possessione calumniæ causâ esse dicetur.

7. De Concubinis.

Tit.

5. De l'action qui a lieu contre la Femme, qui, après s'être fait mettre en possession des biens de son mari, au nom de l'Enfant dont elle est enceinte, transfère, par mauvaise foi, cette possession à un autre.

6. De l'action qui a lieu contre la Femme qu'on prétend s'être fait mettre en possession, en déclarant faussement qu'elle était enceinte.

7. Des Concubines.

Liber vicesimus sextus.

1. De tutelis.
2. De testamentariâ tutelâ.
3. De confirmando Tutore, vel Coratore.
4. De legitimis Tutoribus.
5. De Tutoribus et Curatoribus datis ab his qui jus dandi habent : et qui et in quibus causis specialiter dari possunt.
6. Qui petant Tutores vel Curatores, et ubi petantur.

Livre vingt-sixième.

1. Des tutelles.
2. De la tutelle testamentaire.
3. De la confirmation des Tuteurs et Curateurs.
4. Des Tuteurs légitimes.
5. Des Tuteurs et Curateurs donnés par les Magistrats qui en ont le droit, et des cas où ces Tuteurs peuvent être donnés.
6. De ceux qui doivent demander des Tuteurs et des Curateurs pour les Pupilles et les Mineurs, et de ceux à qui il faut les demander.

Digestorum. liv. 27 et 28.

Tit.

4. De contrariâ tutelæ et utili actione.

5. De eo qui pro Tutore, prove Curatore negotia gessit.

6. Quod falso Tutore auctore gestum esse dicatur.

7. De fidejussoribus, et nominatoribus, et hæredibus Tutorum et Curatorum.

8. De Magistratibus conveniendis.

9. De rebus eorum, qui sub tutelâ vel curâ sunt, sine decreto non alienandis, vel supponendis.

10. De Curatoribus furioso et aliis extra Minores dandis.

Liber vicesimus octavus.

1. Qui testamenta facere possunt, et quemadmodum testamenta fiant.

2. De liberis et Posthumis hæredibus instituendis, vel exhæredandis.

Du Digeste. liv. 27 et 28.

Tit.

4. De l'action contraire de la tutelle, et de l'action utile.

5. De celui qui a géré les affaires d'un Pupille ou d'un Mineur, en qualité de Tuteur ou de Curateur.

6. De ce qui est fait par le Pupille sous l'autorité d'un faux Tuteur.

7. Des répondans des Tuteurs ou Curateurs, de ceux qui les ont présentés au Magistrat, et de leurs Héritiers.

8. Des recours des Pupilles contre les Magistrats.

9. Du Sénatus-Consulte qui défend d'aliéner ou d'engager les effets d'un Pupille ou d'un Mineur, sans un décret préalable du Préteur.

10. Des Curateurs donnés aux insensés, et à d'autres qu'à des Mineurs.

Livre vingt-huitième.

1. De ceux qui ont le droit de faire un testament, et des formalités qu'on y doit observer.

2. De l'institution et de l'exhérédation des Enfans et des Posthumes.

Digestorum. lib. 28 et 29.	*Du Digeste. liv. 28 et 29.*
Tit.	Tit.
3. De injusto, rupto et irrito facto testamento.	3. Des testamens mal faits dans l'origine, de ceux qui sont rompus, et de ceux qui se trouvent privés de leur effet.
4. De his quæ in testamento delentur, inducuntur, vel inscribuntur.	4. Des mots effacés, rayés et surchargés dans un testament.
5. De Hæredibus instituendis.	5. De l'institution d'héritier.
6. De vulgari et pupillari substitutione	6. Des substitutions vulgaire et pupillaire.
7. De conditionibus institutionum.	7. Des conditions oppositions aux institutions.
8. De jure deliberandi.	8. Du droit de délibérer.

～～～～

Liber vicesimus nonus.	*Livre vingt-neuvième.*
1. De testamento militis.	1. Des testamens militaires.
2. De acquirendâ vel omittendâ hæreditate.	2. De la manière d'accepter les successions ou d'y renoncer.
3. Testamenta quemadmodum aperiantur, inspiciantur et describantur.	3. De l'ouverture des testamens, et de la liberté qu'on doit laisser d'en prendre communication et d'en tirer copie.
4. Si quis omissâ causâ testamenti, ab intestato, vel alio modo possideat hæreditatem.	4. De celui qui renonce à l'institution testamentaire, pour prendre la succession *ab intestat* ou autrement.
5. De Senatus-Consulto Syllaniano et Claudiano, quorum testamenta ne aperiantur.	5. Des Sénatus-Consultes Syllanien et Claudien, portant défense de faire l'ouverture des testamens de certains testateurs.

Digestorum. *lib.* 29, 30, 31, 32 *et* 33	Du Digeste. *liv.* 29, 30, 31, 32 *et* 33.

Tit.

6. Si quis aliquem testari prohibuerit , vel coëgerit.

7. De jure codicillorum.

Tit.

6. De ceux qui empêchent un Citoyen de tester, ou qui le forcent à le faire.

7. Du codicille et de son effet.

~~~~

Liber trigesimus.

1. De legatis et fideicommissis 1°.

Livre trentième.

1. Des legs et des fidéicommis 1°.

~~~~

Liber. trigesimus primus.

1. De legatis et fideicommissis 2°.

Livre trente-unième.

1. Des legs et des fidéicommis 2°.

~~~~

Liber trigesimus secundus.

1. De legatis et fideicommissis 3°.

Livre trente-deuxième.

1. Des legs et des fidéicommis 3°.

~~~~

Liber trigesimus tertius.

1. De annuis legatis et fideicommissis.

2. De usu , et usufructu, et reditu , et habitatione , et operis per legatum vel fideicommissum datis.

3. De servitute legatâ.

4. De dote prælegatâ.

Livre trente-troisième.

1. Des legs et des fidéicommis annuels.

2. Des legs ou fidéicommis qui ont pour objet l'usage, l'usufruit, le revenu d'un fonds, l'habitation et les travaux des hommes.

3. Du legs qui a pour objet une servitude.

4. Du legs de la dot.

Digestorum. *lib.* 36 *et* 37.	Du Digeste. *liv.* 36 *et* 37.
Tit.	Tit.
4. Ut in possessionem legato-rum, vel Fideicommissorum servandorum causâ esse liceat.	4. De la permission qui est accordée aux Légataires et aux Fideicommissaires de se mettre en possession des effets de la succession, faute par les Héritiers de donner caution.

— — —

Liber trigesimus septimus.	*Livre trente-septième.*
1. De bonorum possessionibus.	1. Des successions prétoriennes, ou des possessions de biens.
2. Si tabulæ testamenti extabunt.	2. De la succession prétorienne qui a lieu lorsque le Défunt a fait un testament.
3. De bonorum possessione Furioso, Infanti, Muto, Surdo, Cæco competente.	3. De la succession prétorienne qui est accordée au Furieux, à l'Enfant en bas âge, au Muet, au Sourd et à l'Aveugle.
4. De bonorum possessione contra tabulas.	4. De la succession prétorienne infirmative du testament.
5. De legatis præstandis contra tabulas bonorum possessione petitâ.	5. Des legs qui doivent être payés par ceux qui ont obtenu la succession prétorienne infirmative du testament.
6. De collatione bonorum.	6. Du rapport des biens.
7. De dotis collatione.	7. Du rapport de la dot.
8. De conjungendis cum emancipato Liberis ejus.	8. De la concurrence établie par le Préteur entre le Fils émancipé et ses Enfans,

Digestorum. lib. 38.   *Du Digeste. liv.* 38.

Tit.

Tit.

5. Si quid in fraudem Patroni factum sit.

5. Des aliénations faites par l'Affranchi en fraude de son Patron.

6. Si tabulæ testamenti nullæ extabunt, undè liberi.

6. Des successions prétoriennes *ab intestat*, déférées aux Enfans.

7. Undè legitimi.

7. De la succession prétorienne déférée *ab intestat* aux Agnats.

8. Undè Cognati.

8. De la succession prétorienne déférée *ab intestat* aux Cognats.

9. De successorio edicto.

9. De l'édit qui fixe l'ordre entre ceux qui sont appelés à la succession prétorienne.

10. De gradibus et affinibus, et nominibus eorum.

10. Des degrés de parenté et d'alliance, et de leurs différens noms.

11. Undè Vir et Uxor.

11. De la succession prétorienne déférée *ab intestat* au Mari ou à la Femme.

12. De Veteranorum et Militum succoessione.

12. De la succession des Militaires et des Vétérans.

13. Quibus non competit bonorum possessio.

13. De ceux qui ne sont point admis à la succession prétorienne.

14. Ut ex legibus Senatusve Consultis bonorum possessio detur.

14. De la succession prétorienne accordée par des Sénatus-Consultes ou par des lois particulières.

15. Quis ordo in possessionibus servetur.

15. De l'ordre établi pour les successions prétoriennes.

Digestorum. lib. 40.　　*Du Digeste. liv. 40.*

Tit.　　　　　　　　　　　　Tit.

3. De manumissionibus, quæ Servis ad universitatem pertinentibus imponuntur.

3. Des affranchissemens qui concernent les Esclaves appartenans à des corps.

4. De Manumissis testamento.

4. Des affranchissemens par testament.

5. De fideicommissariis libertatibus.

5. Des libertés fidéicommissaires.

6. De ademptione libertatis.

6. De la liberté donnée, puis ôtée.

7. De statuliberis.

7. Des statulibres.

8. Qui sine manumissione ad libertatem perveniunt.

8. De ceux qui parviennent à la liberté sans affranchissement.

9. Qui et à quibus manumissi liberi non fiunt : et ad legem Æliam Sentiam.

9. De ceux dont l'affranchissement est nul, des Personnes qui ne peuvent pas affranchir valablement ; et sur la loi *Ælia Sentia.*

10. De jure aureorum annulorum.

10. Du droit de porter l'anneau d'or.

11. De natalibus restituandis.

11. De ceux qui sont remplacés dans les droits de la naissance ordinaire.

12. De liberali causâ.

12. Des actions en matière de liberté.

13. Quibus ad libertatem proclamare non licet.

13. De ceux qui ne sont point admis à réclamer la liberté.

14. Si ingenuus esse dicetur.

14. De celui qui a été déclaré ingénu.

15. Ne de statu Defunctorum post quinquennium quæratur.

15. On ne doit point élever de question sur l'état des Défunts, cinq ans après leur décès.

~~~~

Liber quadragesimus tertius.   **Livre quarante-troisième.**

Digestorum.lib. 43,44 *et* 45. *Du Digeste. liv.* 43, 44 *et* 45.

～～～～

Liber quadregesimus quartus. *Livre quarante-quatrième.*

～～～～

Liber quadragesimus quintus. *Livre quarante-cinquième.*

Digestorum. lib. 48.   *Du Digeste. liv.* 48.

✦✦✦✦

Liber quadragesimus nonus.   Livre quarante-neuvième.

Digestorum. lib. 49.

Du Digeste. liv. 49.

Tit.

Tit.

6. De libellis dimissoriis qui apostoli dicuntur.

6. Des libelles démissoires appelés lettres envoyées.

7. Nihil innovari appellatione interpositâ.

7. Que rien ne soit innové au préjudice de l'appel.

8. Quæ sententiæ sine appellatione rescindantur.

8. Quels jugemens peuvent être réformés sans appel.

9. An per alium causæ appellationum reddi possunt.

9. Si l'on peut établir par d'autres ses causes et moyens d'appel.

10. Si Tutor vel Curator, Magistratus creatus appellaverit.

10. Si un Tuteur, un Curateur, un Magistrat, a appelé de sa nomination.

11. Eum qui appellaverit, in provinciâ defendi.

11. Celui qui a appelé doit se défendre au lieu de son domicile.

12. Apud eum à quo appellatur, aliam causam agere compellendum.

12. Que l'on est forcé de plaider entr'autre cause devant le Juge dont est appel.

13. Si pendente appellatione mors intervenerit.

13. Si l'appel étant pendant, la mort de l'appelant est survenue.

14. De jure fisci.

14. Du droit du fisc.

15. De Captivis et de postliminio et Redemptis ab Hostibus.

15. Des Prisonniers de guerre et du *postliminium*, et de ceux qui sont rachetés de l'Ennemi.

16. De re militari.

16. De l'état militaire.

17. De castrensi peculio.

17. Du pécule castrense.

18. De Veteranis.

18. Des Vétérans.

Digestorum. lib. 5o.   *Du Digeste. liv.* 5o.

Liber quinquagesimus.   *Livre cinquantième.*

<table>
<tr><td>Tit.</td><td>Tit.</td></tr>
<tr><td>1. Ad municipalem et de incolis.</td><td>1. Des villes municipales et de ceux qui les habitent.</td></tr>
<tr><td>2. De Decurionibus et Filiis eorum.</td><td>2. Des Décurions et de leurs Enfans.</td></tr>
<tr><td>3. De albo scribendo.</td><td>3. Du rang dans leque l doivent être inscrits et immatriculés les noms des Décurions.</td></tr>
<tr><td>4. De muneribus et honoribus.</td><td>4. Des honneurs et des emplois publics.</td></tr>
<tr><td>5. De vacatione, et excusatione munerum.</td><td>5. De la vacance des emplois, et des excuses que l'on peut proposer pour être exempt de les remplir.</td></tr>
<tr><td>6. De jure immunitatis.</td><td>6. Du droit d'immunité.</td></tr>
<tr><td>7. De legationibus.</td><td>7. Des députations et ambassades.</td></tr>
<tr><td>8. De administratione rerum ad civitates pertinentium.</td><td>8. De l'administration des deniers et autres choses qui appartiennent aux villes.</td></tr>
<tr><td>9. De decretis ab ordine faciendis.</td><td>9. Des decrets qui doivent être rendus par l'ordre des Décurions.</td></tr>
<tr><td>10. De operibus publicis.</td><td>10. Des ouvrages publics.</td></tr>
<tr><td>11. De nundinis.</td><td>11. Des foires et marchés.</td></tr>
<tr><td>12. De pollicitationibus.</td><td>12. Des pollicitations ou promesses.</td></tr>
<tr><td>13. De extraordinariis cognitionibus, et si Judex litem suam fecisse diceretur.</td><td>13. Des matières extraordinaires dont la connaissance appartient aux Présidens des provinces, ainsi que celle des jugemens de ceux qui ont mal jugé.</td></tr>
</table>

Digestorum. lib. 50. Du Digeste. liv. 50.

Tit.   Tit.

14. De Proxeneticis.   14. Des Proxénètes ou Entre-
             metteurs.

15. De censibus.   15. Des dénombremens donnés
             à l'effet de lever les tributs.

16. De verborum significatione. 16. De la signification des termes.

17. De diversis regulis juris an- 17. Explication des règles du
 tiqui.   droit ancien.

Codicis. lib. 1.

Tit.

8. Nemini licere signum Salvatoris Christi humi, vel in silice, vel in marmore aut insculpere aut pingere.

9. De Judæis et Cælicolis.

10. Ne Christianum mancipium Hæreticus, vel Judæus, vel Paganus habeat, vel possideat, vel circumcidat.

11. De Paganis, et sacrificiis, et templis.

12. De his qui ad ecclesias confugiunt, vel ibi exclamant, et ne quis ab ecclesiâ extrahatur.

13. De his qui in ecclesiis manumittuntur.

14. De legibus et constitutionibus principum, et edictis.

15. De mandatis principum.

16. De Senatus-Consultis.

17. De vetere jure enucleando, et de auctoritate jurisprudentium qui in digestis referuntur.

18. De juris et facti ignorantiâ.

19. De precibus Imperatori offerendis, et de quibus rebus supplicare liceat, vel non.

Code. liv. 1.

Tit.

8. Qu'il ne soit permis à personne de peindre ou de graver sur la terre, la pierre ou le marbre, l'image du Sauveur Jésus-Christ.

9. Des Juifs et des Cælicoles.

10. Que des Hérétiques, des Juifs ou des Payens n'ayent, ne possèdent ou ne circoncisent des Esclaves chrétiens.

11. Des Payens, de leurs sacrifices et de leurs temples.

12. De ceux qui se réfugient dans les églises, de ceux qui y font du bruit, et qu'on n'arrache point de ces lieux ceux qui y ont cherché un asile.

13. De ceux qui sont affranchis dans les églises.

14. Des lois, des constitutions des Empereurs et des édits.

15. Des mandats des Empereurs.

16. Des Sénatus-Consultes.

17. Du projet de débrouiller l'ancien droit et de l'autorité des Jurisconsultes cités dans le digeste.

18. De l'ignorance du droit et de celle de fait.

19. Des requêtes qu'on doit présenter à l'Empereur, et des objets sur lesquels on peut ou on ne peut pas en présenter.

Codicis. lib. 1.

.Tit.

20. Quando libellus principi datus litis contestationem faciat.

21. Ut lite pendente, vel post provocationem, aut definitivam sententiam, nulli liceat Imperatori supplicare.

22. Si contra jus, vel utilitatem publicam, vel per mendacium fuerit aliquid postulatum, vel impetratum.

23. De diversis rescriptis, et pragmaticis sanctionibus.
24. De statuis et imaginibus.
25. De his qui ad statuas confugiunt.
26. De officio Præfecti prætoriorum Orientis et Illyrici.

27. De officio Præfecti prætorii Africæ, et de omni ejusdem Diœceseos statu.
28. De officio Præfecti urbis.

29. De officio Magistri militum.
30. De officio Quæstoris.
31. De officio Magistri officiorum.

Code. liv. 1.

Tit.

20. Que la contestation en cause ait lieu lorsqu'il a été présenté requête à l'Empereur.

21. Qu'il ne soit permis à personne de présenter requête à l'Empereur pendant que le procès est pendant, ou après l'introduction d'instance ou le jugement définitif.

22. De ce qui a été demandé ou obtenu de contraire au droit, à l'utilité publique, ou par l'effet d'une fausse assertion.

23. Des divers rescrits et des pragmatiques sanctions.
24. Des statues et des tableaux.
25 De ceux qui se réfugient aux statues de l'Empereur.
26. De l'office du Préfet des prétoires d'Orient et d'Illyrie.

27. De l'office du Préfet du prétoire d'Afrique, et de l'état des Provinces de son ressort.
28. De l'office du Préfet de la ville.

29. De l'office du Général.
30. De l'office du Questeur.
31 De l'office du Maître des offices.

Codicis. lib. 1.	*Code. liv.* 1.

Tit.

nistrationem depositam, quin-
quagenta dies in civitatibus,
vel certis locis permaneant.

50. De officio ejus qui vicem
alicujus Judicis, vel Præsidis
obtinet.

51. De Assessoribus et Domesticis, et Cancellariis Judicum.

52. De annonis et capitatione
Administrationum, et eorum
Assessorum, aliorumve pu-
blicas sollicitudines gerentium, vel eorum qui aliquas
consecuti sunt dignitates.

53. De contractibus Judicum,
vel eorum qui sunt circa
eos: et inhibendis donationibus in eos faciendis: et
ne administrationis tempore
proprias ædes ædificent sine
sanctione pragmaticâ.

54. De modo multarum quæ à
Judicibus infliguntur.

55. De Defensoribus civitatum.

56. De Magistratibus municipalibus.

57. De officio juridici Alexandriæ.

Tit.

quante jours après l'époque
où ils doivent être remplacés,
dans les villes ou les lieux
où ils exerçaient leurs fonctions.

50. De l'office de celui qui rem-
place un Juge, ou un Président.

51. Des Assesseurs, des Huissiers et des Chanceliers des
Juges.

52. Des annones et capitations
des Administrateurs, de leurs
Assesseurs et d'autres Magistrats.

53. Des contrats des Juges et
de leurs Subordonnés, de
leur incapacité de recevoir
des donations, et de cons-
construire pour leur compte
des édifices, pendant le
tems de leur administration,
s'ils ne sont autorisés par
une pragmatique sanction.

54. Du taux des amendes que
les Juges peuvent infliger.

55. Des Défenseurs des villes.

56. Des Magistrats municipaux.

57. De l'office du Juge d'Alexandrie.

Codicis. lib. 2.	*Côde. liv.* 2.
Tit.	Tit.
27. Si adversùs rem judicatam restitutio postuletur.	27. De la restitution demandée contre la chose jugée.
28. Si adversùs venditionem.	28. De la restitution qui est demandée contre une vente.
29. Si adversùs venditionem pignorum.	29. De la restitution qui est demandée contre la vente d'un gage.
30. Si adversùs donationem.	30. De la restitution qui est demandée contre une donation.
31. Si adversùs libertatem.	31. De la restitution qui est demandée contre la liberté.
32. Si adversùs transactionem vel divisionem in integrum Minor restitui velit.	32. Du Mineur qui veut être restitué contre une transaction ou un partage.
33. Si adversùs solutionem à Tutore vel à se factam.	33. Du Mineur qui demande la restitution contre un paiement qu'il a fait lui-même ou qui a été fait par son Tuteur.
34. Si adversùs dotem.	34. De la restitution qui est demandée contre une dot.
35. Si adversùs delictum.	35. Du Mineur qui demande la restitution contre son délit.
36. Si adversùs usucapionem.	36. Du Mineur qui demande la restitution contre l'usucapion.
37. Si adversùs fiscum.	37. Du Mineur qui demande la restitution contre le fisc.
38. Si adversùs Creditorem.	38. Du Mineur qui demande la restitution contre un Créancier.
39. Si Minor ab hæreditate se abstineat.	39. Du Mineur qui a renoncé à une hérédité.

40. Si ut omissam hæreditatem, vel bonorum possessionem, vel quid adquirat.

40. Du Mineur qui demande la restitution pour acquérir une hérédité qu'il n'a pas acceptée, ou une possession de biens, ou quelque autre chose.

41. In quibus causis in integrum restitutio necessaria non est.

41. Des circonstances où la restitution en entier n'est pas nécessaire.

42. Qui, et adversùs quos in integrum restitui non possunt.

42. De ceux en faveur de qui et contre qui la restitution en entier peut avoir lieu.

43. Si Minor se Majorem dixerit.

43 Du Mineur qui s'est dit Majeur.

44. Si sæpius in integrum restitutio postuletur.

44. De la restitution qui est demandée plusieurs fois.

45. De his qui veniam ætatis impetraverunt.

45. De ceux qui ont obtenu une dispense d'âge.

46. Si Major factus ratum habuerit.

46. Du Mineur qui a ratifié en majorité.

47. Ubi et apud quem cognitio in integrum restitutionis agitanda sit.

47. Où et devant quel Juge on doit poursuivre la demande en restitution en entier.

48. De reputationibus quæ fiunt in judicio in integrum restitutionis.

48. Des imputations qui doivent se faire lors du jugement de la restitution en entier.

49. Etiam per Procuratorem causam in integrum restitutionis agi posse.

49. De la restitution en entier demandée par Procureur.

50. In integrum restitutione postulatâ, ne quid novi fiat.

50. La cause ne doit pas changer d'état, par le seul fait de la demande en restitution.

51. De restitutione Militum, et eorum qui reipublicæ causâ absunt.

51. De la restitution des Militaires, et de ceux qui sont absens pour cause de la république.

Codicis. lib. 2 et 3.

Tit.

52. De Uxoribus Militum, et eorum qui reipublicæ causâ absunt.

53. De temporibus in integrum restitutionis, tam Minorum aliarumque Personarum, quæ restitui possunt, quam etiam Hæredum eorum.

54. Quibus ex causis Màjores in integrum restituuntur.

55. De alienatione judicii mutandi causâ factâ.

56. De receptis Arbitris.

57. De satisdando.

58. De formulis et impetrationibus actionum sublatis.

59. De jurejurando propter calumniam dando.

Code. liv. 2 et 3.

Tit.

52. Des Femmes des Soldats, et de ceux qui sont absens pour cause de la république.

53. Du tems utile pendant lequel les Mineurs et les autres Personnes qui peuvent être restituées, ainsi que leurs Héritiers, peuvent demander la restitution en entier.

54. Pour quelles causes les Majeurs sont restitués en entier.

55. De l'aliénation faite dans l'intention de changer l'action.

56. Des Arbitres.

57. Du cautionnement.

58. De l'abrogation des formules et des impétrations d'actions.

59. Du serment de calomnie.

Liber tertius.

1. De judiciis.

2. De sportulis et sumptibus in diversis judiciis faciendis, et de Executoribus litium.

3. De pedaneis Judicibus.

4. Qui pro suâ jurisdictione judices dare darive possunt.

Livre troisième.

1. Des jugemens.

2. Des frais et dépenses des diverses sortes de procès, et des Exécuteurs de justice.

3. Des Juges pédanées.

4. Des Juges qui peuvent déléguer, et des Personnes qui peuvent être déléguées.

Tit.

5. Ne quis in suâ causâ Judicet, vel jus sibi dicat.
6. Qui legitimam personam standi in judiciis habeant, vel non.
7. Ut nemo invitus agere, vel accusare cogatur.

8. De ordine judiciorum.
9. De litis contestatione.
10. De plus petitionibus.

11. De dilationibus.
12. De Feriis.
13. De jurisdictione omnium Judicum, et de foro competenti.
14. Quando Imperator inter Pupillos, vel Viduas, vel alias miserabiles Personas cognoscat, et ne exhibeantur.

15. Ubi de criminibus agi oporteat.
16. Ubi de possessione agi oporteat.
17. Ubi fideicommissum peti oporteat.
18. Ubi conveniatur qui certo loco dare promisit.

Tit.

5. Que personne ne soit Juge dans sa propre cause.
6. De ceux qui peuvent ou ne peuvent pas ester en justice.
7. Que personne ne soit forcé d'intenter une action, ni d'accuser quelqu'un malgré lui.

8. De l'ordre des jugemens.
9. De la contestation en cause.
10. De la demande d'une plus grande somme que celle qui est due.

11. Des délais.
12. Des Féries.
13. De la juridiction de tous les Juges, et de la compétence des tribunaux.
14. Que des Pupilles, des Veuves, et les autres Personnes qui sont incapables de se défendre elles-mêmes, ne soient point forcées de paraître devant l'Empereur.

15 Des lieux où l'on doit poursuivre les crimes.
16. Du lieu où l'on doit intenter l'action de possession.
17. Du lieu où il convient de demander le fidéicommis.
18. Du lieu de l'assignation de celui qui a promis de payer ou de livrer dans un lieu déterminé.

Codicis. lib. 3.

Tit.

19. Ubi in rem actio exerceri debeat.

20. Ubi de hæreditate agatur, vel ubi Hæredes scripti in possessionem mitti postulare debeant.

21. Ubi de ratiociniis tam publicis quam privatis agi oportet.

22. Ubi causa status agi debeat.

23. Ubi quis de Curiali, vel Cohortali, aliàve conditione conveniatur.

24. Ubi Senatores, vel Clarissimi, civiliter, vel criminaliter conveniantur.

25. In quibus causis Militantes fori præscriptione uti non possunt.

26. Ubi causæ fiscales, vel divinæ domûs, Hominumque ejus agantur.

27. Quando liceat unicuique sine Judice se vindicare, vel publicam venditionem.

Code. liv. 3.

Tit.

19. Du lieu où l'on doit exercer l'action *in rem*.

20. Du lieu où on doit demander l'hérédité, ou de celui où les Héritiers écrits doivent demander à être envoyés en possession.

21. Du lieu où il faut actionner pour comptes à rendre, tant publics que privés.

22. Du lieu où l'on doit intenter les actions d'état.

23. Du lieu qui, lorsqu'il s'agit de citation en justice, doit être considéré comme le domicile des Décurions, des Cohortaux et autres Personnes.

24. Du lieu où doivent être assignés civilement ou criminellement les Sénateurs et autres Personnes nobles.

25. Des cas où les Militaires ne peuvent user de l'exception déclinatoire.

26. Du lieu où doivent se juger les causes qui concernent le fisc, ou les propriétés de de l'Empereur, ou les Personnes qui y sont attachées.

27. Des cas où il est permis de se venger de ses propres mains, ou de venger le serment militaire.

33

~~~~~~

Codicis. lib. 4.

Tit.

3. De suffragio.

4. De prohibitâ sequestratione pecuniæ.

5. De condictione indebiti.

6. De condictione ob causam datorum.

7. De condictione ob turpem causam.

8. De condictione furtivâ.

9. De condictione ex lege , et sine causâ vel injustâ causâ.

10. De obligationibus et actionibus.

11. Ut actiones et ab Hæredibus, et contra Hæredes incipiant.

12. Ne Uxor pro Marito, vel Maritus pro uxore, vel Mater pro Filio conveniatur.

13. Ne Filius pro Patre, vel Pater pro Filio emancipato, vel Libertus pro Patrono, vel Servus pro Domino conveniatur.

Code. liv. 4.

Tit.

3. De ce qui est promis à quelqu'un pour avoir son suffrage.

4. De la prohibition du séquestre de l'argent.

5. De la répétition de ce qui a été payé sans être dû.

6. De l'action de ce qui a été donné pour cause.

7. De l'action condictionnelle en répétition de ce qui a été donné pour une cause honteuse.

8. De l'action condictionnelle pour cause de vol.

9. De la condiction qui naît de la loi, et de ce qui a été donné ou fait sans cause, ou pour une cause injuste.

10. Des obligations et des actions.

11. Que les actions puissent commencer par les Héritiers ou contre les Héritiers.

12. Que la Femme ne puisse être poursuivie pour son Mari, ni le Mari pour sa Femme, ni enfin la Mère pour son Fils.

13. Que le Fils ne soit point poursuivi pour son Père, ni le Père pour son Fils émancipé, ni l'Affranchi pour le Patron, ni l'Esclave pour le Maître.

Codicis. lib. 4.   Code. liv. 4.

Tit.

14. An Servus pro suo facto post manumissionem teneatur.

15. Quando fiscus, vel privatus Debitoris sui Debitores conveniri possit, vel debeat.

16. De hæreditariis actionibus.

17. Ex delictis Defunctorum in quantum Hæredes conveniantur.

18. De constituta pecunia.

19. De probationibus.

20. De Testibus.

21. De fide instrumentorum, et amissione eorum; et de apochiis, et antapochiis faciendis, et de his quæ sine scriptura fieri possunt.

22. Plus valere quod agitur, quàm quod simulatè concipitur.

23. De commodato.

24. De pigneratitia actione.

25. De exercitoria actione et institoria.

26. Quod cum eo, qui in aliena potestate est, negotium gestum esse dicatur, vel de pe-

Tit.

14. Si un Esclave est tenu de son fait après son affranchissement.

15. Des cas où le fisc ou les Particuliers peuvent poursuivre les Débiteurs de leurs Débiteurs.

16. Des actions héréditaires.

17. De la quotité pour laquelle les Héritiers doivent être poursuivis à raison des délits des Défunts.

18. De la somme constituée.

19. Des preuves.

20. Des Témoins.

21. De la foi due aux actes authentiques, de leur perte, des quittances ou des contrequittances qu'on peut faire, et de ce qui peut se faire sans écrit.

22. Ce qui a été réellement fait dans un acte a plus de force que les termes dont les parties se sont servis pour le colorer.

23. Du commodat.

24. De l'action *pigneratitia*, ou à cause du gage.

25. De actions *exercitoria* et *institoria*.

26. Des contrats faits par ceux qui sont sous la puissance d'autrui; du pécule; de ce

Codicis. lib. 4.

Tit.

43. De Patribus, qui Filios suos distraxerunt.
44. De rescindendâ venditione.
45. Quando liceat ab emptione discedere.

46. Si propter publicas pensitationes venditio fuerit celebrata.
47. Sine censu, vel reliquis fundum comparari non posse.

48. De periculo et commodo rei venditæ.

49. De actionibus empti et venditi.
50. Si quis alteri, vel sibi sub alterius nomine, vel alienâ pecuniâ emerit.

51. De rebus alienis non alienandis, et de prohibitâ rerum alienatione, vel hypothecâ.
52. De communium rerum alienatione.
53. Rem alienam gerentibus non interdici rerum suarum alienatione.

54. De pactis inter Emptorem et Venditorem compositis.

Code. liv. 4.

Tit.

43. Des Pères qui ont vendu leurs Enfans.
44. De la rescision de la vente.
45. Des cas où il est permis de négliger l'exécution d'un contrat de vente.

46. De la vente faite pour cause de contribution publique.
47. Défense qu'un fonds ne puisse être acheté sans charge de cens et arrérages.

48. Des diminutions et des accroissemens de la chose vendue.

49. Des actions de l'achat et vente.
50. De celui qui a acheté pour un autre, ou pour soi sous le nom d'un autre, ou avec l'argent d'autrui.

51. De la prohibition de l'aliénation des choses d'autrui et de l'hypothèque.
52. De l'aliénation des choses communes.
53. De la liberté qu'ont ceux qui administrent les affaires d'autrui, d'aliéner leurs propres biens.

54. Des pactes convenus entre l'Acheteur et le Vendeur.

Codicis. lib. 4 et 5.   Code. liv. 4 et 5.

Tit.

55. Si servus exportandus veneat.

56. Si mancipium ita venierit, ne prostituatur.

57. Si mancipium ita fuerit alienatum ut manumittatur, vel contra.

58. De ædilitiis actionibus.

59. De monopoliis, et conventu negociatorum illicito, vel artificio ergolaborum, nec non balneatorum prohibitis, et pactionibus illicitis.

60. De nundinis et mercatibus.

61. De vectigalibus et commissis.

62. Vectigalia nova institui non posse.

63. De commerciis et Mercatoribus.

64. De rerum permutatione, et prescriptis verbis.

65. De locato et conducto.

66. De jure emphyteutico.

Tit.

55. De l'Esclave qui est vendu pour être expatrié.

56. De l'Esclave qui a été vendu sous la condition qu'il ne serait pas prostitué.

57. De l'Esclave qui a été aliéné sous la condition qu'il serait affranchi, ou sous celle qu'il ne le serait pas.

58. Des actions édilitiennes.

59. Des monoples, des réunions illicites des Négocians, des artifices des Entrepreneurs de travaux et de bains, et des conventions illicites.

60. Des foires et marchés.

61. Des droits sur les marchandises et des contrebandes.

62. Défense d'établir de nouveaux droits sur les marchandises.

63. Des divers commerces et des Marchands.

64. De l'échange et de l'action *præscriptis verbis.*

65. Du louage.

66. De l'emphytéose.

Liber quintus.   Livre cinquième.

1. De sponsalibus, et arrhis sponsalitiis, et proxeneticis.

1. Des fiançailles, des arrhes à causes des fiançailles, et du salaire des proxénètes.

Codicis. lib. 5.	Code liv. 5.

Codicis. lib. 5.	*Code. liv.* 5.
Tit.	Tit.
14. De pactis conventis , tam super dote, quàm super donatione, ante nuptias, et paraphernis.	14. Des pactes faits tant au sujet de la dot qu'à celui de la donation *ante nuptias*, et des biens paraphernaux.
15. De dote cautâ non numeratâ.	15. De la dot promise et non payée.
16. Des donationibus inter Virum et Uxorem, et à Parentibus in Liberos factis, et de ratihabitione.	16. Des donations entre le Mari et la Femme, de celles faites par les Parens en faveur de leurs Enfans, et de la ratification.
17. De repudiis, et judicio de moribus sublato.	17. De la répudiation et de l'abolition de l'action *de moribus.*
18. Soluto matrimonio, quemadmodum dos petatur.	18. De la demande de la dot dans le cas de la dissolution du mariage.
19. Si dos constante matrimonio soluta fuerit.	19. De la dot qui a été payée pendant le mariage.
20. Ne Fidejussores vel Mandatores dotium dentur.	20. Défenses qu'il soit fourni des Fidéjusseurs ou des Mandans pour les dots.
21. Rerum amotarum.	21. Des choses soustraites.
22. Ne pro dote Mulieri bona Mariti addicantur.	22. Défenses d'adjuger à la Femme pour lui tenir lieu de sa dot, tous les biens du Mari prédécédé.
23. De fundo dotali.	23. Du fonds dotal.
24. Divortio facto, apud quem Liberi morari, vel educari debeant.	24. Dans le cas de divorce, chez qui du Père ou de la Mère les Enfans doivent rester et être élevés.
25. De alendis Liberis, ac Parentibus.	25. Des alimens qui doivent être fournis aux Enfans et aux Ascendans.

34

Codicis. lib. 5.   Code. liv. 5.

Codicis. lib. 5.	Code. liv. 5.
Tit.	Tit.
39. Quando ex facto Tutoris vel Curatoris Minores agere, vel conveniri possunt.	39. Des cas où les Mineurs peuvent être actionnés par suite du fait de leur Tuteur ou Curateur.
40. Si ex pluribus Tutoribus, vel Curatoribus omnes, vel unus agere pro Minore, vel conveniri possint.	40. Si, existant plusieurs Tuteurs ou Curateurs, tous ou l'un d'entr'eux seulement peuvent actionner ou être actionnés au nom du Mineur.
41. Ne Tutor vel Curator vectigalia conducat.	41. Qu'un tuteur ou un Curateur ne puissent être fermier de douanes.
42. De Tutore vel Curatore, qui satis non dedit.	42. Du Tuteur ou du Curateur qui n'ont point fourni caution.
43. De suspectis Tutoribus vel Curatoribus.	43. Des Tuteurs et des Curateurs suspects.
44. De in litem dando Tutore vel Curatore.	44. Du Tuteur et du Curateur au procès.
45. De eo qui pro Tutore negotia gessit.	45. De celui qui a administré en place du Tuteur.
46. Si Mater indemnitatem promisit.	46. De la Mère qui a promis, en cas de mauvaise administration de la tutelle, d'indemniser les Tuteurs ou les Pupilles.
47. Si contra Matris voluntatem Tutor datus sit.	47. Du Tuteur qui a été donné contre la volonté de la Mère.
48. Ut causæ post pubertatem adsit Tutor.	48. Que les Tuteurs sont tenus d'assister, dans leurs procès, leurs Pupilles devenus pubères.
49. Ubi Pupilli educari debeant.	49. Chez qui les Pupilles doivent être élevés.

Codicis. lib. 5.

Tit.

63. Si Tutor vel Curator falsis allegationibus excusatus sit.

64. Si Tutor vel Curator rei-publicæ causâ aberit.

65. De excusationibus Vetera-norum.

66. Qui numero Liberorum se excusant.

67. Qui morbo se excusant.

68. Qui ætate se excusant.

69. Qui numero tutelarum se excusant.

70. De Curatore, Furiosi vel Prodigi.

71. De prædiis, et aliis rebus Minorum sine decreto non alienandis vel obligandis.

72. Quando decreto opus non est.

73. Si quis ignorans rem Mi-noris esse, sine decreto comparaverit.

Code. liv. 5.

Tit.

63. Du cas où un Tuteur ou un Curateur a été excusé sur de fausses allégations.

64. Du Tuteur ou du Curateur qui est absent pour cause de la république.

65. Des excuses de tutelle et de curatelle des Vétérans.

66. De ceux qui s'excusent de la tutelle ou de la curatelle à cause du nombre de leurs Enfans.

67. Des maladies qui excusent de la tutelle.

68. De l'âge qui excuse de la tutelle et de la curatelle.

69. Du nombre de tutelles ou Curatelles suffisant pour dis-penser des autres dont on pourrait être chargé en même tems.

70. Du Curateur, du Furieux ou du Prodigue.

71. Des défenses d'aliéner ou d'engager les biens fonciers et autres biens des Mineurs sans l'intervention d'un dé-cret.

72. Des cas où l'aliénation des biens des Mineurs peut se faire sans décret.

73. De celui qui, ignorant la nature du bien, a acheté un bien de Mineur, sans qu'il y eut un décret qui en permit la vente.

Liber sextus

Livre sixième.

—⁓⁓—

Liber septimus.   Livre septième.

Codicis. lib. 7.	*Code. liv.* 7.
Tit.	Tit.
10. De his qui à non Domino manumissi sunt.	10. Des Esclaves affranchis par une Personne qui n'en était pas le Maître.
11. Qui manumittere non possunt, et ne in fraudem Creditorum manumittatur.	11. De ceux qui ne peuvent affranchir, et des affranchissemens faits en fraude des Créanciers.
12. Qui non possunt ad libertatem pervenire.	12. De ceux qui ne peuvent être affranchis.
13. Quibus ex causis Servi pro proemio libertatem accipiunt.	13. Des causes par lesquelles des Esclaves peuvent obtenir la liberté en récompense.
14. De Ingenuis manumissis.	14. De l'affranchissement des Ingénus.
15. Communia de manumissionibus.	15. Dispositions générales sur les affranchissemens.
16. De liberali causâ.	16. Des causes qui concernent la liberté.
17. De adsertione tollendâ.	17. Abolition de l'assertion.
18. Quibus ad libertatem, proclamare non licet, et de rebus eorum qui ad libertatem proclamare non prohibentur.	18. Des Esclaves auxquels il n'est pas permis de se proclamer en liberté, et des biens de ceux qui peuvent réclamer la liberté.
19. De ordine cognitionum.	19. De l'ordre des jugemens.
20. De collusione detegendâ.	20. De la répression de la collusion.
21. Ne de statu Defunctorum post quinquennium quæratur.	21. Qu'après l'espace de cinq ans on ne puisse contester l'état des morts.
22. De longi temporis præscriptione, quæ pro libertate, et non adversùs libertatem opponitur,	22. De la prescription de longtems invoquée pour ou contre la liberté,

Codicis. lib. 7.	*Code. liv.* 7.
Tit.	Tit.
46. De sententiâ quæ sine certâ quantitate profertur.	46. Des sentences qui, condamnant quelqu'un à payer une certaine somme ou quantité, n'en donnent pas la détermination précise.
47. De sententiis quæ pro eo, quod interest, proferuntur.	47. Des sentences qui portent condamnation de dommages et intérêts.
48. Si à non competente Judice judicatum esse dicatur.	48. Des sentences des Juges incompétens.
49. De pœnâ Judicis, qui malè judicavit, vel ejus qui Judicem vel adversarium corrumpère curavit.	49. De la peine du Juge qui a mal jugé, et de celui qui a tenté de corrompre le Juge ou son adversaire.
50. Sententiam rescindi non posse.	50. De l'irrévocabilité des sentences.
51. De fructibus, et litium expensis.	51. Des fruits et des dépenses des procès.
52. De re judicatâ.	52. De la chose jugée.
53. De executione rei judicatæ.	53. De l'exécution de la chose jugée.
54. De usuris rei judicatæ.	54. Des intérêts de la chose jugée.
55. Si plures unâ sententiâ condemnati sunt.	55. Du cas où plusieurs Personnes sont condamnées par la même sentence.
56. Quibus res judicata non nocet.	56. De ceux qui ne peuvent éprouver aucun tort de la chose jugée.
57. Comminationes, epistolas, programmata, subscriptiones, auctoritatem rei judicatæ non habere.	57. Les sommations, les lettres, les programmes et les subscriptions n'ont point l'autorité de la chose jugée.

Codicis. lib. 9.

Tit.

8. Ad legem Juliam majestatis.

9. Ad legem Juliam de adulteriis et stupro.

10. Si quis eam cujus Tutor fuerit corruperit.

11. De Mulieribus quæ se Servis propriis junxerunt.

12. Ad legem Juliam de vi publicatâ et privatâ.

13. De raptu Virginum seu Viduarum, nec non Sanctimonialium.

14. De emendatione Servorum.

15. De emendatione propinquorum.

16. Ad legem Corneliam de Sicariis.

17. De his qui parentes vel liberos occiderunt.

18. De Maleficiis et Mathematicis, et cœteris similibus.

19. De sepulcro violato.

20. Ad legem Fabiam de plagiariis.

21. Ad legem Viscelliam.

22. Ad legem Corneliam de falsis.

Code. liv. 9.

Tit.

8. Sur la loi *Julia* concernant le crime de lèze-majesté.

9. Sur la loi *Julia* concernant les adultères et le viol.

10. Si un Tuteur a corrompu celle qui a été autrefois sa Pupille.

11. Des Femmes qui ont eu un commerce illicite avec leurs Esclaves.

12. De la loi *Julia* sur la violence publique et privée.

13. Du rapt des Vierges ou des veuves ou des Religieuses.

14. De la correction des Esclaves.

15. De la correction des plus proches parens.

16. De la loi *Cornelia* sur les assassins.

17. Des parricides.

18. Des Empoisonneurs, des Magiciens et d'autres semblables.

19. De la violation des tombeaux.

20. De la loi *Fabia* sur les plagiaires.

21. De la loi *Viscellia*.

22. de la loi *Cornelia* sur le faux,

Codicis. lib. 9 et 10.	Code. liv. 9 et 10.
Tit.	Tit.
41. De quæstionibus.	41. De la question ou des tourmens.
42. De abolitionibus.	42. De l'abolition ou de la rémission de l'accusation.
43. De generali abolitione.	43. De la rémission générale de l'accusation.
44. Ut intra certum tempus Criminalis quæstio terminetur.	44. Que le procès des Criminels soit terminé dans le tems fixé.
45. Ad Senatus-Consultum Turpillianum.	45. Du Sénatus-Consulte Turpillien.
46. De Calumniatoribus.	46. Des Calomniateurs.
47. De pœnis.	47. Des peines.
48. Ne sine jussu Principis certis Judicibus liceat confiscare.	48. Qu'il ne soit pas permis aux Juges de confisquer les biens sans l'autorisation du Prince.
49. De bonis Proscriptorum seu damnatorum.	49. Des biens des Proscrits et de ceux qui sont condamnés.
50. De bonis eorum qui mortem sibi consciverunt.	50. Des biens de ceux qui se sont donné la mort.
51. De sententiam passis et restitutis.	51. De la réhabilitation de ceux qui ont supporté une condamnation.

Liber decimus.	Livre dixième.
1. De jure fisci.	1. Du droit du fisc.
2. De conveniendis fisci debitoribus.	2. De l'action à intenter contre les Débiteurs du fisc.
3. De fide et jure hastæ fiscalis et de adjectionibus.	3. De la foi et des droits attachés aux ventes fiscales, tant en fait d'encan que des licitations.

Codicis. lib. 10.

Code. liv. 10.

Tit.

40. De muneribus et honoribus non continuandis inter Patrem et Filium, et de intervallis.

41. De muneribus patrimoniorum.

42. Quemadmodum civilia munera indicuntur.

43. De his qui sponte publica munera subeunt.

44. De his qui à Principe vacationem acceperunt.

45. De vacatione publici muneris.

46. De decretis Decurionum super immunitate quibusdam conccdendâ.

47. De excusationibus munerum.

48. De quibus muneribus vel præstationibus nemini liceat se excusare.

49. Qui ætate vel professione se excusant.

50. Qui morbo se excusant.

51. De his qui numero Liberorum , vel paupertate excusationem meruerunt.

Tit.

40. Des charges et des honneur qui ne doivent pas être continués entre le Père et l Fils et de l'intervalle qu' faut garder.

41. Des charges des patrimoine des villes.

42. De l'ordre qu'on doit garde dans la distribution des em plois civils.

43. De ceux qui acceptent vo lontairement des charges pi bliques.

44. De ceux qui ont obtenu d Prince une exemption de charges.

45. De l'exemption des charge publiques.

46. Des décrets rendus par le Décurions , pour accorde une exemption à quelqu'ur

47. Des excuses qui dispenser des charges.

48. Des cas où il n'est perm à personne de s'excuser pou certaines charges ou four nitures.

49. Des excuses qui résultent d l'âge ou de la profession.

50. De ceux qui s'excusent pou cause de maladie.

51. De ceux qui sont excusé des charges publiques pa le nombre de leurs Enfan ou par leur indigence,

Codicis. lib. II.	*Code. liv.* II.
Liber undecimus.	*Livre onzième.*

1. De Naviculariis seu Naucleris publicas species transportantibus, et de tollendâ lustralis auri collatione.

1. Des Maîtres de vaisseau ou Pilotes qui transportent sur leur bord des espèces publiques, et de l'abolition du tribut quinquennal.

2. De prædiis et omnibus rebus Naviculariorum.

2. Des domaines et de tous les biens des Maîtres de vaisseau.

3. De navibus non excusandis

3. Aucun navire ne peut s'excuser lorsqu'il s'agit du service public.

4. Ne quid oneri publico imponatur.

4. Qu'on n'ajoute rien aux navires chargés des espèces publiques.

5. De naufragiis.

5. Des naufrages.

6. De metallariis et metallis, et procuratoribus metallolorum.

6. Des Ouvriers qui travaillent aux mines, des métaux et des Intendans des mines.

7. De Murilegulis et gynæciariis et procuratoribus gynæcii, et de monetariis, et de bastagiariis.

7. Des Pêcheurs de pourpre; de ceux qui forment le tissu des draps teints en pourpre, de ceux qui président à l'attelier de ceux qui battent la monnaie, et de ceux qui sont chargés du transport des effets du fisc.

8. De vestibus holoberis et auratis, et de intinctione sacri muricis.

8. Des habits tissus de soye et d'or et de la teinture de pourpre.

9. De fabricensibus.

9. De ceux qui fabriquent les armes.

10. De veteris numismatis potestate.

10. De la valeur des anciennes monnaies.

Codicis. lib. 11.

Tit.

39. De solutionibus et libera-
tionibus Debitorum civitatibus.

40. De spectaculis, et scenicis,
et Lenonibus.

41. De expensis publicorum ludorum.

42. De aquæductu.

43. De Gladiatoribus penitùs
tollendis.

44. De venatione ferarum.

45. De majuma.

46. Ut armorum usus inscio
Principe interdictus sit.

47. De Agricolis et Censitis et
Colonis.

48. De capitatione Civium censibus eximendâ.

49. In quibus causis Coloni cen-
siti Dominos accusare possunt.

50. De Colonis Palæstinis.

51. De Colonis Thracensibus.

52. De Colonis Illyricanis.

53. Ut nemo ad suum l'atroci-
nium suscipiat Rusticos, vel
vicos eorum.

54. Ne rusticam ad ullum obsequium devocentur.

Code. liv. 11.

Tit.

39. Du paiement et de la libération des Debiteurs d'une
ville.

40. Des spectacles, des Comédiens et de ceux qui font
un trafic infâme.

41. De la dépense des jeux publics.

42. Des aqueducs.

43. De l'abolition entière des
Gladiateurs.

44. De la chasse des bêtes féroces.

45. Des fêtes du mois de mai.

46. Défense d'user des armes
sans la permission du Prince.

47. Des Cultivateurs de ceux qui
sont tenus de payer des cens
et des Colons,

48. De l'exemption de la capitation en faveur des Citoyens.

49. Pour quels motifs les Colons
Censitaires peuvent accuser
leurs Maîtres.

50. Des Colons de la Palestine.

51. Des Colons de la Thrace,

52. Des Colons d'Illyrie.

53. Qu'il ne soit permis à Personne de protéger les Agri-
culteurs ou leurs biens en
fraude du fisc.

54. Que les Paysans ne soient
soumis à aucune charge, si
ce n'est la capitation.

Codicis. lib. 11.

Tit.

55. Non licere Habitatoribus metrocomiæ loca sua ad extraneum transferre.

56. Ut nullus ex vicaneis pro alienis vicaneorum debitis teneatur.

57. De censibus, et Censitoribus, et Peræquatoribus, et Inspectoribus.

58. De omni agro deserto, et quando steriles fertilibus imponuntur.

59. De fundis limitrophis, et terris, et paludibus, et pascuis et limitaneis vel castellorum.

60. De pascuis publicis et privatis.

61. De fundis patrimonialibus et saltuensibus, et emphyteuticis, et conductoribus eorum.

62. De Mancipiis et Colonis patrimonialium, et saltuensium, et emphyteuticorum fundorum.

63. De fugitivis Colonis patrimonialibus, saltuensibus et emphyteuticis.

Code. liv. 11.

Tit.

55. Qu'il ne soit pas permis aux Habitans d'un gros bourg de transférer leurs biens à un Étranger.

56. Qu'un Agriculteur ne soit pas tenu des dettes d'un autre.

57. Du cadastre, des cens, de ceux qui font le dénombrement, des Collecteurs et des Inspecteurs.

58. Des champs abandonnés, et de quelle manière l'impôt des champs stériles est réparti sur les fertiles.

59. Des fonds limitrophes, et de ceux qui gardent les terres, marais et pâturages, ou des citadelles établies sur les confins.

60. Des pâturages publics et privés.

61. Des fonds impériaux, forestiers et emphytéotiques, et de ceux qui les louent.

62. Des Esclaves et des Colons des biens patrimoniaux, des forêts et des fonds emphytéotiques.

63. Des Colons fugitifs qui cultivent des biens patrimoniaux, forestiers et emphytéotiques.

Tit.

64. De collatione fundorum pa-
trimonialium, et emphyteuticariorum.

65. De fundis rei privatæ et
saltibus divinæ domûs.

66. De fundis et saltibus rei
Dominicæ.

67. De Agricolis et Mancipiis
Dominicis, vel fiscalibus reipublicæ, vel privatæ.

68. De prædiis tamiacis, et de
his qui ex Colonis Dominicis
aliisque liberæ conditionis
procreantur.

69. De diversis prædiis urbanis
et rusticis templorum et
civitatum, et omni reditu
civili.

70. De locatione prædiorum civilium, vel fiscalium, sive
templorum, sive rei privatæ
vel Dominicæ.

71. De Conductoribus et Procuratoribus, sive Auctoribus
prædiorum fiscalium et domûs
Augustæ.

72. Quibus ad conductionem
prædiorum fiscalium accedere
non licet.

Tit.

64. Des redevances ou tributs
affectés sur les fonds patrimoniaux ou emphytéotiques.

65. Des fonds et forêts de la
couronne impériale.

66. Des fonds et forêts de la
maison de l'Empereur.

67. Des Cultivateurs et des Serviteurs attachés au fisc et au
domaine public ou privé de
l'Empereur.

68. Des fonds dont les revenus
sont destinés à la nourriture
de la maison du Prince, et
de ceux qui sont exploités
par les Colons du Prince,
et d'autres de condition libre.

69. Des divers fonds de ville
et de la campagne, des temples et des cités, et de tous
les fruits civils qu'on en
perçoit.

70. Du louage des fonds appartenant aux villes, au fisc,
temples ou au domaine du
Prince.

71. De ceux qui prennent à
louage, et de ceux qui gèrent
les affaires des domaines
du fisc et de la maison de
l'Empereur.

72. De ceux à qui il n'est pas
permis de louer les fonds
du fisc,

Liber duodecimus.

Livre douzième.

Codicis. lib. 12.	*Code. liv.* 12.
Tit.	Tit.

5. De Præpositis sacri cubiculi, et de omnibus Cubiculariis, et privilegiis eorum.

5. Du grand Chambellan du Prince, des Valets de chambre et de leurs privilèges.

6. De Quæstoribus et Magistris officiorum, et Comitibus sacrarum largitionum, et rei privatæ.

6. Des Questeurs, des Maîtres des offices, des Comtes des largesses et des affaires privées de l'Empereur.

7. De Primicerio, Secundicerio, et Notariis.

7. Des Primiciers, des Secondaires et des Notaires.

8. Ut dignitatum ordo servetur.

8. Que l'ordre des dignités soit gardé.

9. De Magistris sacrorum scriniorum.

9. Des Maîtres des requêtes.

10. De Comitibus consistorianis.

10. Des Comtes du consistoire.

11. De Comitibus et Tribunis scholarum.

11. Des Comtes et des Tribuns des écoles.

12. De Comitibus rei militaris.

12. Des Comtes militaires.

13. De Comitibus et Archiatris sacri palatii.

13. Des Comtes et des premiers Médecins du palais du Prince.

14. De Comitibus qui provincias regunt.

14. Des Comtes gouverneurs des provinces.

15. De Professoribus qui in urbe Constantinopolitanà docentes ex lege Comitivam meruerunt.

15. Des Professeurs enseignant dans la ville de Constantinople qui ont mérité, d'après la loi, la dignité de Comte.

16. De silentiariis et Decurionibus eorum.

16. De ceux qui sont chargés de veiller dans l'antichambre du Prince et de leurs Décurions.

17. De Domesticis et Protectoribus.

17. Des Officiers du Prince et des Gardes du corps.

18. De Præpositis laborum.

18. Des Préposés des travaux pour l'Empereur.

Codicis. lib. 12.

Tit.

19. De proximis sacrorum scriniorum, cæterisque qui in
sacris scriniis militant.

20. De agentibus in rebus.

21. De præpositis agentium in
rebus.

22. De Principibus agentium in
rebus.

23. De curiosis et stationariis.

24. De Palatinis sacrarum largitionum et rerum privatarum.

25. De Stratoribus.

26. De castrensianis et Ministerianis.

27. De Decanis.

28. De Mensoribus.

29. De privilegiis eorum qui in
sacro palatio militant.

3o. De privilegiis scholarum.

31. De castrensi omnium Pa-
latinorum peculio.

32. De Equestri dignitate.

33. De perfectissimatûs dignitate.

Code. liv. 12.

Tit.

19. De ceux qui remplacent les
Maîtres des requêtes, et des
autres qui sont attachés au
cabinet du Prince.

20. De ceux qui gèrent les affaires publiques.

21. Des Intendans de ceux qui
gèrent les affaires publiques.

22. Des Chefs de ceux qui gèrent les affaires publiques.

23. De ceux qui sont chargés
de dénoncer les crimes et
de l'expédition des affaires.

24. Des Palatins des largesses
et des affaires privées.

25. De ceux qui essayent et inspectent les chevaux.

26. Des Ministres attachés à la
cour du Prince.

27. Des Doyens.

28. Des Mésureurs.

29. Des privilèges de ceux qui
ont des fonctions dans le
palais du Prince.

3o. Des privilèges des écoles
militaires.

31. Du pécule castrense de tous
les Palatins.

32. De la dignité de Chevalier.

33. De ceux qui jouissent de la
dignité appelée *perfectissi-
matus*.

Codicis. lib. 12.	Code. liv. 12.

Tit.

Tit.

34. Qui militare possunt, vel non possunt; et de servis ad militiam vel dignitatem aspirantibus : et ut nemo duplici militiâ, vel dignitate et militiâ simul utatur.

34. De ceux qui peuvent ou ne peuvent pas entrer dans le service militaire : des Esclaves qui aspirent au service militaire ou à quelque dignité : et que personne ne puisse en même tems être militaire et exercer quelque autre emploi.

35 Negociatores ne militent.

35. Que les Negocians en gros soient exemptés du service militaire.

36. De re militari.

36. De l'état militaire.

37. De castrensi peculio Militum et Præfectianorum.

37. Du pécule castrense des Soldats et des Gardes attachés au Préfet du prétoire.

38. De erogatione militaris annonæ.

38. De la distribution des vivres aux Soldats.

39. De excoctione et translatione Militarium annonarum.

39. De la cuisson et du transport des vivres pour la subsistance des Militaires.

40. De Militari veste.

40. De l'habillement des Soldats.

41. De metatis et epidemeticis.

41. Des Fourriers.

42. De Salgamo Hospitalibus non præstando.

42. Que les Soldats n'exigent de leurs Hôtes que ce que les lois prescrivent.

43. De commeatu.

43. Des congés.

44. De Tyronibus.

44. Des Éleves des écoles militaires.

45. De littorum et itinerum custodiâ.

45. De la garde des rivages et des chemins.

❋❋❋❋❋❋❋❋❋❋❋❋❋❋❋❋❋❋❋❋❋❋❋❋❋❋❋❋

CODE NAPOLÉON.

LIVRE PREMIER.

———◈———

TITRE PRÉLIMINAIRE

De la publication , des effets et de l'application des lois en général. *art.* 1 *à* 6.

~~~~

LIVRE PREMIER.

Des Personnes.

LIVRE SECOND.

Des biens, et des différentes modifications de la propriété.

LIVRE TROISIÈME.

Des différentes manières dont on acquiert la propriété.

Code Napoléon. liv. 3.

CODE
DE PROCÉDURE CIVILE.
LIVRE PREMIER.

PREMIÈRE PARTIE.

Procédure devant les tribunaux.

LIVRE PREMIER.

De la justice de paix.

~~~~

LIVRE SECOND.

Des tribunaux inférieurs.

LIVRE TROISIÈME.

Des Cours impériales.

Tit.

1. De l'appel et de l'instruction sur l'appel. *art.* 443 *à* 473.

LIVRE QUATRIÈME.

Des voies extraordinaires pour attaquer les jugemens.

Tit.

1. De la tierce opposition. *art.* 474 *à* 479.
2. De la requête civile. *art.* 480 *à* 504.
3. De la prise à partie. *art.* 505 *à* 516.

LIVRE CINQUIÈME.

De l'exécution des jugemens.

Tit.

1. Des réceptions de caution. *art.* 517 *à* 522.
2. De la liquidation des dommages et intérêts. *art.* 523, 524 *et* 525.
3. De la liquidation des fruits. *art.* 526.
4. Des redditions de compte. *art.* 527 *à* 542.
5. De la liquidation des dépens et frais. *art.* 543 *et* 544.
6. Règles générales sur l'exécution forcée des jugemens et actes. *art.* 545 *à* 556.
7. Des saisies arrêts ou oppositions *art.* 557 *à* 582.
8. Des saisies exécutions. *art.* 583 *à* 625.
9. De la saisie des fruits pendans par racine ou de la saisie brandon. *art.* 626 *à* 635.
10. De la saisie des rentes constituées sur Particuliers. *art.* 636 *à* 655.

Code de procédure civile. liv. 5.

~~~~~

IIᵉ. PARTIE.

PROCÉDURES DIVERSES,

~~~~~

LIVRE PREMIER.

Tit.

LIVRE DEUXIÈME.

Procédures relatives à l'ouverture d'une succession.

LIVRE TROISIÈME.

CODE

D'INSTRUCTION CRIMINELLE.

Dispositions préliminaires. *art.* 1 *à* 7.

LIVRE PREMIER.

De la police judiciaire et des Officiers de police qui l'exercent.

Chap.

LIVRE DEUXIÈME.

De la justice.

Tit.

Code d'instruction criminelle. liv. 2.

CODE

DES DÉLITS ET DES PEINES.

LIVRE PREMIER.

LIVRE SECOND.

LIVRE TROISIÈME.

Des crimes, des délits et de leur punition.

Tit.

1. Des crimes et des délits contre la chose publique. *art.* 75 à 294.
2. Crimes et délits contre les Particuliers. *art.* 295 à 463.

LIVRE QUATRIÈME.

Contraventions de police et peines.

Chap.

1. Des peines. *art.* 464 à 470.
2. Contraventions et peines. *art.* 471 à 484.

CODE DE COMMERCE.

LIVRE PREMIER.

Du commerce en général.

Tit.

1. Des Commerçans. *art.* 1 à 7.
2. Des livres de commerce. *art.* 8 à 17.
3. Des sociétés. *art.* 18 à 64.
4. Des séparations de biens. *art.* 65 à 70.
5. Des bourses de commerce, Agens de change et Courtiers. *art.* 71 à 90.
6. Des Commissionnaires. *art.* 91 à 108.

Code de commerce. liv. 1 , 2 *et* 3.

<hr />

LIVRE SECOND.

Du commerce maritime.

<hr />

LIVRE TROISIÈME.

Des faillites et des banqueroutes.

~~~~~~

LIVRE QUATRIÈME,

De la juridiction commerciale.

FIN DE LA PREMIERE PARTIE DES NOUVELLES TABLES.

―――――――――――――――――――――――――――

Nota. L'utilité particulière de la première partie des nouvelles
Tables, a déterminé l'Auteur à la donner de suite au
public ; la seconde partie paraîtra incessamment.

ERRATA.

Page 17. Cod. n°. 49. *capitulations*, lisez *capitations.*
  21. Dig. n°. 2. *conscievrunt*, lisez *consciverunt.*
  22. Cod. n°. 2. *conscierunt*, lisez *consciverunt.*
  23. Cod. n°. 10 . tit. 16 à la traduction, lisez tit. 13.
  78. Cod. n°. 6. *quis studiorum*, lisez *qui.*
  81. Cod. n°. 33. *tutorum*, lisez *tutorem.*
  131. Dig. n°. 1. abr. *qui*, lisez *quæ.*
  146. Dig. n°. 1. *ratihabitatione*, lisez *ratihabitione.*
  167. Cod. n°. 32. *contre la liberté*, lisez *contre la chose jugée.*
  191. Cod. n°. 8. *oportet*, lisez *oporteat.*
  300. tit. 68. *conditione*, lisez *conditionis.*
  312. Cod. de procéd. tit. 1. art. 443. *et* lisez *à.* (1)

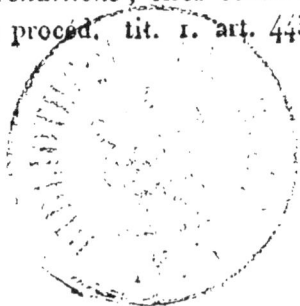

----

(1) La plupart de ces erreurs ne se trouvent que dans un petit nombre d'exemplaires.